古代巴蜀文化新研

四川师范大学巴蜀文化研究中心学术丛书

GUDAI BASHU
WENHUA XIN YAN

龚伟 / 著

四川师范大学巴蜀文化研究中心学术丛书出版资助

·

四川师范大学巴蜀文化研究中心重点项目"早期西南考古与
'巴蜀文化'研究的学术史论"(BSZD22-02)成果

 四川人民出版社

图书在版编目（CIP）数据

古代巴蜀文化新研 / 龚伟著. —— 成都：四川人民
出版社, 2023.10
ISBN 978-7-220-13504-0

Ⅰ.①古… Ⅱ.①龚… Ⅲ.①巴蜀文化—研究 Ⅳ.
①K871.34

中国国家版本馆CIP数据核字(2023)第204551号

GUDAI BASHU WENHUA XIN YAN

古代巴蜀文化新研

龚伟　著

责任编辑	邹　近　王卓熙
封面设计	编悦文化
版式设计	张迪茗
责任校对	舒晓利
责任印制	周　奇
出版发行	四川人民出版社（成都市锦江区三色路238号）
网　　址	http://www.scpph.com
E—mail	scrmcbs@sina.com
新浪微博	@四川人民出版社
微信公众号	四川人民出版社
发行部业务电话	（028）86361653　86361656
防盗版举报电话	（028）86361661
照　　排	四川胜翔数码印务设计有限公司
印　　刷	成都壹起印数码印刷有限公司
成品尺寸	170mm×240mm
印　　张	17.75
字　　数	273千
版　　次	2023年10月第1版
印　　次	2023年10月第1次印刷
书　　号	ISBN 978-7-220-13504-0
定　　价	78.00元

目 录

序——跋龚伟《古代巴蜀文化新研》/ 001

前言：20世纪30—40年代巴蜀文化研究的新学转型 / 001

第一章　重建与新证：巴蜀古史问题研究 / 001
　　第一节　甲骨金文中的"罪""蜀"及其地望 / 003
　　第二节　由蜀地中原青铜礼器演变说古蜀王权更替 / 020
　　第三节　族姓与史传：颛顼史传与秦、蜀文明交流 / 040
　　第四节　战国时期蜀与巴的政治关系变迁——由"大武辟兵"戈说起 / 059

第二章　族群互动与迁徙：古代西南夷研究 / 079
　　第一节　《史记》《汉书》中的"西夷"内涵差异 / 081
　　第二节　战国至汉晋时期西南夷"邛""筰"关系探讨 / 096
　　第三节　战国秦汉时期筰人迁徙及与牦牛的关系 / 127
　　第四节　汉武帝经略"西南夷"年际考述 / 139

第三章　政治扩张与贸易发展：古代南方丝绸之路研究 / 149

　　第一节　汉代南方丝绸之路的求通——以"西夷西道"为中心 / 151

　　第二节　郡县初立："邛都夷"社会发展与南方丝绸之路的关系 / 169

　　第三节　贸易延续：论南方丝绸之路与茶马古道的关系

　　　　　　——以"邛人故地"为中心 / 183

第四章　预流与新学：三星堆考古新发现与巴蜀文化研究的持续深入 / 199

　　第一节　三星堆文化研究的学术理路与新启迪 / 201

　　第二节　三星堆考古新发现偶识 / 212

　　第三节　三星堆青铜神坛与古蜀仙化思想的蠡测 / 220

短长书 / 231

　　三星堆黄金艺术品的精神世界 / 233

　　常璩与《华阳国志》 / 236

　　陈寿与《三国志》 / 241

后　记 / 246

序

——跋龚伟《古代巴蜀文化新研》

我没有当过老师，也就没有真正意义上的学生，青年人称我为老师，只是一种尊称。但我喜欢与青年学者们交朋友，特别是天资聪明又勤奋的年轻人，龚伟小友就是其中一位。

我的专业是考古学，集我几十年从事西南地区古代历史文化研究的感受，凡从事西南地区先秦时期历史文化的研究，要很大程度地依靠考古学资料，因为相关的历史文献确实太少了。但使用考古学资料有四个特别需要重视的问题，其一是对所研究对象有关的考古学资料的全面了解与掌握，切不可"只见树木，不见森林"；其二是对考古学资料的正确运用，"有用者取之，无用者弃之"是研究者的大忌；其三是密切关注考古新发现，考古学因其特点，不断有新的发现，一个重要的新发现往往能补充甚至改变研究者原有的认识与观点；其四是需要全面并密切地关注和参考考古学者们对考古资料的新研究，了解考古学研究的前沿信息。

龚伟的新著《古代巴蜀文化新研》不但使用了近年来许多相关的考古新发现，还对老一辈学者们的研究中有关考古资料的应用给予了足够的重视。在《古代巴蜀文化新研》一书中，有关巴蜀考古学资料的运用和研究的历程得以完整且一以贯之地呈现，没有出现零零碎碎的情况，这是很值得称赞的。

"泰山不让土壤,故能成其大;河海不择细流,故能就其深",大到一门学科的建立,小到一个课题的完成,都是建立在前人的研究成果的基础上的,不了解一门学科和一个课题的"来龙",就很难了解它们的"去脉",对"来龙"的掌握不仅仅具有了解学术史的意义,它还是后人从事相关研究必须掌握的基础。《古代巴蜀文化新研》在这方面下了很大的功夫,做了仔细的梳理,这是做学问的老实方法,也是十分值得赞许的。

做学问必须在前人研究的基础上提出新的观点,这是学术研究的必由之路。仅从《古代巴蜀文化新研》一书的书名就可以看到作者具有这种强烈的意识。如《古代巴蜀文化新研》一书中"'邛都夷'社会发展与南方丝绸之路的关系""三星堆考古新发现偶识""三星堆青铜神坛与古蜀仙化思想的蠡测"等篇章,都从新的角度对西南地区的古代文化做了很好的研究尝试。

我曾将从事学术研究的过程借古诗词表述为四个阶段:第一个阶段:"远上寒山石径斜,白云生处有人家",学术研究是一项孤独而长久的事业,但是只要坚持下去,一定能抵达一个好的目的地,研究者必须保持这个初心。第二个阶段:"山重水复疑无路,柳暗花明又一村",凡初从事学术研究者都会遇到的状况,确定学术研究方向是需要一些时日的,不可朝三暮四,随意改变自己的研究方向。第三个阶段:"衣带渐宽终不毁,为伊消得人憔悴",老先生们所说的"板凳坐得十年冷"就是这个意思。最后一个阶段:"忽如一夜春风来,千树万树梨花开",经过前三个阶段的不懈努力,研究者的研究视野大幅度扩张,并一定会取得累累的学术成果。

谨将这四句古诗词赠送给龚伟,祝他的学术生涯"千树万树梨花开"。是为跋。

刘弘

二〇二三年七月于蓉城十七楼斋

前言：

20世纪30—40年代巴蜀文化研究的新学转型

在近代新旧学术转型之际，以边地民族历史与地理为特色的史学研究占据着重要的地位，比如西北史地之学成为一时显学。与之相比，与西南边地民族历史和地理密切相关的古代巴蜀研究，则长期停留为一种边缘状态下的地方性学问，并没有得到主流学界的重视。直到抗战爆发，大批学人内迁至巴蜀大地，巴蜀的战略、政治、经济和文化地位开始得到各界的高度关注，其内在的现实的动力乃是为增强中华民族的抗战信心贡献力量[①]。在这样的时代背景下，学术界也提出"继吾辈研究巴蜀古文化而发扬滋长……使巴蜀新文化衍而为中华新文化"[②]之倡议。在现实动力和学术需要的双重因素影

[①] "谁都知道，抗战以来的四川，已成复兴中华民族的根据地，四川的历史已随着抗战而翻开了新的一页。这一新页无疑的将是写着以四川为根据地的中华民族复兴的辉煌史迹；而就四川本省来说，则将是写着如何有效地动员四川的人力物力财力以完成民族复兴任务的光荣伟大的成就。所以举国上下莫不集中注意力并以热烈的情绪期待着这一页历史的写作。"参见社论《创造四川历史的新页》，《文史杂志》1944年第3卷第5—6期。

[②] 金祖同：《冠词》，《说文月刊》1941年第3卷第4期《巴蜀文化专号》。

响下，学界纷纷从不同的研究理路去研究古代巴蜀文化。①总体上说，这些研究多是服务于"创造四川历史的新页"②的宏观目标。不过，多元的研究理路预示着这一时期的古代巴蜀研究，将经历涤荡陈旧、化成新学的过程，其中所蕴含的巴蜀文化新学转型的丰富学术信息亦值得关注。

时至今日，学界对于这一问题的关注主要体现在两个方面。一是在宏观上对此一阶段的重要研究问题作总结。如林向先生总结出这一时期的巴蜀文化研究七个方面的贡献③，段渝先生主要讨论了这一时期巴蜀文化研究的八个专题④，黎小龙先生则以《说文月刊·巴蜀文化专号》上一批文章为分析对象概括出这一时期巴蜀文化研究五个方面的内涵⑤。二是简略地总结这一时期学术研究的基本特征。如林向先生提到"过去，关于古代的巴蜀仅限于佚史的考述与乡土古迹的著录，可信度甚低。至本世纪三十年代始有用近代方法以治巴蜀史者"⑥；段渝先生指出，1949年以前的巴蜀文化研究，"以甲骨文和考古资料与文献相互印证、补充，则开创了运用近代方法研究巴蜀

---

① 如1941年顾颉刚本着"没有彻底的破坏，何来合理的建设"精神，对先秦史料中有关巴蜀与中原关系的记载进行了系统批判（参见顾颉刚：《古代巴蜀与中原的关系说及其批判》，《中国文化研究汇刊》1941年第1卷），也有从新发现和新材料出发，提出"巴蜀文化"全新内涵的学人，如1941—1942年卫聚贤依据成都白马寺出土青铜器及这批青铜器所显示出的与中原青铜文化的不同特征而首次提出的"巴蜀文化"（参见卫聚贤：《巴蜀文化》，《说文月刊》1941年第3卷第4期；《说文月刊》1942年第3卷第7期）。

② 社论《创造四川历史的新页》，《文史杂志》1944年第3卷第5—6期。

③ 这七个贡献分别是"巴蜀的文化传统与中原文化的认同""把广汉的发现与蜀相联系""蜀之国在殷周之际，而历史可上溯到原始社会""巴蜀文化系统的归属""古代巴蜀的地理位置""文献记载巴蜀古史的可靠性""巴蜀遗物的辨认与断代"。参见林向：《近五十年来巴蜀文化与历史的发现与研究》，李绍明、林向、徐南洲主编《巴蜀历史·民族·考古·文化》，巴蜀书社，1991年，第1—7页。

④ 这八个专题是"关于'巴蜀文化'""巴蜀的地理位置""巴蜀的族属""时代""巴蜀青铜器""巴蜀经济""巴蜀文字""巴蜀与中原的关系"。参见段渝：《"巴蜀文化"研究发轫》，《史学史研究》2007年第4期。

⑤ 这五个方面是"巴蜀文化的地位""巴蜀文化的空间内涵、时间内涵、民族内涵、文化内涵"。参见黎小龙：《"巴蜀文化""巴渝文化"概念及其基本内涵的形成与嬗变》，《西南大学学报（社会科学版）》2017年第5期。

⑥ 林向：《近五十年来巴蜀文化与历史的发现与研究》，李绍明、林向、徐南洲主编《巴蜀历史·民族·考古·文化》，巴蜀书社，1991年，第4页。

文化的新风"①。应当说，宏观方面的总结有助于整体上判断这一时期的研究水平，但对深入认识晚近时期古代巴蜀研究的新学转型过程还远远不够。虽然有学者提到了20世纪30—40年代的巴蜀文化研究开启了以"近代方法"进行研究的"新风"，但遗憾的是没有作进一步的分析、阐述和论证。

　　从学术史角度看，20世纪30—40年代的巴蜀文化研究整体上呈现：用新的科学方法②，以及新发现的材料③来研究古代巴蜀，以期重建一个新的科学可信的古代巴蜀文化④。这一研究趋势启发我们要对以下问题作特别关注：在巴蜀地区不断涌现的新材料、新发现的刺激下，学界利用了哪些新的理论视野和研究方法尝试重建古代巴蜀文化，并形成了哪些重要的研究理路，以促成巴蜀文化研究的新学转型。本书拟对此一重要问题作进一步探讨，祈请方家指正。

---

① 文玉（段渝）：《巴蜀文化研究概述》，《中华文化论坛》1994年创刊号；段渝：《三星堆与巴蜀文化研究七十年》，《中华文化论坛》2003年第3期。

② 这一方面最为明显的是西方考古学的引入，以华西大学博物馆葛维汉（D.C.Graham）为代表的早期考古学者通过对广汉太平场遗址的发掘，写成西南地区第一篇科学考古发掘简报——《汉州（广汉）发掘简报》（1933），提出"广汉文化"，其重要意义在于以考古发掘所得实物（陶器与玉石器）与安阳殷墟出土遗物作比较研究，从而得出早在商代，四川就与商文化发生过文化交流，这对于拓展巴蜀文化的可信年代范围和内涵有重要价值。

③ 学界在此方面的突出表现有两位学者：一是陈志良对川北羌民流传的"大禹传说"的发现与研究；二是卫聚贤在成都白马寺发现并征集的巴蜀青铜兵器。前者属于早期民族学田野新发现的材料，不少学者据此对先秦时期古代四川的历史文化有了新的认识；后者属于古器物学范畴的新材料，卫聚贤后来在此基础上扩充范围继续搜集相关考古出土的青铜兵器，进而提出"巴蜀文化"这一学术概念。这两大新发现都是在传世文献记载之外，在当时属于巴蜀文化研究的"预流"基础。

④ 此方面的工作在辨伪和重建方面都有显著体现，如顾颉刚对传世文献中涉及古代巴蜀的史料作了系统辨伪的工作；郑德坤则从考古学文化的视角系统论述了史前时代至汉代的巴蜀历史文化，著成《四川古代文化史》（1946），成为当时研究四川古文化、巴蜀文化最系统的著作。

一、和而不同：20世纪30—40年代有关"巴蜀文化"研究的三种取向

众所周知，卫聚贤在《说文月刊》1941年第3卷第4期和1942年第3卷第7期上连续著文《巴蜀文化》，此外又以其个人的影响力向当时的学界名流广约巴蜀文化方面的文章，并将其汇刊于《说文月刊·巴蜀研究专号》（1941年、1942年两期），此举在学术界引起广泛的影响。以《说文月刊》为中心集中体现学界对巴蜀文化研究的众多成果，其中各家对巴蜀文化研究的视角、学术内涵的理解和运用都不尽相同，从而形成巴蜀文化研究百家争鸣的态势。比如卫聚贤依据新材料、新发现而提出的"巴蜀文化"概念，在当时并未引起学界特别的重视，有学者就对卫文所举的诸多材料进行过辨伪式批判[1]；也有学者舍弃新材料、新发现，完全以古文献记载的巴蜀史料为核心进行批判或信从的研究[2]；还有华西大学考古学者根据有限的考古材料对巴蜀地区的古文化进行的总结[3]。

回顾这一时期研究的整体状况，便会发现当时学界对于巴蜀文化的研究大约形成了三种不同研究路径：一是认为文献记载秦灭巴蜀以前可考信的巴蜀历史是巴蜀文化的核心内涵；二是主张文献记载秦汉时期的巴蜀二郡历史才是巴蜀文化的主要内涵；三是考古学者以考古文化为线索研究先秦时期的巴蜀古文化。对此，下文略作梳理。

---

[1]　商承祚：《成都白马寺出土铜器辨》，《说文月刊》1942年第3卷第7期。

[2]　对文献记载的古代巴蜀史料进行系统批判的研究，以顾颉刚为代表（参见顾颉刚：《古代巴蜀与中原的关系说及其批判》，《中国文化研究汇刊》1941年第1卷）。与此相反，不少学者对古文献记载的巴蜀史料持信从态度，如吴致华、朱希祖等（参见吴致华：《古巴蜀考略》，《史学杂志》1930年第2期；朱希祖：《古蜀国为蚕国说》，《新四川月刊》1939年第1卷第2期）。

[3]　华西大学考古学者以葛维汉、林名均、郑德坤、冯汉骥为代表，主要论文有 D.C.Graham, "A Preliminary Report of the Hanchow Excavation ," *Journal of the West China Border Research Society*, Ⅵ, (1933–1934), pp. 114–131；林名均：《广汉古代遗物之发现及其发掘》，《说文月刊》1942年第3卷第7期；郑德坤：《华西的史前石器》，《说文月刊》1942年第3卷第7期；H.Y. Feng, "The Megalithic Remains of the Chengtu Plain", *Journal of the West China Border Research Society*, ⅩⅥ, (1945), pp. 15–21.

其一，自1930年始，吴致华、马培堂和朱希祖都对古代巴蜀进行过初步研究。吴致华的《古巴蜀考略》（1930），是以史料的详细考辨深入地讨论了古代巴国与蜀国的立国时代问题。他首先对常璩《华阳国志》中的记载进行了批判，认为常璩把巴蜀立国的时代统统放到周初以前，这既与整个中国上古史料辨伪情况不合，也不贴合古代巴国与蜀国在社会发展水平方面的差异；他进而根据《尚书·牧誓》有关蜀参与伐纣和《左传》关于巴与楚交往的记载，提出了古蜀的建国约在周初以前，而巴的建国年代，虽不可确考，但不晚于春秋早期以前；此外，吴氏还指出古代巴国与蜀国都经历了从游牧社会到农耕社会的发展阶段，在秦灭巴蜀以前巴国与蜀国社会是各自独立的发展。①马培棠在《巴蜀归秦考》（1934）中也主张古代巴蜀与中原发生关系最早可追溯到《尚书·牧誓》"西土之人"之蜀，此与常璩《华阳国志》记载的"周武王伐纣，实得巴蜀之师"相印合，综而得出巴蜀于殷信而有征；另外，他还以西周褒国故地在南郑，而南郑的褒国与华阳的蜀国密迩，故认为南郑的褒国正处于宗周与巴蜀之间南北向的交流通道上。②朱希祖在《古蜀国为蚕国说》（1939）中，首先从古文字角度论证了"蜀"之本字源于"蚕"字，进而推论古代蜀国即蚕国，蜀国之先祖即文献记载之蚕丛氏；其次，他从蚕丛氏是育蚕始祖的角度，论证了中原文化系所载黄帝元妃西陵氏嫘祖及黄帝之子昌意所娶蜀山氏女都是受蚕丛育蚕的影响，由此推论蚕丛氏的时代远在黄帝以前；最后，他综合文献记载，提出古蜀建国时代在殷周之际，并以周人追称其始祖后稷的传说，类推蚕丛氏是蜀山氏及其后裔所追称的蜀人始祖。③以上学者对商周时期巴国与蜀国的历史记载大致持可考信的态度，认为秦灭巴蜀。以前，巴国与蜀国有其独特的历史文化，亦主张古代文献记载的秦并巴蜀以前的巴蜀历史是讨论巴蜀文化的核心。

其二，1941年，顾颉刚先生在《古代巴蜀与中原的关系说及其批判》中从文献辨伪的视角对巴蜀史料作了深入辨析，认为传世记载有关巴蜀的史

---

① 吴致华：《古巴蜀考略》，《史学杂志》1930年第2期。
② 马培棠：《巴蜀归秦考》，《禹贡》（半月刊）1934年第2卷第2期。
③ 朱希祖：《古蜀国为蚕国说》，《新四川月刊》1939年第1卷第2期。

料只有两条可信：一为蚕丛等为蜀王，二是春秋时期巴国与楚国等有交往关系。在此基础上，他还指出古代蜀国文化原是独立发展的，它同中原文化发生关系是战国以后的事情。尤值一提的是，顾先生对传世文献中巴蜀史料的严格批判，还影响到他对巴蜀古史的整体认知，如他认为巴蜀地区流传的大禹传说（包括大禹治水、禹生石纽）起源甚迟，都是由中原地区传入。[1]顾先生对巴蜀古史的态度，直接影响到其他学者对巴蜀古史的态度。如黄芝冈认为古代四川地区流传的大禹传说，都是在战国时期由秦人传入蜀地，后逐渐分化为开明治水和李冰治水，本质上古蜀治水传说与大禹治水传说是一个神话传说；在秦人传入中原古史传说以前，巴蜀地区的古史传说尚处于茫然不可知的状态。[2]又如冯汉骥从禹生石纽与禹兴西羌的关系出发，指出禹生石纽是从汉初禹兴西羌的传说衍生而来，西汉中期以后逐渐被古蜀士人吸收而编入古蜀史传系统之中，在此一过程中，巴蜀古史的记载都是后人根据中原古史传说编排而成。[3]除了对巴蜀地区流传大禹传说的重要性有所低估外，当时更多的学者对先秦时期巴蜀历史的认识保持"缄默"的态度。如1942年缪凤林《漫谈巴蜀文化》中直言："历史上对于巴蜀文化的记载，始于汉人，近世发现的巴蜀文物，我所见所知的，亦以汉代者为多，我不能凭空恣论汉前的巴蜀文化，我只能据汉代的记载和遗物，对于古代的巴蜀文化作一个合理的推测。"[4]1942年，傅振伦所举古代巴蜀文化之石经、雕版、陶瓷、织造、髹漆、崖墓、墓阙、造像、货币交子等各类专题皆在汉代以后，并据此论证古代巴蜀在中国文化上之重大贡献。[5]受古史辨影响，学界诸家多认为文献记载的古代巴蜀史料大多是晚出附会而成，不足凭信，转而着重讨论秦汉以后的巴蜀历史文化。

其三，1931年，葛维汉、林名均等前往四川广汉进行考古发掘，出土了一批石器、玉器和陶器，随后葛维汉对这批材料进行系统分析，并撰写了

---

① 顾颉刚：《古代巴蜀与中原的关系说及其批判》，《中国文化研究汇刊》1941年第1卷。

② 黄芝冈：《大禹与李冰治水的关系》，《说文月刊》1943年第3卷第9期。

③ 冯汉骥：《禹生石纽辨》，《说文月刊》1944年第4卷合刊本。

④ 缪凤林：《漫谈巴蜀文化》，《说文月刊》1942年第3卷第7期。

⑤ 傅振伦：《巴蜀在中国文化上之重大贡献》，《说文月刊》1942年第3卷第7期。

西南地区第一篇科学考古发掘简报《汉州（广汉）发掘简报》（1933）。在《简报》中，葛氏明确提出这批材料的几点价值：（1）随葬器物，可以帮助我们了解古代的葬俗、社会和宗教习俗；（2）玉、石器以及器物上的纹饰，颇能引起考古学家的兴趣；（3）出土的大量陶片，为研究四川古代陶器提供了重要资料。[①]笔者认为，此篇《简报》的重要学术史价值还有以下几点：（1）依据考古出土材料（随葬的玉刀、玉凿、玉剑、方玉以及玉璧等礼器）推论西周初期古代四川地区已有礼仪文化；（2）根据对随葬出土的陶器纹饰和安阳殷墟出土的陶器纹饰进行比较，得出早在商代古代四川就与商文化发生过文化交流。后来，在郑德坤继任华西大学博物馆馆长时期，他将该馆在西南地区广泛搜集到的细石器进行整理，发表了《华西的史前石器》（1942）。文章依据类型特征将华西石器文化划分为四期，并分别讨论了每期石器文化的技术特点和演进程度。最为重要的是，郑氏将这批材料与东亚地区古文化进行广泛的比较，进而总结了四川古文化在东亚史前文化演进中的地位。[②]从某种意义上说，郑氏以开阔的学术视野开启了四川古文化与世界其他地区古文化的比较研究。以上研究表明，自石器时代到商周时期，古代巴蜀的文化渊源既久。后来，郑德坤在《巴蜀始末》（1942）一文中，结合考古材料，进一步申说古代蜀国与商、周二国均发生过直接的文化交流。[③]上述情况表明，华西大学考古学者对巴蜀文化的研究是从纯考古的角度去填补史籍失载以前的巴蜀文化。

综上可知，学界除偶有对部分新材料的真伪进行过辨争外，整体上并未出现过明显的学术论争。但不可否认的是，诸家对"巴蜀文化"的研究在内

---

① D.C.Graham, "A Preliminary Report of the Hanchow Excavation", *Journal of the West China Border Research Society*, Ⅵ, (1933–1934), pp. 114–131；林名均：《广汉古代遗物之发现及其发掘》，《说文月刊》1942年第3卷第7期。

② 郑德坤：《华西的史前石器》，《说文月刊》1942年第3卷第7期。

③ 郑德坤在《巴蜀始末》一文中详细论述了古代蜀国与商、周二国发生直接文化交流的证据，如通过甲骨卜辞中"蜀"的记载及其与相邻岳、羌、雀等方国地理的综合考证，认为商代蜀国疆域已经抵达陕南川北一带，并且商与蜀二国发生过直接的交流；他又根据四川广汉出土大宗玉器及其他器物（石璧、石珠、琬圭、琰圭、玉琮）推断古蜀国与周文化有直接的交流。参见郑德坤：《巴蜀始末》，《学思》1942年第2卷第11期。

涵、方法和目标上都有不小的差异，这是因为他们多是各自阐述其对巴蜀文化研究的主张，这一现象或可称为"和而不同"。这当然与早期巴蜀文化研究开放的风气密切相关，更重要的是，这一风气对于进一步丰富和发展巴蜀文化研究的学术理路大有裨益。诸多学者在各自研究论作中也已出现兼收他者思想的倾向，形成一段互鉴、共进的学术历程，这恰恰形成早期巴蜀文化研究的独特魅力。

在研究方法方面，大致经历过这样一个逐步优化的过程：早期学者主张以传世文献中巴蜀史料为核心详细考证巴蜀古史[①]，后来以顾颉刚为代表的古史辨学者对传世文献的巴蜀史料进行全面的批判[②]，再到以古史新证学者主张综合文献史料、考古材料、民俗传说和少数民族知识等去研究古代巴蜀文化[③]。巴蜀文化研究方法的不断优化，必然引起研究目标的更新与发展。如原先根据传世文献中巴蜀史料，将古代巴蜀历史置于中原古史系统（黄帝一系）之下，此研究目标是论证古代巴蜀文化与中原文化同源一体[④]；随后，经古史辨学者对传世文献中巴蜀史料作全面批判，进而提出巴蜀文化有

[①] 主要参见以下论作，吴致华：《古巴蜀考略》，《成大史学杂志》1930年第2期；马培棠：《巴蜀归秦考》，《禹贡》（半月刊）1934年第2卷第2期；朱希祖：《古蜀国为蚕国说》，《新四川月刊》1939年第1卷第2期。

[②] 主要参见以下论作，顾颉刚：《古代巴蜀与中原的关系说及其批判》，《中国文化研究汇刊》1941年第1卷；黄芝冈：《大禹与李冰治水的关系》，《说文月刊》1943年第3卷第9期；冯汉骥：《禹生石纽辨》，《说文月刊》1944年4卷合刊本。

[③] 主要参见以下论文，徐中舒：《古代四川之文化》，《史学季刊》1941年第1卷第1期；卫聚贤：《巴蜀文化》，《说文月刊》1942年第3卷第7期。

[④] 早期研究者如朱希祖就指出，"黄帝之子青阳昌意，降轩辕之丘，而分居湔水若水，是亦蜀地也。昌意娶蜀山氏女，蜀山氏盖蚕丛之子孙，蜀山与蚕陵盖同地，汉之蚕陵，盖即古之蜀山……准此，育蚕之术，始倡于蚕丛，黄帝居近其地，娶西陵氏女，始亲蚕，又因奖励蚕业，而为其子昌意娶蜀山氏女……若《史记》《大戴礼》言黄帝事而可信，则谓蚕丛氏在黄帝以前，殆非臆说也。"参见朱希祖：《古蜀国为蚕国说》，《新四川月刊》1939年第1卷第2期。

别于中原而独成体系说①；最后，考古学者和古史学者都选择从各自熟悉的材料出发去论证古代巴蜀文化渊源有自、自成体系、历史悠远②。

当巴蜀文化的研究路径呈现出多元并进的态势时，如何去建立一个融合多元而又合理规范的研究理路就成了亟须解决的重要问题。这一问题的解决必然是建立在学界对巴蜀文化研究开放式讨论的基础之上。也就是说，为建立起更加科学规范的巴蜀文化研究理路，就需要对不同的研究路径进行整合，并最终化为重建古代巴蜀历史脉络与文化内涵的有力支撑。在早期巴蜀文化研究的学术史上，郑德坤和卫聚贤分别从各自擅长的学术研究视野出发，在古代巴蜀历史脉络和文化内涵方面均取得了令人耳目一新的建树。他们的工作对今天研究巴蜀文化的学人来说仍有不容忽视的启发意义。下面拟就郑、卫二氏在重建"巴蜀文化"的学术理路方面的独特贡献展开讨论。

二、交流网络与脉络重建：郑德坤重建"巴蜀文化"的研究理路

1941年，郑德坤担任华西大学博物馆馆长后，在学术上迅即关注巴蜀文化研究，并形成了一系列重要成果。郑德坤有关巴蜀文化的重要论作有：《巴蜀始末》（1942）、《华西的史前石器》（1942）、《四川史前文化》（1942）、《巴蜀之交通与实业》（1943）、《四川汉代之砖墓调查》（1944）、《四川汉代崖墓调查》（1944），以及四川地区的《广汉文化》（1946）、《大石文化遗迹》（1946）、《版岩葬文化》（1946）等。这些论作后经整理汇总而成《四川古代文化史》（1946），成为当时巴蜀文化研

① 应当指出的是，顾先生对于巴蜀史料的批判的整体态度是，巴蜀真正的古史并非如文献记载那样很早就与中原历史混杂在一起，中原文献记载的巴蜀古代史事既晚出且附会而成，不足以此考信巴蜀古史。但是顾先生对于如何去考信巴蜀古代独立发展的历史，并没有给予相应的提示。参见顾颉刚：《古代巴蜀与中原的关系说及其批判》，《中国文化研究汇刊》1941年第1卷。
② 相关代表性论文有徐中舒：《古代四川之文化》，《史学季刊》1940年第1卷第1期；郑德坤：《巴蜀始末》，《学思》1942年第2卷第11期；卫聚贤：《巴蜀文化》，《说文月刊》1941年第3卷第4期。

究最为系统的著作。

郑德坤对于巴蜀文化的研究最为突出的一个贡献是首次以考古遗物文化为主线构建起四川古代文化演进的脉络。如其在《版岩葬文化》一文中提出四川古代文化发展的序列："史前文化—广汉文化—版岩葬文化—汉墓文化"。在郑德坤的四川古文化演进体系中，特别重视四川地区的考古文化与周边乃至域外地区的考古文化的密切交流，也可以说他对四川古文化的认识，是通过与已有考古文化的不断比较研究中得出的。易言之，郑氏所建立巴蜀文化研究内涵的新体系，深刻地揭示出古代巴蜀地区与周边及域外古文化交流、互动的史实。从这个意义上说，如何将广域范围内的外在知识与地方性知识进行有机融合，成为郑德坤构建古代巴蜀文化脉络的核心要旨。笔者认为，其学理路径可以概括为文化交流网络与文化共同体构建两个方面。

（一）亚洲大陆文化交流网络：华西考古视野下巴蜀文化重建载体

郑德坤以华西大学博物馆收藏的史前时代石器的整理与研究为切入点，开启他的古代巴蜀研究，1942年8月，他发表的《华西的史前石器》一文，略作修改后又于11月以《四川史前文化》为题发表，即对这批材料进行详细的汇总和分类研究。他通过对史前石器、陶器的分类和比较研究，最终考察了史前时代四川文化在东亚地区文化演进中的地位问题。这一颇具世界眼光的研究路径，实承自于华西大学博物馆各位前贤的研究理路。如葛维汉在《华西边疆研究学会杂志》上连续发表过《华西协和大学古物博物馆的石器》《四川省的一种新石器时代晚期的文化》《中国石器琐记》几篇专文，以讨论四川史前文化之问题。在三篇文章中，葛维汉一贯地秉承着从整个亚洲史前文化发展的历史脉络中去观察中国西部古文化及其传播的研究理路。如葛氏将其在四川南部收集到新石器时代的石斧以及叶长青在华西地区采集的新石器石斧，同欧洲新石器时代晚期阿舍利（Acheulean）石斧联系起来，此外还将华西地区史前石器文化传播范围扩大到岷江流域及长江流域，并认为可能与中亚地区的新石器时代文化存在着交流。①相较于葛维汉提点式的比较研究，郑德坤则以详细的石器陶器分类为基础，再参照不同时期的考古材料依次详证四川古文化与其他地区文化的交流史。

在《华西的史前石器》暨《四川史前文化》中，郑德坤将四川史前的石器分为四类："打制石器—打磨石器—打琢磨石器—磨制石器"，这四类石器从功能上说也有逐步进化的趋势。郑氏梳理第一类打制石器之年代多系旧石器时代至新石器时代晚期，共41种类；第二类打磨制石器共11种，系由打制石器演进而来，有7种在其他区域新石器时代前期遗物中有出现；第三类打琢磨石器为一种特殊技术之产物，此类石器共5种，在东亚分布不广，其区域偏于东北部之华北、黑龙江流域及冈札德加等区，有3种在其他地域新石器时代晚期遗物中有发现；第四类磨制石器17种，其中有16种在东亚及五大洲其他地区都有发现，年代属于新石器时代后期。经过一番比较后，郑氏指出四川史前文化相较于华北及华南地区有较强的地方特点：（1）四川史前文化独特流行打磨石锛；四川打琢磨与磨制石器类别与华北出土的石器均相似，但四川无大宗石镞出土；（2）四川打琢磨石器与磨制石器形式虽与江浙闽粤云贵各省均无二致，但吴越文化之黑陶及大宗石镞与四川史前文化有别。此外，从中南半岛、马来半岛之史前文化对比角度，郑氏考察了四川史前文化与其异同，认为：（1）安南新石器时代晚期文化与四川同时代文化在技术上有较强相似性，两地都无石镞出土，文化发展程度近似，且两地石器形式上只略异即地方特色差别；（2）马来半岛新石器文化与四川、安南史前文化在打制、打磨石器时代均有较强共性，而磨制石器时代马来半岛流行的鸭嘴石锛、长形石斧及石镞均与安南、四川的史前文化有异。②

从上述可知，郑德坤对四川史前文化的梳理和跨域比较研究均已超越葛维汉等人。根据他对华北、华南地区史前文化与四川史前文化，中南半岛及

---

① 葛维汉著，秦学圣译：《华西协和大学古物博物馆的石器》《四川省的一种新石器时代晚期的文化》《中国石器琐记》，李绍明、周蜀蓉选编《葛维汉民族学考古学论著》，巴蜀书社，2004年，第199—205、206—208、209—211页。

② 郑德坤：《四川史前文化》，《学思》1942年第2卷第9期；郑德坤：《华西的史前石器》，《说文月刊》1942年第3卷第7期。

马来半岛史前文化与四川史前文化的综合比较研究，可以初步得知：自打制与打琢磨时期始，四川便与安南、马南半岛的史前文化存在密切交流；在磨制石器时代，四川已与安南及马来半岛史前文化别为异系的发展；在打琢磨与磨制时期，四川开始受到华北与华南地区史前文化的影响，不过，四川史前文化在这一时期仍继续保持着独立发展的特色。

根据郑德坤建构的四川古文化演进体系，史前文化的继承者是广汉文化，由于广汉文化并没有出土铜器①，故将版岩葬文化看作四川古代铜铁器文化的代表。这时期的古蜀文化，同样保持与周边古文化的密切交流。如郑氏将理番地区版岩葬出土的铜器分为两类：一为容器、礼器，二为兵器及装饰品。青铜容器仅以铜锅为见，不过，陶器中的容器及礼器有罍、壶、瓶、尊、簋等，这些礼容器与中原礼容器的形制和风格一致。版岩葬所出兵器及装饰品数目繁多，如甲盾、铜剑、连珠盾饰、钮钉、铎铃、雕环等，这些器物的形制风格与河套铜器一致。河套铜器主要出自长城一带的河套、东蒙、冀北地区，为草地游牧民族遗物。②郑氏根据对版岩葬出土陶器上铭文的释读及出土汉代钱币的辨识，得出其时代为秦汉时代。郑氏认为，版岩葬的铜器文化是秦汉时期古蜀或中原的汉人屯居在川西北高原的草地地带所创造的，在地理上可与长城地带的游牧民族发生交流，因而受到中亚草原游牧文化的影响。③由此可知，郑德坤主张铜铁器时代（战国至西汉时期）的巴蜀即以岷江为通道与华北乃至北方草原地区存在着密切的文化交流。

以考古文化交流为据，郑德坤对于古代巴蜀对外的文化交流认识已较当时学者更为深刻。在《巴蜀之交通与实业》中，郑氏根据文献记载，初步梳理了巴蜀与域外的交通情形，结合考古文化上的史前石器、陶器及铜器

---

① 可作说明的是，当时并非没有出土商周时期的巴蜀青铜器。比如卫聚贤在《巴蜀文化》中就列举有出自成都白马寺的大批青铜器，但是，不少学者对这批青铜器的真伪存疑。如商承祚先生甚至撰文斥其全部作伪；郑德坤显然也是存疑派代表，他在《四川古代文化史》中就不提这批青铜器。

② 郑德坤：《版岩葬文化》，收入其著《四川古代文化史》，巴蜀书社，2004年，第91页。

③ 郑德坤：《版岩葬文化》，收入其著《四川古代文化史》，巴蜀书社，2004年，第90—92页。

遗物，描述了古代巴蜀以长江为孔道东向与荆楚地区的交通，以川西北高原聚居西夷为媒介向西北同中亚的文化通道，以川西南高山聚居西夷为媒介向南亚的交流通道，以牂牁江为孔道向南抵南海及东南亚的通道。[①]他进而指出："巴蜀中部平低，岷、沱、涪、嘉纵横其间，舟船便利，自史前已然。""巴蜀对外交通，路线纵横，四通八达，实为亚洲大陆上交通之枢纽。"[②]经过努力，以考古文化为依据，结合历史文献记载，他已将古代巴蜀地区自史前至秦汉时代对外的文化交流网络初步建立起来。那些原本囿于文献无载而无法言说的巴蜀古史诸问题，自此有了一个新的认识载体——亚洲大陆文化交流网络。在这一文化交流网络中，巴蜀文化的历史长卷可以借鉴于不同时期其他地区（域外及邻近）古文化面貌来作复原和补充。

（二）文化共同体的建构："华西""四川""巴蜀"诸概念的整合

面对文献记载奇缺、传说与历史混杂的巴蜀古史，如何重建一种有据可信、一脉相承的巴蜀文化，确为一时代之难题。郑德坤立足于考古文化，将古代巴蜀文化的重建工作置于亚洲大陆文化交流枢纽中去考察，从而为巴蜀文化重建打开了新视野。不过，以文化交流网络视角去重建巴蜀文化只是一个初步架构，如何进一步将四川地区不同性质的考古文化与历史有机地结合起来，还需借助于更多的学科知识去填补因材料短缺而留下的逻辑缺憾。

尤其需要注意的是，郑氏在努力建立四川"史前文化—广汉文化—版岩

---

① 郑德坤：《巴蜀之交通与实业》，《学思》1943年第3卷第11期。
② 郑德坤：《巴蜀之交通与实业》，《学思》1943年第3卷第11期。

葬文化—汉墓文化"的历史演进脉络时，已经尝试运用"调整文化年代"①与"嫁接论证"②的手段。因此，初步呈现出来的四川古代文化演进体系，事实上还存在不少漏洞。其中最主要的问题是，如何将跨地域、跨民族的考古遗物文化有机地整合为同一个共同体文化。

如何去完成跨地域、跨民族的文化共同体重建，是一个复杂的问题。这里仅对郑氏从学术概念上进行整合的做法作一分析。首先，从考古学上说，郑德坤秉承华西大学博物馆考古研究视野，侧重于用地理概念之"华西"与"四川"来整合史前时代巴蜀地区各考古遗址及遗物的文化。在此基础上写成《华西的史前石器》与《四川史前文化》，从而将史前时代的巴蜀古文化的面貌呈现出来。其次，他将以成都平原为核心地区的古蜀的文化与地理概念之"华西""四川"古文化做约同的处理。最明显的例子就是，郑德坤

---

① 1946年，郑德坤改变此前遵从葛维汉对广汉文化年代的看法，将广汉土坑出土的陶器作为文化年代的上限置于新石器时代末（前1200），并认为坑中出土的玉器反映了"祭山埋玉"现象，其文化年代的下限定在春秋时期（前700—前500）。经过改作后的广汉文化年代范围有较大的增幅，它与古蜀国历史有了更大程度的重合。为了论证版岩葬文化是广汉文化的后继者，郑氏在考古材料短缺的情况下断言："四川上古文化之演进或未经正式铜器时代，由新石器末期一进而为铁器时代矣。"（参见郑德坤：《版岩葬文化》，收入其著《四川古代文化史》，巴蜀书社，2004年，第99页）也就是说，广汉文化之后，古蜀国直接迈入了铁器时代。参照当时中国范围内铁器时代约在春秋战国之际（前500）以及理番版岩葬墓中出土之半两钱等遗物，推定版岩葬文化的大致年代范围在战国时期秦国至西汉（前500年—前100），约400年。经过对"广汉文化"年代的调整，郑氏构建起"广汉文化（前1200—前500）—版岩葬文化（前500—前100）—西汉早期（前100年左右）"的文化演进序列。
② 此处所谓"嫁接"语义，采借农作物学上将不同种植物嫁接在一起成长，以起到人为改良作用，嫁接成功的原因在于不同种类植物之间存在着一定的共性。据此，本书以"嫁接"术语表示研究者主观上将异族之间文化近同现象视作同一个文化共同体现象来论证的方法。郑德坤在处理版岩葬文化与广汉文化关系时，将版岩葬文化的族属与文化主体分开而论，他认为族属与地理环境的差异并不影响版岩葬文化与成都平原蜀文化之间的密切交流乃至文化趋同（参见郑德坤：《版岩葬文化》，收入其著《四川古代文化史》，巴蜀书社，2004年，第90—92页）。其言下之意，即版岩葬之戈人已深受秦汉时期成都平原蜀人文化的熏陶，在文化上二者可以视为同一文化体。这一论证的理路，不但将版岩葬文化成功嫁接到古蜀文化范畴之内，还可以进一步扩充古蜀文化的地理范围，从而扩充巴蜀文化研究之内涵。

在冯汉骥《成都平原之大石文化遗迹》①基础上扩充地理范围、增加考古遗物材料而写成《大石文化遗迹》一文。在这篇文章中，他将古蜀的大石文化遗迹推广至整个华西地区，从某种意义上说是认同成都平原的古蜀族与川西南、川西北地区的西南夷存在着密切的内在文化联系。②最后，郑氏为了进一步论证古蜀族与西南夷的文化关系，将历史概念上的古蜀族与西南夷整合起来。如先从地方文献记载入手，以谯周《蜀本纪》、汉晋时期的《蜀纪》（《蜀王本纪》）及常璩《华阳国志》中记载的巴蜀古史是与中原史传别为支系，以此证说古蜀文化是独立于中原文化的一支。③再根据《华阳国志·蜀志》的记载，将春秋战国时期古蜀文化的范围扩展到成都平原、川西高原、甘南、陕南及川东大部分地区④，而这些地域在先秦时期也是西南夷的聚居地。由此得知，西南夷文化与古蜀文化不仅同处一隅，而且都是有别于中原的区域文化，以显示二者在逻辑上的连贯性。总之，以上论述表明郑氏通过文献记载的古蜀族、西南夷与中原文化的差异，并联系到考古文化上的异同比较，将先秦时期古蜀族文化与西南夷文化视为有别于中原文化的跨地域共同体文化。

经过郑德坤的整合，巴蜀文化（四川古代文化）中的"巴蜀"概念，既包括地理概念上的华西和四川，也包括历史概念上的古代巴、蜀、西南夷。根据这样的"巴蜀文化"概念，和他主张的亚洲大陆文化交流网络，巴蜀文化的重建工作便具备了横向的考古材料支撑和纵向的历史脉络线索。因此，他在《四川古代文化史》中论述先秦时期巴蜀古文化时，有意在"史前文化"与"广汉文化"之间特别设置了"大石文化遗迹"，从而在逻辑上补充论证了"华西"与成都平原"古蜀"、川西高原"西南夷"诸文化的内在联系。最后以四川汉墓考古文化为尾声，其间补充秦汉时期四川政治、经济诸

---

① H.Y. Feng, "The Megalithic Remains of the Chengtu Plain", *Journal of the West China Border Research Society*, XVI, (1945), pp. 15–21.

② 郑德坤：《大石文化遗迹》，收入其著《四川古代文化史》，巴蜀书社，2004年再版，第34—44页。

③ 郑德坤：《巴蜀始末》，《学思》1942年第2卷第11期。

④ 郑德坤：《巴蜀始末》，《学思》1942年第2卷第11期。

历史记载，完成秦汉时代巴蜀文化整体面貌的架构。

大约与郑德坤同时发起对古代巴蜀进行研究的卫聚贤，则显露出与之完全不同的研究理路。卫氏不仅对"巴蜀文化"的概念进行全新的阐释，还着力于从内涵上对古代巴蜀文化进行深入研究。

三、蜀文化之古与异：卫聚贤"巴蜀文化"研究理路的渊源及特征

20世纪30年代，卫聚贤迁居重庆，在重庆接触到的一些汉砖遗物引起了他的关注，随之与郭沫若一道在北碚培善桥发掘一些汉代古墓，并从中抢救出一批汉代遗物。[①]有此经历的卫聚贤，很早就认为汉代巴蜀地区的文化发展程度已很高，但限于材料，当时他对汉代以前的巴蜀文化亦难详论。不过，巴蜀地区不断发现的新史料，为卫氏探讨"蜀文化之古"提供了新的契机。

（一）蜀文化之古：由大禹史传的新发现说起

抗战时期，卫聚贤在渝继续创办《说文月刊》以弘扬学术。卫聚贤对巴蜀文化产生研究兴趣，与他关注庄学本在川西北羌民地区的田野调查活动有关。1936年，受庄学本在川西北调查发现羌民流传"禹生石纽"传说的影响，陈志良撰写了《禹生石纽考》，很快引起了学界对大禹问题新的讨论。[②]抗日战争全面爆发后，卫聚贤居住的陪都为当时中国抗战大后方的学术中心，故能对学界的新材料、新发现及时关注，因而他较早就参与到对大禹问题的讨论中。如卫聚贤在其主编的《说文月刊》1940年第2卷第6—7期

---

① 常任侠：《整理重庆江北汉墓遗物纪略》，《说文月刊》1941年第3卷第4期。
② 陈志良：《禹生石纽考》，《禹贡》1936年第6卷第6期。另，由"禹生石纽"传说而引起关于大禹问题的新讨论，主要分古史辨学者和古史新证派学者的论争。具体可参见龚伟：《论20世纪40年代古史研究思潮对早期巴蜀古史重建的影响》，《四川师范大学学报（社会科学版）》2021年第4期。

的编后语中写道：

> "禹生石纽"问题自陈志良先生撰文发表后，颇为海内学者所重视，于右任、卫聚贤先生等，为了实物作证计，特作石纽探访之游……石纽为羌民社祭之地，是古代一民族的禁地，则为确切的事实，无用讨论。①

由上述记载来看，卫聚贤和于右任先生为了将"禹生石纽"传说坐实，亲自前往石纽进行了调查。从事后的调查结论看，他们认为，羌民流传至今的"禹生石纽"传说与传世文献记载的"禹生石纽"说法全然相合，属于确切的事实。"禹生石纽"传说的真实性也侧面证实了古代羌与禹夏为同源族群的结论。原来，卫聚贤在《中国民族的来源》（1933）一文中把羌族视为中国的土著南方民族，是炎帝族系的一支，而把夏视作北方的外来民族，即黄帝族系的一支。②这一观点因其亲身考察石纽，目睹"禹生石纽"这一千古流传的真传说而发生改变，进而认同羌与禹夏古属同一族群。同样，大禹传说在四川地区的流传，也影响到卫聚贤对古代巴蜀文化的看法。"禹生石纽"传说的真实性表明大禹与岷江上游羌民的关系密切。岷江上游自古就为古蜀国之范围，故古蜀之文化来源有自、渊源甚古。比如他在汶川石纽考察途中留意并在华西大学博物馆观摩到川康境内采集到的石器形制，认为这些石器与黄河流域出土的石器相同，反映出"蜀人文化之古"。

在初步认识到古蜀文化渊源有自、时代既久的同时，他更关注"蜀人文化之异"的问题。他因关注到广汉太平场新石器遗址中出土的黑陶、玉刀及大石璧，认为这些古物材料可以反映古蜀文化的独特性，可惜苦于数量少且不成系统而难以继续从事学术研究而作罢。③不过，这一缺憾很快随着他进

---

① 《编后语》，《说文月刊》1940年2卷第6—7期合刊。
② 卫聚贤根据1920—1930年代考古学者在黄河流域发掘新石器时代的陶器花纹，与殷墟遗址的新石器时代陶器花纹显示出的不规则形与几何形差别，并进一步结合上古神话炎黄两系、古民族语言单复音节两系，而将中国古代民族系统划分为南、北二系。参见卫聚贤：《中国民族的来源》，《史地丛刊》1933年第1辑。
③ 卫聚贤：《巴蜀文化》，《说文月刊》1941年第3卷第4期。

一步关注到成都西门外白马寺出土的青铜兵器而得到弥补。

经过卫聚贤细心搜集，以成都白马寺出土散落的青铜器上异形花纹为线索，旁及巴蜀地区出土各类古器物上的相近异形纹饰，随着古物数量及信息的不断扩充，逐步提高他对古代巴蜀文化的认识水平。起初，他仅在1941年4月、6月、8月三次在成都搜集到有特色花纹的青铜兵器30余件，在此基础上曾作《蜀国文化》一文。①随后他将该文寄给华西大学博物馆林名均，林氏看后提示赵世忠在《华西学报》1937年第5期上发表过《记錞于》并附有拓本，其上花纹有与白马寺青铜兵器近似者。经过购阅补充相关出土器物上的异形纹饰，得知万县、什邡、慈利、长杨、峡来等地亦有近似花纹的兵器出土。结合錞于上的异形纹饰及其所出土之区域，卫聚贤对原文进行了补充并改为《巴蜀文化》。②在《巴蜀文化》一文中，他汇集各类考古发掘和古物购换所得的材料包括白马寺出土青铜兵器等③，经过系统分析和研究后明确提出了"巴蜀文化"这一学术命题。

可以说，卫聚贤先是受到"禹生石纽"传说以及川康及广汉出土石器、

---

① "今年（1941）四月余到成都，在忠烈祠街古董商店中购到兵器一二，其花纹为手与心，但只有一二件，亦未引起余注意。六月，余第二次到成都，又购得数件，始注意到这种特异的形状及花纹，在罗希成处见到十三件，唐少波处见到三件，殷静僧处两件，连余自己搜集到十余件，均为照、拓、描，就其花纹，而草成《蜀国文化》一文。八月，余第三次到成都，又搜集到四五件，在赵献集处见到兵器三件，残猎壶一。"参见卫聚贤：《巴蜀文化》，《说文月刊》1941年第3卷第4期。

② "林名均先生并指出《华西学报》第五期（二十六年十二月出版）有錞于图，其花纹类此，购而读之，知万县，什邡（四川），慈利（湖北），长杨（湖北），峡来亦有此特异的花纹兵器等出土，包括古巴国在内，故又改此文为——《巴蜀文化》。"参见卫聚贤：《巴蜀文化》，《说文月刊》1941年第3卷第4期。

③ "白马寺坛君庙后窑工掘土，于民国十年（1921）左右，即掘有铜器，以兵器为最多，以其上钳金银花纹者为贵，有花纹者次之，素的最下，……故各收藏家多有此物，（闻英国人搜集去的四五百件，四川博物馆有四五十件。）但因空袭疏散于乡间，又以兵器不为重要古物，而且不大，都东一件西一件，夹杂在别的古物中，余到各处去借，都一时找不到，兹就以其找到的，加以推论。""十二月，余自西北考察归来，路过成都，又续得十余器，在重庆有收藏家让出七八件。柯尧舫处看到五件，成都又寄来盔甲一副，大件十三，小钉子二十，已让给王献唐先生。"参见卫聚贤：《巴蜀文化》，《说文月刊》1941年第3卷第4期、1942年第3卷第7期。

陶器、玉器等材料的共同影响，初步得出"蜀人文化之古"。此后，在"蜀人文化之异"的指引下，他又细心搜集与成都白马寺出土青铜兵器上的特异花纹相近的其他古器物，并参考川渝地区考古出土的錞于，使反映古代巴蜀文化之特色的材料逐渐丰富起来，进而提出了"巴蜀文化"这一全新学术概念。卫聚贤注重从"文化之异"的视角研究巴蜀文化，实得益于他此前研究吴越文化的经验和启示。

（二）蜀文化之异：来自吴越文化研究的启示

1937年《江苏研究》第3卷5、6合期刊发"吴越文化"专号，后改版为《吴越文化论丛》，作为专书出版，这本书汇聚了以卫聚贤为核心，包括蔡元培、吕思勉、罗香林、何天行、陈志良、施昕更、慎微之等学者研究吴越文化的论作，从而为吴越文化研究开山启林。"吴越文化"命题的提出，起初也未得到学界的重视。不过，随着考古工作者在浙江和江苏两省陆续发现新石器时代遗址及出土的陶器、石器和玉器等遗物，逐渐使得学界开始接受这一学术概念。如1930年卫聚贤在南京栖霞山的甘夏镇发掘六朝古墓时发现零星的石器，这一信息终因材料稀少，而被李济等学者否认，从而难以动摇长江以南地区在石器时代未有文化的主流认识。随后，卫聚贤在杭州古荡公墓搜集到三十多件石器，此一发现引起杭州文博界的关注。紧接着他又与西湖博物馆联合在杭州古荡进行考古试掘，再次发现六件石器和少量陶片，并撰写《杭州古荡新石器时代遗址之试掘报告》。因古荡遗址试掘活动启发了施昕更，后者于1936年11月在杭县良渚镇棋盘坟试掘到山东城子崖遗址出土过的黑陶器百余件，事后撰写了《杭县第二区远古文化遗址试掘简录》。受施昕更的影响，何天行继续在家乡良渚镇搜集黑陶器，他搜集到相当重要的黑陶器、石钺等器物，并将其整理成文《杭县良渚镇之石器与黑陶》。这些不断发现的新石器时代遗物，逐渐改变了学界对于江浙地区古文化的认识。卫聚贤在《江苏古文化时期之重新估定》一文中言及："就文化立场讲，江浙文化并不晚不低，是有实物可证的。"①蔡元培在吴越史地研究会成立时作特别致辞，其中提到：

> ……自古荡、钱山漾、嘉兴、金山等处先后发现古代器物陶石器后……证明江浙两省，在五六千年以前，已有极高文化，当非如传说所云：在春秋时代，江浙尚为野蛮之区。②

随着吴越地区出土的考古材料越来越丰富，对于吴越文化的研究也逐步深入。学界开始探讨吴越文化与中原文化的关系以及吴越文化在中国古文化上的贡献等问题。吴越古文化最先得到重视的问题是浙江杭县良渚镇出土了黑陶器，经学者将其与山东城子崖遗址出土黑陶器相比较，初步确立了吴越古文化的年代上限及其与北方古文化发生过交流。此后，随着吴越地区新石器时代考古遗址所出土的陶器、石器与玉石器越来越多，学界逐渐发现吴越古文化与中原古文化之间有着相当大的差异。1937年，卫聚贤根据古荡遗址中出土的时代最早的石戈、石钺，论证黄河流域后来的戈和钺都由江浙的吴越古文化传播而至。③另外，卫聚贤进一步联系文献记载的殷人古文化中的鸟崇拜及断发、文身、黑齿、雕题等古风俗所显示的殷人出自南方的江浙地区、后经山东入海西进中原④之事实，1939年，撰成《中国古代与南洋的关系》一文，特别提出长江以南新石器考古遗址出土的石钺和石戈与南洋地区土人使用的石钺工具有极大的相似性，而这两类石器工具在黄河流域全无发现，进而推测吴越与南洋古来属于同一族群，南洋的土人是由吴越地区迁徙过去的⑤。

细心梳理，卫聚贤对于吴越文化研究的推进主要得益于在江浙地区不断发掘出的新石器时代考古遗址，故而能较早确立江南是与黄河流域渊源相

---

① 卫聚贤：《江苏古文化时期之重新估定》，《江苏研究》1936年第2卷第6期。
② 蔡元培：《蔡氏致辞》，卫聚贤：《吴越考古汇志》，《说文月刊》1940年第1卷合订本。
③ 卫聚贤：《吴越文化传播于黄河流域的说明》，《东方杂志》1937年第34卷第10号。
④ 卫聚贤：《殷人自江浙迁徙于河南》，《江苏研究》1937年第3卷第5—6期。
⑤ 卫聚贤：《中国古代与南洋的关系》，《南国少年》1939年第2期。

当的古老文化区^①；其次通过对吴越地区古遗址出土石器和陶器纹饰的初步分析，得出吴越古文化自有的独特文化特征；最后采借林惠祥对中国台湾地区本地民族的文化人类学分析方法，从断发、文身、黑齿、雕题及语言、风俗等维度，分析古代吴越民族史料呈现出的与中原文化的差异性^②。综合以上，卫氏系统性论述了吴越文化的内涵。对这一研究阶段的可以作三个方面的总结：（1）明确了吴越文化的范畴，其包含了吴越古文化的年代、地域范围及其文化内涵；（2）提出了吴越文化的研究方法，总体上说，卫聚贤综合利用了考古、文化人类学和历史文献不同学科的材料和方法去重建吴越古文化；（3）逐步明确了吴越文化研究的学术目标，即通过分析吴越文化与中原文化的内涵差异，去进一步论证吴越文化在中国古文化历史演进中的地位和作用。

全面抗战前，卫聚贤成功推动了吴越文化的研究，主要是通过多学科的综合研究方法去比较吴越文化与中原文化的差异，进而不断深化对吴越文化的认识。全面抗战后，巴蜀成为中国抗战的大后方，学界虽然空前关注巴蜀的历史与文化，但对于先秦时期蜀国、巴国的历史尚处怀疑阶段。卫聚贤鉴于此前吴越文化的研究经验，认识到从文化之异的视角去开展巴蜀文化研究是可行的路径。为此，他十分留心于那些年代较早的巴蜀地区考古遗址和出土的风格独特的古器物。如其在《巴蜀文化》（1941）中曾指出：

> 去年（1940）八月余到汶川访石纽，闻有石器发现，路过成都参观华西大学博物馆，见有石器甚多，皆川康境内出土，其形状除一种扇面形外，多与黄河流域同。故知其蜀人文化之古而不知其蜀人文化之异。陶器在川北，找到彩陶一二片，但块甚小，花纹也看不清。在广汉太平场则有黑陶，但亦多系碎片，唯有一玉刀（按，实为玉璋），形状特别，并有二尺以上的大石璧，其时代则在石铜之交，已引起我的好奇心，但无他物为证而罢。

---

① 卫聚贤：《江苏古文化时期之重新估定》，《江苏研究》1936年第2卷第6期。
② 卫聚贤：《吴越民族》，吴越史地研究社《吴越文化论丛》，江苏研究社，1937年，第1—13页。

今年（1941）四月余到成都，在忠烈祠街古董商店中购到兵器一二，其花纹为手与心，但只有一二件，亦未引起余注意。六月余第二次到成都，又购到数件，始注意到这种特异的形状及花纹。[①]

由卫聚贤的自述，可知他对巴蜀地区新石器时代遗址中的石器陶器之形制和纹饰保持关注，重视的是其与黄河流域相同的文化因素，以此确立古蜀文化的年代甚古。不过，他更好奇于不同于中原文化的古器物，如扇面石器、玉璋、石玉璧、手心纹铜兵器等。在卫氏看来，后者属于古代巴蜀文化特有的文化因素，据此可以分析古代巴蜀的文化内涵。在《巴蜀文化》（1942）一文中，卫氏特别重视对"巴蜀文化之异"一类器物作分析，并结合多种知识进行综合论证，以小见大地推论古代巴蜀文化的年代、内涵和古文化地位等问题。以下略作总结并分例加以论述。

1. 由白马寺出土异形青铜兵器论古蜀与中原文化之关系

卫聚贤认为古代的兵器名称最早可追溯的文献是《尚书·顾命》："二人雀弁，执惠，立于毕门之内。四人綦弁，执戈，上刃，夹两阶戺。一人冕，执刘，立于东堂，一人冕，执钺，立于西堂。一人冕，执戣，立于东垂。一人冕，执瞿，立于西垂。一人冕，执锐，立于侧阶。"[②]不过，历来注疏家对于《顾命》里提到的"惠""戈，上刃""刘""钺""戣""瞿""锐"均不能合理解释，卫氏认为主要的原因在于这些古兵器在中原地区少有发现。[③]根据卫氏的分析，这些古兵器均与成都白马寺出土的兵器形制特征相合。他将白马寺的异形青铜兵器按照功能分为三类：第一类为直击兵器，包括戣、锐、矛、剑、刘；第二类为横刺兵器，包括戈、瞿、戟；第三类为勾击兵器，包括斤（钺）。这一分析说明成都白马寺所出异形青铜兵器在形制命名上与《尚书·顾命》记载的古兵器

---

① 卫聚贤：《巴蜀文化》，《说文月刊》1941年第3卷第4期。
② 孙星衍：《尚书今古文注疏》，中华书局，1986年，第496—498页。
③ 卫聚贤：《巴蜀文化》，《说文月刊》1942年第3卷第7期。

名称相合，又因《顾命》记载的古兵器时代约在西周早期以前，进而推论至迟于西周早期古蜀文化已有同于周文化的部分。这一文化近同的现象是如何发生的呢？卫聚贤选择从异于中原文化的石钺入手，认为白马寺所出青铜钺的形制，实导源于新石器时代江浙吴越文化区的石钺，石钺演进为青铜钺，在青铜时代有将铜钺头部做空，以曲木柄插入空头中成为斤，白马寺出土的为铜斤。[①]按照卫氏的论证，青铜钺起源于南方地区，传播于中原，其传播路径可印证于古代南方兴起的长柄兵器群，自四川沿江而下、经江浙沿海北上，传入中原，为殷人所保留。[②]总之，卫聚贤先通过论证白马寺兵器形制命名上同于《尚书·顾命》古制，从而确立古蜀文化不晚于西周早期，再通过分析异于中原文化的青铜钺去论证早期古蜀文化如何与中原文化发生关系的问题。

2．由巴蜀异形青铜器纹饰论古蜀的独特文化内涵

卫聚贤在《巴蜀文化》一文中详细列举了白马寺青铜兵器上的花纹，包括手与心纹、龙纹、人纹、饕餮纹、蛇蛙鱼花纹。这些所列举的纹饰，大多属于当时巴蜀地区特有的现象，常常因为与中原文化差异巨大而无法解释，向被学者视为伪作。这些巴蜀所特有的纹饰，正属于卫氏极力关注"蜀人文化之异"的范畴，他并未因其难释而统归为作伪，反而颇费工夫地联系文献、考古和民俗诸多知识对这些纹饰的文化内涵进行阐释。分而言之，卫聚贤认为兵器上的手与心纹在中原未曾出现，为巴蜀地区特有，再从会意的角度将其解释为不必以心欲达其目的，以手掷出则中，取得心应手的意思。此外，他将手臂上的花纹看作是文身，为古蜀人雕题，引证吴越文化也有雕题文身，二者同俗。[③]卫聚贤将白马寺兵器上龙纹分为：飞龙、乘龙、操蛇

---

① 卫聚贤：《巴蜀文化》，《说文月刊》1942年第3卷第7期。
② 卫聚贤认为白马寺出土的青铜兵器中的戈、矛、钺都属于长柄兵器，长柄兵器以古代南方苗民祖先蚩尤部族为惯用兵器，后来这一风习自四川沿江而下，经江浙沿海北上，传入中原，为殷人所保留。青铜钺正是沿着这一文化传播路径流入中原。参见卫聚贤：《巴蜀文化》，《说文月刊》1942年第3卷第7期。
③ 卫聚贤：《巴蜀文化》，《说文月刊》1942年第3卷第7期。

三类。引人注意的是白马寺兵器上飞龙（龙背上有翼），卫氏除引证《周易·乾卦》爻辞外，还举出长沙出土战国晚期楚铜鼎上也有飞龙（背上有翼）的新材料，以证这一纹饰的年代范围在春秋战国时期。对于白马寺兵器上的人纹，卫氏分为持矛人、椎结人、戴三齿帽人。其对于椎结人和戴三齿帽人的解说，分别采借了西南少数民族地区罗罗（彝族）的"英雄结"和长沙出土的楚漆器上的人物形象（人头戴三齿帽）等材料，从而论证巴蜀与西南夷、荆楚同俗。①

3. 由巴蜀青铜器特异花纹论古代巴蜀文字的问题

1937年《华西学报》上发表赵世忠的《记錞于》，此文经林名均介绍给卫聚贤，以帮助卫氏补充完善《巴蜀文化》一文的考古资料。《记錞于》一文的材料是在今重庆万县考古出土的錞于，錞于上有形制特异的花纹，其中一些近似文字。②后来，卫聚贤将这批材料与白马寺出土的青铜兵器上的花纹联系起来，发现二者在花纹上有不少近似之处，进而主张这些巴蜀地区出土青铜器上的纹饰和近似文字都应属于巴蜀特有的花纹和文字。③为此，他引用《后汉书·南蛮西南夷列传》冉䮾夷的"王侯颇知文书"及《华阳国志·南中志》的"今南人言论，虽学者亦半引夷经"的记载，指出这些"文书""夷经"就属于古代西南夷自有的文字作品。根据錞于和白马寺异形青铜器上的文字符号都大异于汉字的情况，他进一步指出西南夷的这些文字作品反映了其与汉字完全不同的书写系统，如当时罗罗摩些人（彝族）的文字也与汉字不同。④据此，他指出古代巴蜀同属西南夷，文化发展程度远高于苗民，因此巴蜀自来就有文字，并不是因秦灭巴蜀后，巴蜀仿效汉字造出的文字。从卫聚贤的论证中不难发现，他广泛采借西南少数民族古代与现代的文字知识，并用此与汉字的差异去论证古代巴蜀文字问题。

---

① 卫聚贤：《巴蜀文化》，《说文月刊》1942年第3卷第7期。
② 赵世忠：《记錞于》，《说文月刊》1941年第3卷第4期（原文刊于《华西学报》1937年第5期）。
③ 卫聚贤：《巴蜀文化》，《说文月刊》1942年第3卷第7期。
④ 卫聚贤：《巴蜀文化》，《说文月刊》1942年第3卷第7期。

结　语

回顾20世纪30—40年代巴蜀文化研究的学术史，不难发现早期研究的重要目标是重建一个科学而体系化的"巴蜀文化"。郑、卫二氏根据各学所长，在具体重建巴蜀文化的过程中创造了不同的学术研究理路。郑德坤以"亚欧大陆文化交流网络"为线索，从广域的世界史视野出发，结合域内外古文化和本土有限的历史记载，完善了巴蜀文化的演进脉络。卫聚贤则以"古蜀人文化之异"为视角，将巴蜀地区考古发现的具有特色内涵的古器物与民族学、民俗学和历史学材料密切结合，通过与中原文化、南方文化的比较研究，较为全面地构建起古代巴蜀文化内涵。在郑、卫二氏的共同努力下，古代巴蜀的纵向脉络与横向内涵都获得了全新的研究视野。大约同时，其他学者也在当时仅有的新材料和新发现基础上持续跟进对巴蜀文化的研究。这些研究不仅改变了学界对先秦时期巴蜀地区无可信历史文化的认知，还真正意义上推动了地方性学问的新学转型。

毋庸讳言，郑氏以考古学文化为主线，结合历史学方面的材料，在中外文化交流与比较的视野下，构拟出的古代巴蜀文化演进脉络，显然是受当时考古学界普遍流行的"考古编史"倾向的影响。为了完成对古代四川蜀国历史的重建，郑先生不惜对广汉文化的年代作出主观改移、对大石文化与广汉文化关系作嫁接论证的处理，诸如此类的论证导致郑氏难免显露出牵强之处。由此来看，郑氏所构拟的古代四川文化演进脉络及内涵都还只是一个初步架构，但不可否认的是，郑氏这样的努力，至少使原来对古代四川没有文化的认识得到极大的纠偏。

卫氏以考古器物所体现出"蜀人文化之异"现象为视角，结合巴蜀地区的考古器物、民族、民俗以及巴蜀史料等多方面证据，论述了巴蜀文化的年代、文化内涵及文化地位等问题。毋庸置疑，以现在的学术规范看卫聚贤所作的许多考证都有欠妥当，很多举证显得随意附会，故其许多结论在现在看来多是疏阔无据。但是，在80多年前，巴蜀文化研究尚处于疑信两可的阶段，全方位的考古工作和系统的民族调查工作亦是阙如，考古学与民族学乃至古史学界的科学研究方法也处草创时期。这些限制，必然造成卫聚贤不可能提供在今天被视为更科学、更信服的那些材料和研究方法。不过，在有限的材料和有限的理论方法支持下，卫聚贤较为灵活地运用这些有限知识去论证古代巴蜀文化，亦不失为巴蜀文化研究立下了筚路蓝缕之功。

　　从学术史角度说，今天的巴蜀文化学术概念及其研究无疑是对20世纪30—40年代古代巴蜀研究理路的继承和发展。在今天言人人殊、各说各话的氛围中，早期先贤融汇创新的气度似乎有所湮没。追本溯源，"巴蜀文化"概念自提出之始，就不是单一学科讨论的对象，为了更好发扬先辈们在巴蜀文化研究上的学理贡献，继以巴蜀地区的新发现和新材料为重心，秉持多元学科融合共进的研究理路，仍然是今后推动巴蜀文化研究的有效途径。

第一章

重建与新证：
巴蜀古史问题研究

第一节　甲骨金文中的"罒""蜀"及其地望

殷墟卜辞中"罒"分为两类：（1）"ᄱ"（2）"ᄝ"，其中（1）类"罒"主要出现在子组卜辞中，由甲骨金文"勹"字可知此"罒"是"勹（旬）"的异体字，符合子卜辞卜旬的辞例。（2）"ᄝ"与（1）"ᄱ"的弧线有明显区别，且它与"勹（旬）"同版属辞，说明此类"蜀"不是旬字。根据卜辞内容，知其地望在缶方（晋南永济）西南的獨山，亦符合古文字中屋部定纽的"蜀"由"孤獨之山"造字之义。同样，屋部定纽的"蜀"作为一种普遍性地名称谓还出现在山东泰安汶上、河南长葛、安徽合肥诸地。周原甲骨及西周至战国金文中出现的"ᄼ"均可隶定为"蜀"，均指古代西南蜀国（族），为屋部禅纽字。"罒"与"蜀"在字音上同属屋部，禅、定双声叠韵，故而在古文献中二字可转注互训，从而造成一定程度上的混淆。

自甲骨卜辞发现以来，对"罒"字的释读形成多种意见。从字形释读上说主要有以下代表性看法：1904年孙怡让先生在《契文举例》中说"ᄝ"疑是"罒"是"蜀"字的省虫写法。[1]1957年陈梦家先生在《殷墟卜辞综述》中提出"ᄝ"字从目从ʒ，释为旬指古代荀国。[2]1965年李孝定先生在《甲骨文字集释》中否定陈说认为"罒"是全体象形字，支持孙说释为

---

① 　孙怡让：《契文举例》，中华书局，2016年，第123页。
② 　陈梦家：《殷墟卜辞综述》，中华书局，1988年，第295页。

"蜀"。①1981年裘锡圭先生在《论"历组卜辞"的时代》中遵从陈说释为"旬"。②2002年林沄先生在于省吾先生释"夕"的基础上强调"罒"和"彡"可以声符互代，进而认为"ỗ"是以"彡"为声符的同音字，并将"至ɤ无咼"看作是卜旬的辞例，释"罒"为旬日之旬。③从字义上说，上述代表性观点中已将卜辞中"罒"分别释为古蜀国（族）之"蜀"、古荀国之"荀"和旬日之"旬"三种意见。从字音上说，陈梦家、裘锡圭、林沄诸先生皆认为卜辞中"罒"音读为"彡"即旬；李孝定先生在孙怡让的基础上申说"罒"为独体字，音近《说文》中"蜀"之"市玉切"。

另外，胡厚宣先生虽然认同殷卜辞中"ℰ"为"蜀"，但根据《左传》中"蜀亭"的地名考卜辞中蜀的地望在今山东泰安及汶上一带。④董作宾先生在释读为"蜀"的基础上，认为其地望在陕南或四川境。⑤杜勇先生结合卜辞中商王伐缶、蜀的内容，据《后汉书·郡国志》颍川郡中"蜀城、蜀津"地名推定卜辞之"蜀"在河南长葛。⑥

除殷卜辞外，周原甲骨中有明确从虫从罒的""（蜀）字。学界大多支持此""为古代西南蜀国（族）。⑦林向先生将殷卜辞中"ỗ"与周原卜辞""均释作古代西南蜀国（族），并根据从虫、从目的形符变化论证这两个蜀字分别指古蜀国内不同的对象。⑧段渝先生结合周原卜辞"伐蜀""克蜀"的辞例以及在陕南汉水流域的城固、洋县一带所发现的商末周

---

① 李孝定：《甲骨文字集释》，历史语言研究所专刊第五十，1970年，第3912页。

② 裘锡圭：《论"历组卜辞"的时代》，《古文字研究》第6辑，中华书局，1981年，第298页。

③ 林沄：《释旬》，收入其著《林沄学术文集》（二），科学出版社，2008年，第186—189页。

④ 胡厚宣：《卜辞中所见之殷代农业》，《甲骨学商史论丛》第2集，1944年，第88—90页。

⑤ 董作宾：《殷代的羌与蜀》，《说文月刊》1942年第3卷第7期。

⑥ 杜勇：《说甲骨文中的蜀国地望》，《殷都学刊》2005年第1期。

⑦ 陈全方：《周原与周文化》，上海人民出版社，1988年，第130页；徐锡台：《周原甲骨文综述》，三秦出版社，1987年，第52页。

⑧ 林向：《周原卜辞中的"蜀"——兼论"早期蜀文化"及相关问题》，《考古与文物》1985年第6期。

初青铜器遗址群，指出周原甲骨中的"𤔲"为古蜀国北部陕南汉水流域一带。[1]日本学者成家彻郎曾论证殷卜辞中"罚"一在山东泰安汶上、一在河南长葛，而周原卜辞中"蜀"指汉中至渭水一带受蜀影响的"强"族。[2]

以上简要梳理，无论是字形、字义还是字音以及不同字义释读下的具体地望都有着不同的学术见解，可见对甲骨卜辞中"𤔲"与"𤔲"的释读还是一个较为复杂的疑难问题。虽然研究呈现出绪繁多、莫衷一是的现状，但也并不是毫无规律可循。已有的研究初步显示出一个关键性问题——殷卜辞中"罚"与周原卜辞的"蜀"可否释为同一个字。为了进一步梳理"罚"与"蜀"的关系，就不能限于卜辞材料，还要联系相关的文献史料、训诂材料和考古资料来做综合分析。以下笔者将遵循这一思路，试对"罚"与"蜀"的问题作分析。

一、殷墟卜辞中的"罚"

殷卜辞中的"罚"到底是不是"蜀"字，从字形上说，殷墟卜辞中与"罚"相关的字有两种写法（详见下文），历来诸家均将这两种写法的"罚"视为一个字。为方便进一步分析既往的释读意见，笔者对两种"罚"作分别讨论。第一类"𤔲"字，多出于子组卜辞，相关卜辞内容基本上是"至𤔲亡囚"。第一种写法相关字形如下表：

表一：殷卜辞（1）类"罚"

𤔲	𤔲	𤔲	𤔲	𤔲	𤔲	𤔲
《合纪》 21723	《合集》 21724.1-2	《合集》 21726	《合集》 21727	《合集》 21727	《合集》 21910	《合集》 21730

① 段渝：《先秦蜀国的都城和疆域》，《中国史研究》2012年第1期。
② 成家彻郎著，朱凤瀚译：《甲骨文中的巴与蜀》，段渝主编《巴蜀文化研究》第3辑，巴蜀书社，2006年，第143—157页。

　　林沄先生认为子组卜辞中此字（参见上表），绝大多数辞例都是"至◎亡囚"，而且凡是此类辞例都是癸日所卜，显然都是卜旬辞。①林先生还说这个字与卜辞中作为纪时的"旬"字相比，其目下引出的弧线是一样的，主张此字从目从旬，其中旬是声符。②实际上，殷卜辞中"旬"一般写作"勹"，与商代旬觯（《集成》6083）作"🝆"一致，至西周时期逐渐在🝆弯钩内增加"日"形，如柬鼎（《集成》2682）"🝆"、緐卣（《集成》5430）"🝆"，这同《说文》"旬，徧也，十日为旬，从勹日"很是相合。但是子卜辞中"至◎亡囚"的"◎"与勹（旬）在字形上还是有明显差异。

　　对于殷卜辞中🝆与勹（旬）字形上的差异，裘锡圭先生举典宾类卜辞有"🝆"（《合集》40775）为西周金文中勻字，从勹声，进而支持陈梦家先生释"罚"为"旬"，并指出"罚"与"勹"的繁简两体的写法。③另外，近出西周早期的荣仲方鼎（《新收》1567），铭文有"易（赐）白金钧"一句，其中"钧"作"🝆"④，可以补充裘先生的看法。需要指出的是，卜辞和金文中勻字所反映"罚"与"勹"的异体字关系，仅说明罚与旬的省形字"勹"互训，还不能完全证实罚与旬为同一个字。

　　陈梦家先生曾举金文筍伯盨和伯筍父鼎的"筍"字证二者在字形上都从目从勹，后者是作为前者构字的声符，隶为"罚"即筍、旬。⑤我们检阅金文中的"筍"字：

---

① 林沄：《释眴》，收入其著《林沄学术文集》（二），科学出版社，2008年，第186—189页。

② 林沄：《释眴》，收入其著《林沄学术文集》（二），科学出版社，2008年，第186—189页。

③ 裘锡圭：《殷墟甲骨文考释（七篇）·释"勻"》，收入其著《裘锡圭学术文集·甲骨文卷》，复旦大学出版社，2012年，第354—355页。

④ 此条材料受四川大学吴毅强先生启发，参见吴毅强：《甲骨文旧释"蜀"字平议兼论"旬"字构形》（待刊稿），2023年3月。

⑤ 陈梦家：《殷墟卜辞综述》，中华书局，1988年，第294页。

表二：西周金文中的"筍"

铭文图影	（图）	（图）	（图）
器名	伯筍父鼎	筍伯大父盨	筍侯匜
收录号	《集成》2513	《集成》4350	《集成》10232

筍伯盨中"（图）"与伯筍父鼎之"（图）"的目字形完全在弯钩以内，而且目与勹是明显的分离写法，以字形论西周春秋时期郇（筍）国之"旬"与子卜辞的"罞"难以断为同一个字，这也是李孝定先生不主张释"罞"为"旬"的主要原因。

林沄和邬可晶均说甲骨文"罞（旬）"或作（图）（图），从"目"中延伸出的"周转"的曲线十分形象地描绘出了"目摇"之意。[1]这实际上是将旬与旬完全看作是一个字，邬氏所举罞的字形（（图）（图））均为子组卜辞之旬日之旬的异体字。而罞与勹（旬）构成异体字关系，乃由"罞"的弧线与勹（旬）的"回旋"的初文"己"形近之故，但作为旬义的罞字弧线呈明显的外包趋势。

第二类"（图）""（图）"字写法与第一类相近，但字下部的弧线更趋向内勾。见下表：

表三：殷卜辞（2）类"罞"

（图）	（图）	（图）	（图）	（图）	（图）
《合》7981.1	《合》33141	《合》6859	《合》6860	《合》6866	《合》9774
师组/宾出	师历间组	宾组	宾组	宾组	宾组

此类"罞"可否释为旬日之旬字呢？但从字形上看，支持第一类"罞"

---

[1]　林沄：《释旬》，收入其著《林沄学术文集》（二），第186—189页；邬可晶：《说"回"》，《"古文字与出土文献"青年学者论文集》，长春，2019年，第177页。

释为"旬"字的关键性材料：（《合集》40775）、（榮仲方鼎，《新收》1567）均与上表中"罖"字下部的弧线形有区别，前者趋于外包，后者明显内勾。值得重视的是，这一类弧线趋向内勾的"罖"与勹（旬）还出现在同版卜辞中，如：

> 癸巳卜，贞：旬。在罖。（《合集》33141.4）

这条卜辞中"勹（旬）"和"罖"同现，并且连属为辞，说明此类写法的"罖"和"旬"应是两个字。

从卜辞内容上看，第二类辞例中与"罖"相连属的辞例多为："征罖""在罖""（征）于罖"（参见下文表四）。说明卜辞中的"罖"应为地名或方国名，历来诸家均采取地名系连方法来探求卜辞"罖"地地望。检寻相关卜辞内容，可知与罖关系密切的方国有：基方、缶方。卜辞反映武丁时期缶方与基方曾联合对抗商王，具体参见《合集》1027的记载：

> 戊午卜，殻贞：我其乎敦基，毕？
> 戊午卜，我敦基，毕？
> 己未卜，殻贞：缶其蠚我旅？
> 己未卜，殻贞：缶不其蠚我旅？
> 己未卜，殻贞：缶其来见王？一月。
> 己未卜，殻贞：缶不其来见王？（《合集》1027正，宾一）

腾兴建先生根据以上卜辞指出商王在征伐基方战役中为缶方能否提供粮草而占卜，认为卜辞中的基方与缶方距离相近。①卜辞中的基方在哪呢？陈

---

① 腾兴建：《武丁时期伐缶方战役的时间排谱——兼论商周时期的纳贡》，《殷都学刊》2018年第2期。

梦家先生曾考证在今晋南运城河津一带。①后来李雪山先生依从丁山先生释"基"为"箕"，指出卜辞基（箕）方在汾河中游今晋中市太谷区，得到一些学者的支持。②不过李学勤先生曾根据小臣缶方鼎铭文与卜辞（《合集》36525）内容的比较研究，指出"小臣缶"即卜辞之"㠱侯缶"，而器铭文中提到的地名"湡"即文献中湡水，地在今河北沙河市南。由商代㠱侯之地近于湡水，而推卜辞和金文中的"㠱侯"即文献的箕侯，箕地应在沙河上游附近的山西榆社县箕城镇。③李先生所举证的材料可靠，可证卜辞中的"基"不能释为"箕"，基为外服之方，箕为侯服之国，二者相差甚远。由此，陈梦家先生推定基方在运城河津一带尚不易否定。

与基方相近的缶方，陈梦家先生认为"缶"即陶，为晋南陶城，今山西永济市。④其所举重要的证据为《水经注·河水注》卷四注"河水又南迳陶城西"⑤，陈桥驿校曰："陶城在蒲坂城北。"又《汉书·地理志》载："又南，涑水注之。水出河北县雷首山，县北与蒲坂分。"⑥其地即合于今山西永济市南。

另卜辞记载缶与罚关系密切地望极近，甚至武丁时征伐缶方时曾驻师于罚。见：

丁卯卜，𣪊贞：王敦缶于罚？二月。（《合集》6863，宾一）

陈梦家先生根据缶地在永济，推测"罚"亦在晋南，其与河津之基方、临汾之犬、平陆之郭相近⑦。应当说这样的推测是可信的，但是具体在晋南何处，陈先生以释"罚"为"旬"并与西周筍国联系起来，如前文所论在

① 陈梦家：《殷墟卜辞综述》，中华书局，1988年，第288页。
② 李雪山：《商代分封制度研究》，中国社会科学出版社，2004年，第228—229页。
③ 李学勤：《小臣缶方鼎与箕子》，《殷都学刊》1985年第2期。
④ 陈梦家：《殷墟卜辞综述》，中华书局，1988年，第287—288页。
⑤ 陈梦家：《殷墟卜辞综述》，中华书局，1988年，第294页。
⑥ 郦道元著，陈桥驿校证：《水经注校证》，中华书局，2007年，第106—108页。
⑦ 陈梦家：《殷墟卜辞综述》，中华书局，1988年，第288页。

字形和卜辞辞例上难以说通。根据《水经注》记载在古陶城即缶方的南面是蒲坂城，这个地方传言是帝舜所都之处，《汉书·地理志》记载："县有尧山、首山祠，雷首山在其南。……山有夷、齐庙。"这座雷首山还有一名曰"獨头山"，语出阚骃《十三州志》："山，一名獨头山，夷、齐所隐也。……其水西南流，亦曰雷水。"[1]獨头山何以名曰"獨"，王辉先生在《古文字通假字典》中指出古文字"蜀"有一种读音属屋部定纽，如郭店楚简《老子》甲本简21"蜀立而不亥"、郭店楚简《五行》简16"慎其蜀也"，均是指獨义。[2]由此可见"獨头山"也可称之为"蜀头山"，二者为声通转注字，也可以说作为地名的"獨头山"与"蜀"字读音有关。

从字形上看，殷卜辞第二种"ⅶ"可隶定为"罒"，以古文字通假现象论，它可以看作是后来屋部定纽"蜀（獨）"字一种声符。由此，笔者主张这类"罒"字可释为屋部定纽的"蜀（獨）"。需要注意的是，作为地名的"罒（蜀—獨）"，在以上卜辞中还不能断定为方国之名。如段渝先生根据卜辞对"罒"绝不称方，进一步指出"罒"既不是商外服方伯也不是外服方国。[3]林向先生也说"罒"不像土方、邛方、鬼方、羌方等频繁地遭受商王朝征伐和掠夺，也不参加商王朝对其他方国的征战。[4]因此殷卜辞中"罒"不能以方国名视之，根据黄河和涑水的流向看，獨头山正是中条山西南麓近于涑水入河处，它很可能就是商代缶方西南边地的地名。

卜辞显示，武丁时期罒、缶同商王之间存有密切的关系变化。腾兴建先生曾对武丁时期伐缶方战役作时间排谱，认为武丁早期至武丁中期缶方与商的关系一度友好，至（宾组一类）武丁中期某个时段开始出现商伐缶方记录，再到（宾三、典宾）武丁结束与缶方战争后双方重归于好。[5]

① 阚骃纂，张澍辑：《十三州志》，王云五主编《丛书集成》（初编），商务印书馆，1936年。
② 王辉：《古文字通假字典》，中华书局，2008年，第309页。
③ 段渝：《略论古蜀与商文明的关系》，《史学月刊》2008年第5期。
④ 林向：《殷墟卜辞中的"蜀"——三星堆遗址与殷商的西土》，收入其著《童心求真集——林向考古文物选集》，科学出版社，2010年，第241—251页。
⑤ 腾兴建：《武丁时期伐缶方战役的时间排谱——兼论商周时期的纳贡》，《殷都学刊》2018年第2期。

由此，可将卜辞中涉及"罚"的卜辞按照时代略作排序：

表四：殷卜辞（2）类"罚"内容

序号	卜辞内容	出处
Ⅰ	□寅卜，殼贞：王収人征罚。	（《合集》6859；宾组一类）
Ⅱ	丁卯卜，殼贞：王敦缶于罚？二月。	（《合集》6860、6861、6863；宾组一类）
Ⅲ	于罚。	（《合集》6866；宾组一类）
Ⅳ	癸巳卜，贞：旬。在罚。	（《合集》33141；师历间类）
Ⅴ	贞：罚受年。贞：罚不其受年。	（《合集》9774正；典宾类）

Ⅰ—Ⅲ卜辞都属于宾一组，其中Ⅱ的内容可印证Ⅰ中"征罚"之事，均与宾一卜辞中记载武丁中期伐缶方之事相关。Ⅳ为师历间类卜辞中出现"在罚"，考虑到这类卜辞中常有"敦缶"的记载也见于宾组一类卜辞，联系到宾组一类卜辞记载"王敦伐缶于罚"（《合集》6860、6861、6863），可知师历间类中"在罚"与武丁伐缶方的时段相近，这也表明"罚"与商王伐缶关系极为密切。Ⅴ属典宾类卜辞，届时商、缶关系已趋缓和。该卜辞是卜问罚地是否"受年"，表明随着商、缶关系的转变，商王可以在罚地从事更为密切的农业经济活动。也就是说，罚与缶在同商王的关系上表现出明显的一致性变化。考虑罚不是方国，所以这种一致性变化表明罚最大可能就是缶方西南边地，是商控制缶方重要的据点。

二、周原卜辞与金文中的"蜀"

除了殷卜辞"🐚""🐚"外，周原卜辞中也有"🐚"，二者最为显著的区别是后者在前者的基础上增加虫符。增加虫符的"🐚"还在金文中找到不少字例，如班簋中"🐚"、蜀守斯离铜鉴之"🐚"及蜀西工戈之"🐚"，它们都与《说文》中"蜀"字在字形上完全一致，基本可以确定为"蜀"。

在字形上主要是从虫从罚，详见下表：

表五：甲骨金文中的"蜀"

蜀守斯离铜鉴	蜀西工戈	班簋《集成》4341	周原甲骨 H11：68	周原甲骨H11：97

自西周初至战国时期金文中的"蜀"字与汉代《说文》所记"蜀"字是一脉相沿的。众所周知，战国时期青铜器上的"蜀"字确指四川的古蜀，那么与其字形基本一致的周原甲骨之"蜀"与班簋中的"蜀"更大的可能也指古代西南四川的蜀国。

陕西凤雏西周宫殿建筑的西厢遗迹11号窖穴出土两片刻有"蜀"的卜辞："伐蜀"（H11：68）、"克蜀"（H11：97）。陈全方与徐锡台均认为它们的时代是武王克商以前，此"蜀"是《尚书·牧誓》所载参与武王伐纣的西土蜀国。[①]林向先生认为H11：68卜辞中的"蜀"与"克"横向并列不相连，不能读为"克蜀"，并根据字形相近的证据，以班簋年代推定周原卜辞中记载"蜀"的两片卜辞的时代约在西周初至西周中期。[②]林氏侧重以字形相近原则将H11：68"克蜀"卜辞时代推迟到西周中期，这与整个凤雏宫殿建筑遗址的11窖穴的时代不太吻合，诚如成家彻郎所言："'伐蜀''克蜀'是武王克商以前之物是可以肯定的。"[③]那么问题是，为何商代晚期周人要完成对西南蜀国的征伐。陈全方先生曾做出一定解释，周文王先伐蜀，然后努力经营江、汉，扩充势力。[④]徐中舒先生也曾证说先周自太王开始便经营南土，太伯仲雍之逃荆蛮者即江汉流域，《牧誓》所称武王伐纣之八族，其地域皆偏于西南两方面。周人于伐殷以前，当先经营西南，以厚

---

① 陈全方：《周原与周文化》，上海人民出版社，1988年，第130页；徐锡台：《周原甲骨文综述》，三秦出版社，1987年，第52页。

② 林向：《周原卜辞中的"蜀"——兼论"早期蜀文化"及相关问题》，收入其著《童心求真集——林向考古文物选集》，科学出版社，2010年，第210—211页。

③ 成家彻郎著，朱凤瀚译：《甲骨文中的巴与蜀》，段渝主编《巴蜀文化研究》第3辑，巴蜀书社，2006年，第143—157页。

④ 陈全方：《周原与周文化》，上海人民出版社，1988年，第130页。

殖其国力。①

　　在古蜀的北方，从陕南汉水流域的宝鸡茹家庄、竹园沟到汉中的城固、洋县均出土有商代晚期至西周早期的蜀文化青铜兵器②，并且在平底罐、高柄豆、尖底罐等陶器形制上也表现出它们与成都平原三星堆遗址有相当的共性特征。结合遗址的年代，说明自商代晚期至西周早期三地在文化上显示出密切的联系。段渝先生据此认为陕南汉中的城固、洋县一带的湑水河两岸是先秦时期古蜀国北部军事重镇。③从古蜀国家边疆来说，陕南汉水流域是古蜀与中原商周文化的密切接触的地带。另外，在关中地区先周墓葬中也有发现少量的城固、洋县青铜兵器（三角形援戈等），说明周人很早就接触到汉水流域的蜀国北境。结合前文所论文王时期周人开始向江汉流域扩充的背景，周原甲骨中"伐蜀""克蜀"最有可能是指对汉水流域的蜀国北镇进行军事征伐。

　　《尚书·牧誓》中提到的蜀参与武王伐纣之事，反映了殷周之际蜀与周的政治关系已经发生转变，由原来的对立关系转变为政治联盟。这在成都平原的竹瓦街西周青铜器窖藏遗址中也可以得到一定的印证，如徐中舒先生认为该遗址出土的殷器（铜觯）是蜀参与武王伐纣而获得的赏赐品④。虽然《逸周书·世俘》说"新荒命伐蜀"，但李学勤先生已指出这是指武王令新荒追讨逃入蜀地的殷遗民霍侯等⑤。并且《逸周书·王会》也记载："成周之会……蜀人以文翰，文翰者，若皋鸡。"⑥说明成王以后古蜀与周人的政治联盟较为稳固。

　　西周时期周、蜀联盟式关系还在穆王时期班簋铭文中得以体现："王

①　徐中舒：《殷周之际史迹之检讨》，《历史语言研究所集刊》第七本第二分，1938年，第137—164页。

②　卢连成、胡智生：《宝鸡茹家庄、竹园沟墓地有关问题的探讨》，《文物》1983年第2期；赵丛苍：《城固洋县铜器群综合研究》，《文博》1996年第4期。

③　段渝：《先秦时期蜀国的都城和疆域》，《中国史研究》2012年第1期。

④　徐中舒：《四川彭县濛阳镇出土的殷代二觯》，《文物》1962年第6期。

⑤　李学勤：《论繁蜀巢与西周早期的南方经营》，《南方丝绸之路研究论集》，巴蜀书社，2008年，第3—5页。

⑥　黄怀信、张懋镕、田旭东：《逸周书汇校集注》，上海古籍出版社，2007年，第921页。

令毛伯更虢城公服……秉繇、蜀、巢令"①。该篇铭文主要记述毛公受周王之命东征淮夷地区，马承源先生认为"繇"即"繁阳"，见《左传》襄公四年，地在今河南新蔡北②，得到学界普遍认可。"巢"地望所在，马承源、郭沫若等均认为在今安徽巢湖市一带，陈梦家认为西周初年的"巢"即"鄝"，地在今河南新野县东北③，可从。"蜀"的地望，陈梦家疑而未释，马承源认为在山东之蜀，恐未当。郭沫若先生早先对"蜀"地望存而不释，后来在《金文丛考补录》中认为此铭"蜀"是四川的蜀，对应四方极之西方。④笔者认为，班簋铭中"蜀"以字形论确为古代西南蜀国，但也仅是国族之名，若以具体地名论当在周人接触的四川蜀国之北镇地带。综合班簋铭文大意，"繁、蜀、巢"三地由东至西均分布在淮、汉流域，其南北多为周人分封在南土的巴、曾、鄂之大诸侯，均是周人针对南淮夷所设的军事屏障。

至于蜀守斯离铜鉴之"蜀"及蜀西工戈之"蜀"，均指秦人所灭之蜀国，其全称均为秦灭蜀后在蜀地所设职官。相似的表达还可以参见1972年四川涪陵小田溪3号战国墓出土的秦昭襄王"二十六年蜀守武戈"⑤及新近在成都字库街出土的秦昭襄王时期"蜀西工"竹简，可以说战国时期出土金文与简牍所称地名之"蜀"均为四川之蜀殆无疑义。

由上所论殷卜辞第二种写法的"罒"与周原卜辞及金文中的"蜀"完全是两个不同的字，前者指缶方的西南边地名，后者则之古代西南蜀国及其北部边镇。但是这两个字在字形上又有非常相似的一面，都是从罒构形。二字具体有何关系，下文拟作进一步讨论。

---

① 中国社会科学院考古研究所编：《殷周金文集成》（修订增补本），第四册，中华书局，2007年，第2745页。
② 马承源：《商周青铜器铭文选》（三），文物出版社，1986年，第109页。
③ 陈梦家：《西周铜器断代》，中华书局，2004年，第26页。
④ 郭沫若：《班簋的再发现》，收入其著《金文丛考补录》，科学出版社，2002年，第431页。
⑤ 四川省博物馆、重庆市博物馆、涪陵县文化馆：《四川涪陵地区小田溪战国土坑墓清理简报》，《文物》1974年第5期。

三、从造字本义说"罚"与"蜀"的区别

殷卜辞之"罚"与周原卜辞及金文中的"蜀"，有一个共同的部首"罚"，说明二字有着相近的关系。从战国出土竹简材料来看，"蜀"字的读音有二：一是屋部禅纽，如仰天湖楚简13"一儞席"、天星观楚简77"鄩戈"，均是地名指蜀地（四川）[①]；二是屋部定纽，如郭店楚简《老子》（甲本）简21"蜀立而不亥"、郭店楚简《五行》简16"慎其蜀也"，均是指独义[②]。殷卜辞之"罚"得声近于屋部定纽，周原卜辞及金文"蜀"得音是屋部禅纽，二者显系音近互训之例。特别是，"罚"与"蜀"两字在传世文献中也可以找到很多辞例予以印证。

先看屋部定纽的"蜀"字见于文献的辞例：

（1）银雀山汉简《孙膑兵法·见威王》："昔者，神戎（农）战斧遂，黄帝战蜀禄。"

（2）《后汉书·郡国志》卷二："长社有长葛，有向城，有蜀城，有蜀泽。"

（3）《史记·魏世家》卷十四："（韩懿侯）乃与赵成侯合军并兵以伐魏，战于浊泽，魏氏大败，魏君围。"

（4）《左传》成公二年："楚师侵卫，遂侵我师于蜀。"

（1）为出土文字资料，其"蜀禄"即《史记·五帝本纪》中"涿鹿"，《史记索隐》说："或作浊鹿，古今字异耳。"王辉先生据此指出蜀与豖声字通，同为屋部端纽、定纽叠韵字。[③]可见汉代古书中已有"蜀""浊""涿"互训的例子，三字都是屋部定纽音。（2）中"蜀城""蜀泽"即（3）中"浊泽"，《说文》曰："浊，从水蜀声。"[④]

① 王辉：《古文字通假字典》，中华书局，2008年，第314页。
② 王辉：《古文字通假字典》，中华书局，2008年，第309页。
③ 王辉：《古文字通假字典》，中华书局，2008年，第308页。
④ 许慎：《说文解字》，中华书局，2013年，第227页。

也就是说二者都是从蜀得声字，这里的"蜀"皆为屋部定纽音，故声近转注。（4）杜预注云："蜀，鲁地，泰山博县西北有蜀亭。"《嘉庆一统志》载："蜀亭在泰安县西。……汶上县西南四十里有蜀山，其下即蜀山湖。" 胡厚宣先生据此认为殷卜辞之"罚"即指此地。林向先生依据《尔雅·释山》：注曰"獨者蜀"及"蜀亦孤獨"，邢昺疏云"山之孤独者名蜀也"[1]，指出汶上县四望无山，唯此山独立湖心，故山、湖均得蜀名[2]。林先生实际上已指出屋部定纽的"蜀"读若獨，即孤独之山的本义。按照《尔雅·释山》对从"獨"得声的屋部定纽"蜀"的字义为形容山之孤独耸立状。也就是说，以"孤独之山"命名的"蜀山"及其相关地名具有一定的普遍性，如明万历《合肥县志》记载县西境内"大蜀山"作注曰："邑之镇山也，巍然突起远见二百余里，《尔雅》云'蜀者独也'。"[3]亦可见淮河流域所名"蜀山"乃得名自"獨"即"孤独之山"义。

在（2）（3）中所载长社县之"濁城""濁泽"，当从县内孤独之山而得名，汉颍川郡长社县今为河南长葛，县境之西得嵩山之余脉群山环见，县之东部地区则为平原，但在县东部的平原上也有一座孤独的小山，据《长葛县志》（1930年）载"玲珑山在县东距城五里，依泪（按，双泪河）南岸岿然一块土"[4]，正符合孤独之山状貌。由此来看，玲珑山最符合汉时长社之"蜀（獨）山"貌，由地而名"濁城""濁泽"。

由此来看，自殷卜辞至古文献所记载屋部定纽得声的"罚""蜀"均为"孤独之山"之义，它并非指某一古国或方国名，而是具有一定地貌形态（孤独之山）的普遍性称谓。故而在山西永济、河南长葛、山东泰安等地都有蜀（獨）山的相近地名。

传世文献中的屋部禅纽"蜀"字主要都指西南蜀国，这里不再过多枚

---

[1] 郭璞注，邢昺疏：《尔雅注疏》，李学勤主编《十三经注疏》，北京大学出版社，2000年，第234页。

[2] 林向：《周原卜辞中的"蜀"——兼论"早期蜀文化"及相关问题》，收入其著《童心求真集——林向考古文物选集》，科学出版社，2010年，第215页。

[3] 胡时化、魏豫之等纂修：《合肥县志》，万历刻本，国家图书馆藏，第53页。

[4] 刘盼遂：《长葛县志》，1930年刻本，第6页。

举。值得讨论的是相较于屋部定纽的"蜀"造字是由"獨"为"孤独之山"本义演绎而来，那么屋部禅纽的"蜀"造字本义为何？换言之，商周时代西南蜀国（族）与屋部定纽的"蜀"字存在着什么样具体联系，是值得关注讨论的。

马叙伦曾说："转注之形式，碻为一义而数字。有转注而数字可一义也。何为其数字也，语有轻重，地分南北。此必不能比而同之。取其地之方言，而制以为字，取是达其意而已。"①按照马氏的转注理论，古文字中有利用方言发音而造字的现象，这些转注字本质上是取已有汉字的字形加上方言发音而成为一个新字，马氏又称其为边音字。"蜀"字出现在中原文字书写系统中，表示商周时人对古蜀的一种他称。即"蜀"的造字起源近似是中原文字对古蜀族自称的一种音译。②段渝先生曾根据先秦时期古蜀与古印度（身毒国）之间存在着广泛的贸易交往，蜀地所产的丝绸、布匹、织皮都可输入古印度，认为古印度孔雀王朝大臣Kautilya（译考底里亚）的《政事论》中记载梵文"Cina"正是形容产丝之国——"成都"的梵语译法，并说梵文Cina的音读应是Sindu。③《说文》记载"蜀"字音"市玉切"，即汉语古文字中屋部禅纽的蜀字，音读若Shu。不过古代南方没有翘舌音，古蜀人的自称亦读若Su。又"成都"的梵文音读Sindu，按照汉语古音反切的快读法，很容易读若Su。此外，屋部禅纽的"蜀"字义为"葵中蚕"，它与"成都—Cina"为产丝之国的字义也相合。由此来看，中原文字系统中古蜀之"蜀"实际上也指古代成都，而成都的古音近似Sindu，是与盛产丝绸的古蜀族有关。

也就是说，屋部定纽之"蜀（獨）"与屋部禅纽之"蜀（Su）"在造字本义上就存有本质的区别，前者取孤独之山的会意得声字，后者为古代蜀国（族）自称"Sindu-Su"音译字。由于二者声韵都在屋部，定、禅双声叠

---

① 马叙伦：《说文解字六书疏证》第8册，第27页。

② 段渝：《中国西南早期对外交通——先秦两汉的南方丝绸之路》，《历史研究》2009年第1期。

③ 段渝：《"支那"名称起源之再研究》，四川大学历史系编《中国西南的古代交通与文化》，四川大学出版社，1994年，第126—162页。

韵，故而造成传世文献中产生大量互训通假的现象。除了两个字的字义和字音上的区别联系外，二者在字形上最大的区别是，屋部禅纽的"蜀"字一旦定型就始终添加一个虫符。这里还有必要对于从虫的符号略加解释：

首先，从字形说殷卜辞中"䖑"的字形已完全具备"葵中蚕"的头形、身形，因此西周以后"蜀"字所加上的"虫"部不宜再视作象形义。其次，作为一个字的部首，虫字在西周以后南方族群的称谓上多次出现。如《说文》记蛮："南蛮蛇种，蠻声。"《说文》记闽："东南越蛇种，門声。"马叙伦曾说，蛮、闽皆为边音转注字[1]，也就是说蠻、門都是边地民族的语言发音。从构形上说，这些字的"虫"+边音构成的新字大多表示边地族群的族名，"虫"不再是单纯的象形义而是具有形容边地族群风俗的意义。[2]正如《说文》记载"蜑"字曰："南方夷也，从虫延声"，这里的"延"声显然属于马氏所论的边音，所从"虫"部更直接被许慎识别为"南方夷"。从这个角度说，西周以后的"蜀"字，是由"虫"+"䖑"构成的类似边地族群族名，其中"䖑"是边地民族的语言发音，也就是上文所论的Su音，新加的"虫"部实际上代表"䖑"是南方边地族群的意思。

也就是说，商周之际"䖑"与"蜀"字形上的变化，是表明古蜀已经成为周人的南方夷身份。孔子名言"殷尚质，周尚文"，从"䖑"与"蜀"字的区别来看，殷人对西南古蜀的认知和了解还远比不上周人。至少殷卜辞没有发展出从虫的"蜀"字，表明殷人还没有形成一套较为成熟的天下观念和四夷系统。从文献记载来看，从虫的"蜀"字作为南方夷的观念出现不晚于周初，如《尚书·牧誓》明确记载"蜀"为"西土之人"，后来西土诸国中的庸、濮，连同晚兴的荆楚都在西周中晚期转变为南方蛮夷系统。战国时期史书中尚称蜀为"西辟之国，戎狄之长"，可谓是这一观念的延续。晚近史学名家蒙文通先生利用文献、地理的考证早已论证先秦时期的蜀与西南夷是风俗相通的[3]，现在古文字材料又为这一论断提供新的佐证。

---

① 马叙伦：《说文解字六书疏证》第7册，第127页。
② 正如马叙伦先生所言："其训南蛮蛇种东南越蛇种，盖或以蛇为其族徽或以其地产蛇而名"（参见其著《说文解字六书疏证》第7册，第127页）。
③ 蒙文通：《巴蜀史的问题》，《四川大学学报》1959年第5期。

结　语

　　传世文献中的"蜀"字有两种读音，一是屋部定纽的"蜀（獨）"，以孤独之山为造字本义。这个字在殷卜辞中写作"罒"，表示为商代外服缶方的西南边地地名。在传世文献中尚有山东泰安之蜀、河南长葛之蜀，依从读音异写为"蜀""獨""濁"。二是屋部禅纽的"蜀（Su）"，是商周时人对古代西南蜀国（族）的一种音译字。在周原卜辞中已写作从虫从罒的"蜀"，西周至战国的金文中依然不改其形，传世文献中循其字形始终写作"蜀"。"罒"为西南蜀国（族）的方言发声读若市玉切，与古印度梵文中"Cina—Sindu—Su"音读相互证。从虫的形符，是周人将西南蜀国（族）视为南夷边地族群的华夷观念，更加印证从虫的屋部禅纽"蜀"为古代西南蜀国。

第二节　由蜀地中原青铜礼器演变说古蜀王权更替

商周至战国，蜀地考古发现的中原青铜礼器在形制、组合和功能上均有明显变化。从年代上说，蜀地中原礼器演变可分为三个阶段：商晚期、西周时期、春秋战国时期。其中，商代晚期至西周时期，发生了由"尊+罍"向"列罍"的转变，并在功能上由神权祭祀用器变为酒礼器，表明西周时期的蜀与周的文化交流愈加深入。这同文献记载的蜀参与武王伐纣、成周会盟相暗合。特别是，蜀在成周会盟上献文翰（鱼凫氏象征物）表明西周的蜀为杜宇氏。因此，商周之际蜀地青铜礼器变革，正是杜宇氏代替鱼凫氏的历史表现。春秋战国时期，形成了以鼎为核心的楚文化青铜礼器组合取代此前"列罍"的规制，以及楚系文字传入等现象与古蜀史传中开明氏源自荆楚、入蜀后代替杜宇氏的史实相合。

自王国维提倡"二重证据法"以来，利用地下考古发现材料和传世史料来研究古史已成为一种主流方法。不少学界前辈也都主张将考古学与历史学结合起来做研究的基本路径。研究古蜀的历史同样如此，如林向先生就曾说过："用文献记载来考证巴蜀考古新发现，用巴蜀考古新发现来架构巴蜀的古史。"[①]近来，在广汉市三星堆祭祀区发现的6个祭祀器物坑，出土了大量商周时期的青铜器、金器、玉器及象牙等珍贵遗物[②]，从而引起国内外学界热切关注，这本应是推动巴蜀古史研究的绝好契机。不过，近来有学者

---

① 林向：《"巴蜀文化"辨正》，收入其著《童心求真集——林向考古文物选集》，科学出版社，2010年，第361页。
② 三星堆遗址祭祀区考古工作队：《四川广汉市三星堆祭祀区》，《考古》2022年第7期。

提到："如果说中国先秦考古研究的一个较显著的特点，是对考古遗存做狭义史学范畴的推定，那么具体到四川地区，则是在新发现的遗存与'蜀'之间做对号入座式的推定。"①甚至，还有说因为三星堆遗址没有出土"蜀"字，所以很难将三星堆文化与古蜀联系起来。众所周知，考古发现从来就带有相当程度的偶然性，而且，古人留下的大量考古遗物很多是没有文字的。不过，此前学者并不是没注意到这一现象，更没有因为客观存在的困难而放弃对相关问题的研究，反而是大力倡导要充分运用将文献与考古结合起来的研究方法②。以笔者的浅见，延续前辈们所开启的将考古与历史相结合的方法，仍然是当前推动巴蜀古史研究的可靠路径。

依据四川广汉市三星堆祭祀区考古简报最新披露的年代数据看，中原青铜礼器传入蜀地至少可以追溯到商代晚期。③该遗址的新发现，还进一步推动学界对于青铜时代"三星堆文化"内涵的认识，结合与成都平原十二桥文化的比较，学界开始认同"三星堆文化"的年代范围为商代晚期至春秋早期（前1200—前600④或前1200—前700⑤）。"三星堆文化"之后，蜀地的青铜文化虽未中断，但从春秋晚期至战国时期成都平原出土的诸多墓葬来看，二者的文化面貌已出现较大的变化。⑥目前学界对于青铜礼器反映出的这种文

---

① 许宏：《纠葛与症结：三星堆文化上限问题的学史观察》，中国社科院考古研究所夏商周研究室编《三代考古》（九），科学出版社，2021年，第677页。

② 李学勤先生曾说过"考古发现的东西，或者遗址，或者墓葬，或者建筑，或者服饰，或者各种器物的形制，都可以印证古书"，"把文献研究和考古研究结合起来，充分运用这样的方法，将能开拓出古代历史、文化研究的新局面，对整个中国古代文明作出重新估价"，参见李学勤：《走出"疑古时代"》，《中国文化》1992年第2期。

③ 根据最新的考古简报披露，三星堆祭祀器物坑K1—K4的年代最早，年代范围在距今3200—3000年，而出土的青铜尊、罍主要来自这几个坑，参见三星堆遗址祭祀区考古工作队：《四川广汉市三星堆祭祀区》，《考古》2022年第7期。

④ 施劲松先生主张原"三星堆文化"与成都平原的"十二桥文化"是一个连续发展的文化，并定名为"三星堆—金沙文化"，认为其年代范围在殷墟第四期至春秋早期，参见施劲松：《论三星堆—金沙文化》，《考古与文物》2020年第5期。

⑤ 施劲松：《中国青铜时代的三星堆》，《中国社会科学》2023年第1期。

⑥ 施劲松：《成都平原先秦时期的墓葬、文化与社会》，《考古》2019年第4期。

化变革的研究，主要集中在春秋战国时期[①]，而对"三星堆文化"时期内的蜀地礼器变革探讨，尤为不足。特别是对自商代晚期至战国时期，蜀地考古发现的青铜礼器的变革关注不够。

从逻辑上说，蜀地考古所出中原青铜礼器的演变，可以看作是古蜀与中原文化交流互鉴进程中的历史表现。另外，从文献记载看，自《蜀王本纪》到《华阳国志》所记的古蜀历史，是在中原史观主导下，基于古蜀旧传的记录而产生的，其中蕴含的一些史实素地已被学者所认可[②]。为了充分发掘古蜀旧史的史实素地，在依靠传统文献考辨之外，还要充分留意于考古发现中的证据。本节拟就考古所见蜀地青铜礼器演变，及其与古蜀王权变迁的内在关系做相应探讨，祈请学界方家指正。

一、三星堆文化时期蜀地考古发现的中原青铜礼器[③]演变

属于商代晚期的三星堆遗址祭祀坑中出土过不少中原青铜礼器，其中，以青铜尊和青铜罍的组合为常见。1986年出土的三星堆一号祭祀坑出土龙虎尊1件、羊首牺尊1件；二号祭祀坑出土大口圆尊8件，除此之外

---

① 江章华：《战国时期古蜀社会的变迁——从墓葬分析入手》，《四川文物》2008年第2期。

② 顾颉刚先生曾对古代巴蜀史传系统进行系统辨伪，但还是承认"蚕丛为蜀王"是可信的史料，参见顾颉刚：《古代巴蜀与中原的关系说及其批判》，《中国文化研究汇刊》1941年第1卷；徐中舒先生也说"《华阳国志》既根据《蜀王本纪》诸书，所载蜀的史迹，也是历代相传旧说"，参见徐中舒：《巴蜀文化初论》，《四川大学学报（哲学社会科学版）》1959年第2期；蒙文通先生在论证巴蜀古史时，认为秦灭蜀在公元前316年，由此上推五百年为杜宇称帝之时，定在西周宣王世，并说"蚕丛、柏灌、鱼凫"可能当于夏、商、西周了，参见蒙文通：《巴蜀史的问题》，《四川大学学报（哲学社会科学版）》1959年第5期；李学勤先生也说《华阳国志》所记蜀的古史反映远古蜀人有自己的文化根源，而且很早就与中原有沟通联系，在三代都有重要地位，这同考古研究所得是相契合的，参见李学勤：《略论巴蜀考古新发现及其学术地位》，《中华文化论坛》2002年第3期。

③ 按，本文所言"中原青铜礼器"的范围"中原"不局限于商周时期中原地区，而是泛指广义上的商周四土范围，包括春秋战国时期各诸侯国。由此，文内的"中原青铜礼器"，也包括秦、楚地区的青铜礼器。

还有多件残件。2021年新发现的三号祭祀器物坑中也出土了青铜大口尊（K3QW：26），从形制上看，它与二号坑的大口圆尊形制接近，只不过三号坑的圆口大尊底部还连有一座跪坐青铜人雕像。有学者曾指出，三号坑青铜大口尊与跪坐人像的整体（K3QW：26）与二号坑出土的一件跪坐人像头顶青铜尊（K2③：48）形象十分接近，前者属于古蜀人将青铜雕像与中原青铜器两种不同文化风格的礼器加以融合改进，成为三星堆文化独特的青铜礼器器用方式。[1]

表一：商代中晚期三星堆祭祀器物坑中的青铜罍

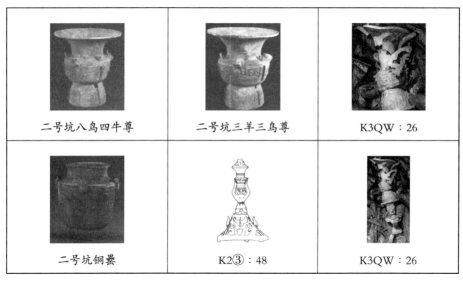

二号坑八鸟四牛尊	二号坑三羊三鸟尊	K3QW：26
二号坑铜罍	K2③：48	K3QW：26

　　学界对于商代晚期三星堆文化中出现的中原青铜礼容器（尊、罍）组合的器用功能，有两种看法：一者主张是作酒器用与中原青铜礼器的器用功能一致[2]；另一则认为作祭祀的特殊礼器，而非酒器[3]。需要注意的是，出土于

①　龚伟：《为什么三星堆的考古发掘总能引起轰动》，《新京报书评周刊》2021年3月23日。

②　杨博：《商周蜀地青铜尊、罍器用相关问题考述》，《四川文物》2021年第3期。

③　乔丹：《三星堆祭祀坑出土青铜尊、罍的使用方法》，《四川文物》2019年第5期；四川省文物考古研究院、上海大学文学院：《三星堆遗址三号祭祀坑出土铜顶尊跪坐人像》，《四川文物》2021年第3期。

三星堆祭祀坑的青铜尊和罍的腹部往往装有海贝、玉石器、铜箔饰件及金箔片。其中一些玉石器还有明显烧灼过的痕迹，说明这些器物是被有意识地装置在尊、罍腹内的。从三星堆器物坑的祭祀性质看，这些海贝、玉石器及金属箔片等贵重物品，更可能是古蜀神权祭祀的用器。

由此可推，这些十分贵重的物品，是经过特殊的祭祀仪式被装置在青铜尊、罍之中，然后再与其他祭祀用器一道，被献祭于更高的神权代表。这就表明，商代晚期三星堆文化中原青铜礼器，主要是用于古蜀神权祭祀仪式中，其器用功能是盛装那些经过特殊仪式处理后的贵重物品，而非酒器。

降至西周时期，蜀地中原青铜礼器功能开始发生变化。最为知名的是20世纪60年代和80年代两次发掘的彭县竹瓦街西周青铜器窖藏，共出10件青铜罍。除了这十件罍外，尚有筒形尊和铜觯伴出。发掘者及冯汉骥先生均主张这些铜器的年代为商末周初[1]，冯汉骥先生根据铜罍的纹饰特征（饕餮纹、象纹、夔纹），推断其年代为西周早期，不过，他认为这些铜罍属于古蜀仿制西周早期的铜罍[2]。近年，有学者指出湖北叶家山西周早期曾国墓地M111：120盘龙盖铜罍的形制、纹饰等均与竹瓦街一号窖藏所出蟠龙盖兽面纹铜罍接近。[3]叶家山M111年代明确为西周早期，此即进一步印证竹瓦街西周铜罍的年代在西周早期。另外，竹瓦街所出明确属于殷器（铜觯），应如徐中舒先生主张那样，是蜀参与武王伐纣而获得的赏赐品。[4]

---

[1] 王家祐：《记四川彭县竹瓦街出土的铜器》，《文物》1961年第11期；冯汉骥：《四川彭县出土的铜器》，《文物》1980年第12期。

[2] 按，冯先生还从蜀地冶铸发展历史角度推测这些铜罍在蜀地铸造的年代约在西周晚期春秋初。这是囿于当时考古资料的不足，以今天三星堆文化的青铜铸造技术看，古蜀铸造这些铜器的年代可以早到西周早期，约与中原同时。

[3] 苏荣誉、吴世磊：《桃江金泉青铜马篦及其相关问题研究》（上），湖南省博物馆编《湖南省博物馆馆刊》第13辑，岳麓书社，2017年，第153—179页。

[4] 徐中舒：《四川彭县濛阳镇出土的殷代二觯》，《文物》1962年第6期。

表二（A）：1961年公布的竹瓦街铜罍

				暂缺（《文物》1961年11期封面图版）
大铜罍（羊首耳六涡纹罍）	兽面纹饰羊头加环耳罍（蟠龙盖饕餮纹罍）	四涡纹罍	六涡纹罍	兽面纹罍

表二（B）：1980年公布的竹瓦街铜罍

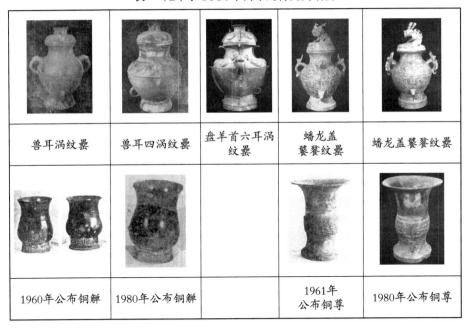

兽耳涡纹罍	兽耳四涡纹罍	盘羊首六耳涡纹罍	蟠龙盖饕餮纹罍	蟠龙盖饕餮纹罍
1960年公布铜觯	1980年公布铜觯		1961年公布铜尊	1980年公布铜尊

　　比较一下，三星堆祭祀器物坑与竹瓦街窖藏所出的青铜尊和罍，可以明显发现，二者在形制上是有显著差异。首先，三星堆祭祀器物坑中的尊，主要是大圆口方尊（K2：146、K2：127）；而竹瓦街所出铜尊均圆筒形尊。其次，三星堆二号坑所出罍的形制特征为方唇、小敞口、短颈窄肩、深直腹及饰饕餮纹、云雷纹；而竹瓦街所出铜罍器身呈圆形、广肩、兽首耳、高

圈足及器身多涡轮纹、蟠龙盖。可见，两地所出青铜罍的形制、纹饰差异明显。此外，竹瓦街铜罍属于以"五"为数的"列罍"制度，这在礼器功用上与中原列器（鼎）形式有相近的一面。[1]而且，竹瓦街所出窖藏铜罍大多保存完整，不像三星堆遗址所出部分铜罍，有过明显的打击、敲碎的零件，这也反映了铜罍器用功能的变化。特别是，三星堆祭祀器物坑中铜罍，往往装有大量的海贝、玉石片、金属箔片，而竹瓦街的铜罍中均没有出现。由此可见，三星堆祭祀器物坑与竹瓦街铜器窖藏，所出中原青铜礼器在形制、器用上均存在着显著差异。

需要注意的是，西周时期蜀地的"列罍"传统，因限于同期考古墓葬遗址的发现极少，目前尚难详细分析这种"列罍"制度的演变情况。不过，从零星发现的材料看，似乎可以证实以"五"为尚的"列罍"制，在西周中晚期发生了变化。如金沙祭祀区IT7607第7层出土一件西周中期小型化铜罍，其形制为盘口、直沿、方唇、束颈、鼓肩、斜腹内收，肩部有环形大耳。大小规制：口径2厘米、腹径2.5厘米、底径2厘米、高3.6厘米。[2]它的形制与西周早期三星堆文化的罍十分接近，只是缩小了规制，这与金沙遗址所出铜器多为小件的现象一致。从形制上说，这件铜罍已绝非日用器，而是有礼仪化特征的明器。反观整个金沙祭祀区所出诸多青铜器，仅有这一件铜罍，似乎"列罍"的规制已经淡漠。也就是说，西周早期以降，蜀地青铜罍的器用制度逐渐发生了变化，表现在两个方面：一是"列罍"规制的渐趋瓦解；二是罍的器用开始分化为礼仪明器和日用器两系。因为西周的材料太少，这两个变化趋势，或可在春秋时期的相关墓葬中得到一定的佐证，容后文细论。

---

① 按，古蜀很早就有"尚五"的传统（参见段渝：《先秦巴蜀文化的尚五观念》，《四川文物》1999年第5期），自西周早期始，蜀地墓葬中呈现出以中原青铜礼器作"列五"或以"五"为等差数的列器制度，这在形式上与中原地区的列器礼制有相近一面，反映了古蜀已在一定程度上接受了中原礼器制度。
② 成都文物考古研究院、成都金沙遗址博物馆：《金沙遗址祭祀区——出土文物精粹》，文物出版社，2018年，第97页。

二、春秋晚期至战国晚期蜀地墓葬所出中原青铜礼器的变化

春秋战国时期，蜀地出土过中原青铜礼器的主要墓葬有：成都三洞桥墓[①]、成都百花潭十号墓[②]、成都西郊石人小区战国墓[③]、绵竹船棺葬[④]、青白江双元村春秋战国墓[⑤]、新都马家木椁墓[⑥]、成都中医学院战国土坑墓[⑦]、成都金沙巷战国墓[⑧]、成都西郊青羊宫墓[⑨]和牟托石棺葬一号墓[⑩]。

在这些墓葬的随葬礼器组合中，青铜鼎、敦、壶作为组合出现的频率最大，几乎是始终延续存在。众所周知，青铜鼎是中原文化最为核心的礼器，分析这一时期墓葬中所出土青铜鼎的形制演变特征，有助于深入理解此时期青铜礼器组合的变化特点。从目前考古墓葬的年代看，青铜鼎传入巴蜀地区的时间不晚于春秋晚期。根据春秋战国时期蜀地墓葬所出的青铜鼎的形制特点，可分为两型：

A型为附耳圆鼎，附耳、子母口、蹄形三足，器盖隆起，根据器腹又可分为两式。Ⅰ式鼎的腹部圜底、深腹，主要代表有绵竹船棺葬鼎（M1：12）、成都三洞桥墓葬的鼎、牟托墓地的鼎（K3：1）。以绵竹船棺葬所出AⅠ式鼎（M1：12）鼎的形制（附耳、子母口、深腹、蹄形三足较细高，鼎盖隆起、上有等距分布的三个环纽）和纹饰（盖面饰蟠虺纹，鼎腹部也饰蟠虺纹）看，它与山西长治分水岭M269：3鼎相近，彭裕商先生将这类鼎划为

① 　成都市文物管理处：《成都三洞桥青羊小区战国墓》，《文物》1989年第3期。

② 　四川省博物馆：《成都百花潭中学十号墓发掘记》，《文物》1976年第3期。

③ 　成都市文物考古研究所：《成都西郊石人小区战国土坑墓发掘简报》，《文物》2002年第4期。

④ 　四川省博物馆：《四川绵竹县船棺墓》，《文物》1987年第10期。

⑤ 　该墓简报尚未发表，部分资料披露于王天佑：《革新与复古——东周时期古蜀社会变革之考古学观察》，《中华文化论坛》2021年第5期。

⑥ 　四川省博物馆、新都县文物管理所：《四川新都战国木椁墓》，《文物》1981年第6期。

⑦ 　成都市博物馆考古队：《成都中医学院战国土坑墓》，《文物》1992年第1期。

⑧ 　成都市文物考古工作队：《成都金沙巷战国墓清理简报》，《文物》1997年第3期。

⑨ 　四川省博物馆：《成都西郊战国墓》，《考古》1983年第7期。

⑩ 　茂县羌族博物馆、阿坝藏族羌族自治州文物管理所：《四川茂县牟托一号石棺墓及陪葬坑清理简报》，《文物》1994年第3期。

CaV式，流行年代为春秋晚期至战国早期[1]。

Ⅱ式鼎的腹部为平底、浅腹，代表器物有新都马家木椁墓铜鼎。新都马家木椁墓所出AⅡ式鼎，纹饰特征为：器盖略平中央有一龙形纽、盖上饰有三角形雷纹、弧线勾连纹、凤纹；器腹部饰两圈蟠螭纹。有学者指出马家木椁墓所出铜鼎与湖北随州擂鼓墩鼎（M2：69）、河南淅川徐家岭鼎（M10：50/55）形制相近，它们的流行年代约战国中期偏早阶段。[2]

B型为立耳鼎，小立耳、平底、腹壁直、三足细高外撇，代表器物有成都西郊石人小区M9和青白江双元村M154两墓所出鼎。石人小区和双元村的鼎为小立耳、浅腹、平底。后者的形制与湖南湘潭春秋墓"Ⅱ式"鼎、江苏吴县何山墓"Ⅱ式"鼎、江苏丹徒谏壁墓"Ⅱ式"鼎相近，彭裕商先生划为I型鼎，其流行的年代在春秋中期到春秋晚期下限延及战国[3]。

表三：春秋战国时期蜀地青铜鼎

鼎			
墓葬	成都三洞桥墓	成都西郊石人小区M9：2	成都百花潭M10	绵竹船棺葬M1：145
年代	约战国早期	战国早期	战国早中期	战国早中期
鼎			
墓葬	青白江双元村M154	牟托墓地K3：1	新都马家木椁墓腰坑	
年代	战国早中期	战国晚期	战国中期	

---

① 彭裕商：《春秋青铜器年代综合研究》，中华书局，2011年，第37页。
② 田剑波：《四川新都马家战国木椁墓随葬品分析》，《文博学刊》2021年第4期。
③ 彭裕商：《春秋青铜器年代综合研究》，中华书局，2011年，第49页。

据上分析，以鼎为核心的青铜礼器的墓葬，可以分为三组：一是出土AⅠ式鼎的绵竹船棺葬M1、成都三洞桥墓、牟托墓地K3；二是出土AⅡ式鼎的新都马家木椁墓；三是出土B型鼎的成都西郊石人小区M9、青白江双元村M154。

从鼎的流行年代看，AⅠ式鼎早于AⅡ式鼎。不过，蜀地出土的青铜鼎还显露出将A型和B型融合的趋势。如AⅡ式鼎与B型鼎的腹部都为平底、浅腹。另外，从鼎的足部看，百花潭十号墓出土AⅠ式附耳圆鼎的三足外撇，略超最大腹径，与成都西郊石人小区M9和青白江双元村M154两墓所出B型立耳平底鼎的三足也相近，只不过后者的三足更细高。由此，B型鼎的形制特征显示其大致介于AⅠ—AⅡ式鼎之间，它们的相对年代关系是"AⅠ—B—AⅡ"。

从相对年代关系来看，第一组和第三组墓葬的年代约在战国早期，第二组墓葬年代为战国中期。以下将三组墓葬所出的青铜礼器的情况按照类别制作表格，以便进一步分析其变化特征。

表四：春秋战国蜀地墓葬所出青铜礼器组合情况

墓葬	青铜礼器器类								
绵竹船棺葬M1	鼎	罍	鍪	敦	甑	豆	壶	盒	勺
成都三洞桥墓	鼎	罍	勺						
牟托墓地	鼎	罍	敦	盉					
新都马家木椁墓	鼎	罍	敦	鍪	豆	浴缶	盘	鉴	甑	甗	壶
成都西郊石人小区M9	鼎	敦	甑	鍪	盒				
青白江双元村M154	鼎	缶	甗	盆	匜				

从墓葬的青铜礼器组合情况看，第一组和第三组有一个明显的区别，第一组墓葬是以AⅠ式鼎、罍为固定的礼器组合，第三组墓葬则不见青铜罍，

仅以B型鼎为重器的组合。为何同为战国早期的墓葬，却形成了"AⅠ式鼎+罍""B型鼎（无罍）"的差异现象？从铜罍出土情况看，除了在战国中期的新都马家木椁墓外，战国中晚期的其他巴蜀考古墓葬中，都不再随葬青铜罍，说明青铜罍在这一时期的青铜礼器组合的地位日渐衰微，乃至消亡。

　　总之，这一时期蜀地墓葬所反映出的青铜礼器变化，可以总结出以下几个规律：（1）青铜鼎逐渐成为青铜礼器的核心；（2）青铜敦、鉴、甑、瓿作为新式礼器被广泛地吸收，成为这一时期青铜礼器组合中的主要器类；（3）青铜罍的礼器地位日渐衰微。从（1）（2）所表现出这一时期青铜礼器的组合面貌看，它与三星堆文化时期蜀地青铜礼器的"尊+罍"组合、"列罍"规制相比，有明显的变革面貌，（3）也侧面印证了这种变革性。尤值一提的是，自商代晚期到战国时期，中原青铜罍在蜀地长期流行，其间必然经历了形制、器用等方面的变化。也就是说，青铜罍的形制和器用功能的演变，某种程度上，可以作为考察商周至战国蜀地青铜礼器演变的标尺，这对系统分析蜀地青铜礼器演变背后的历史内涵有重要价值。

三、由青铜罍的形制和器用演变谈古蜀王权的更替

　　此前，已经提到三星堆祭祀坑、彭州竹瓦街都出土过青铜罍，但二者的形制和功能已经发生较大变化。另外，春秋战国时期，蜀地考古墓葬中出土的青铜罍，有茂县牟托墓地M1和K3[①]、成都三洞桥M1、绵竹船棺葬M1、新都马家木椁墓。为方便讨论，这里将这些铜罍按照年代和墓葬制作下表：

---

① 按，按照《华阳国志·蜀志》的记载，杜宇王时期"以汶山为畜牧，南中为园苑"，说明春秋战国时期蜀国的疆域范围就包括今天的岷江上游地区。此外，茂县牟托石棺墓M1和K3也出土成都平原蜀文化的青铜礼器和兵器。据此，笔者倾向于将茂县牟托石棺墓纳入讨论范围。

表五：春秋战国时期蜀地出土青铜罍

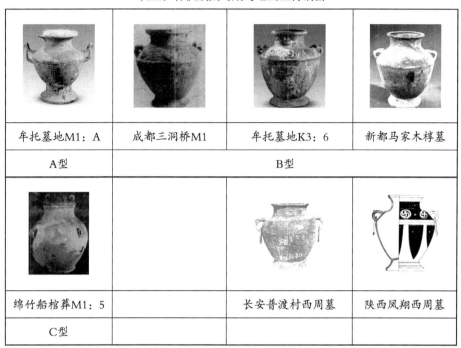

牟托墓地M1：A	成都三洞桥M1	牟托墓地K3：6	新都马家木椁墓
A型	B型		
绵竹船棺葬M1：5		长安普渡村西周墓	陕西凤翔西周墓
C型			

　　从青铜罍的形制上看，茂县牟托石棺墓M1和K3所出铜罍可分为两系：一是原报告A型罍（M1：172），其位置摆放特殊置于石棺葬头端上方第一块盖板之上，原报告者推测为"祭器"[①]。二是原报告B型罍（K3：6），在三号器物坑中与"子共"鼎（K3：6）同出。A型罍和B型罍不仅在形制上有差异，而且在牟托墓葬中的位置也不相同，特别是，A型罍摆放的位置极为特殊，显示出墓主对A型罍的特殊崇拜意识。从形制上说，A型罍与竹瓦街兽耳涡纹罍比较接近，A型罍纹饰（肩部重环纹）为西周中晚期流行纹饰，施劲松先生曾将牟托石棺葬M1所出罍划在西周中晚期[②]。B型罍形制上的某些特征如溜肩、矮圈足、双小环耳，与竹瓦街各罍的广肩、喇叭形高圈足、双大环耳，均存在明显差异。从蜀地的考古发现来看，与牟托B型罍最为接

<hr />

① 茂县博物馆、成都市文物考古研究所、阿坝藏族羌族自治州文物管理所：《茂县牟托一号石棺墓》，文物出版社，2012年，第92页。

② 施劲松：《关于四川牟托一号石棺墓及器物坑的两个问题》，《考古》1996年第5期。

近的，是成都三洞桥M1所出罍和新都马家木椁墓所出铜罍。这一类铜罍的年代，有学者依据三洞桥M1墓葬年代推定为战国早期[1]，不过三洞桥M1的大量铜器流行的年代早于墓葬的年代，约在春秋时期。另外，从中原出土此类青铜罍情况看，B型罍与长安普渡村西周墓所出青铜罍[2]及陕西凤翔出土西周青铜罍[3]非常接近，仅在铜罍双耳部略有差异，可以推测其流行年代范围在西周晚期至春秋时期。

绵竹船棺葬所出青铜罍的形制与上两类铜罍（A、B型）都有较大差异，暂定为C型。其特征为："敛口平唇、短颈、鼓腹，腹部有四个竖环耳，平底、矮圈足。器盖上有四环耳，盖沿饰菱形纹，顶部圆圈内由三只蟠兽组成图案，圈外是四组两两相对的蟠兽纹。器身颈部饰折线窃曲纹、窃曲纹、两两相对的六组凤鸟纹。腹部四个圆圈内也都饰三只蟠兽纹。"[4]从纹饰上看，器盖的蟠兽和蟠兽纹与西周早期的竹瓦街A型罍相似，腹部的圆圈蟠兽纹与涡纹和B型罍的涡轮纹也有相似处，可见，在纹饰上C型罍继承了A、B型罍。不过，在形制上，C型罍已呈现出近似于青铜圆壶的某些特征，如它与成都西郊青羊宫墓中出土I式壶[5]以及成都百花潭中学十号墓出土铜壶[6]都很相近，后者的墓葬年代约在战国中期。可见C型罍是在吸收时代较早的A、B型罍纹饰基础上，发展为一种新型罍。根据墓葬年代看，这件罍在蜀地流行年代早于战国中期。又，出土于山西长子县东周7号墓出土的I式壶与C型罍、成都西郊青羊宫墓I式壶形制最为接近，前者的年代为春秋晚

① 成都市文物管理处：《成都三洞桥青羊小区战国墓》，《文物》1989年第3期。

② 陕西省文物管理委员会：《长安普渡村西周墓的发掘》，《考古学报》1957年第1期。

③ 曹明檀、尚志儒：《陕西凤翔出土的西周青铜器》，《考古与文物》1984年第1期。

④ 四川省博物馆：《四川绵竹县船棺墓》，《文物》1987年第10期。

⑤ 该墓考古报告称I式壶形制为"直口，平折沿，长颈，斜肩，鼓腹，圈足，最大腹径在腹之上部。腹部有环耳四个。壶盖圆鼓、上饰环纽四个"，参见四川省博物馆：《成都西郊战国墓》，《考古》1983年第7期。

⑥ 该墓考古简报称"小口，长颈，斜肩，深腹，平底，圈足。肩上有兽面衔环。盖面微拱，上有三鸭形钮"，参见四川省博物馆：《成都百花潭中学十号墓发掘记》，《文物》1976年第3期。

期①，可以推知，蜀地C型罍相对年代的上限为春秋晚期。

表六：战国时期蜀地青铜罍与青铜壶

绵竹船棺葬M1：5	成都西郊青羊宫墓I式壶	山西长子县东周墓I式壶M7：6-7

以上梳理可知，西周时期蜀地青铜罍经历了"竹瓦街罍—A型罍—B型罍"的演变趋势，延及春秋晚期，受中原青铜圆壶形制的影响，还产生了C型罍。与此同时，不晚于春秋晚期，中原的附耳鼎和立耳鼎也传入蜀地，并逐步取代以"尊+罍""列罍"的礼器组合。而作为一种变体的C型罍，在战国时期的蜀地考古遗址和墓葬中成为绝唱，其礼器地位很可能被后来传入的青铜圆壶取代。

总而言之，先秦时期蜀地考古出土的青铜礼器至少存在三次变革：一是商代晚期时将中原青铜礼器尊、罍纳入自身的祭祀礼器组合，并改变其原有酒礼器的功能；二是西周时期重视青铜罍的原始礼器功能，并发展出"列罍"的礼制；三是春秋战国时期，伴随着中原青铜核心礼器——鼎的传入，原本流行的B型罍和C型罍逐步被取代乃至消失。

略作说明的是，步入青铜时代的古蜀，在考古学文化上已呈现出多元融合的态势。本节所讨论的蜀地中原青铜礼器变革，并不指考古学文化上的突变，而是指在先秦时期古蜀国家内部不同族群自行发起的礼器变革。蜀地考古出土的青铜礼器的三次变革，也反映古蜀对中原青铜礼器文化认同逐步深化的过程，即在三星堆青铜文化年代范围（前1200—前600）内，古蜀先将中原青铜礼器罍引入其发达的祭祀系统之中，再到较完整地接受中原"列罍"礼制。降及春秋至战国时期，蜀地受中原楚文化影响愈深，在礼器组合

---

① 山西省考古研究所：《山西长子县东周墓》，《考古学报》1984年第4期。

上演变为全新的一套体系。这也表明，先秦古蜀对中原礼制的接受是渐进的过程：先由化为我用，再变为模仿效法，最后则是全面接受。

古代国家的礼器变革往往与其内部的政治变迁有密切关联，如俞伟超和高明先生在总结周代用鼎制度变迁时，指出自西周早期至战国晚期八百年间，用鼎制度经历从严格到崩坏的变化。即自周初到懿、孝时期形成了完整形态的用鼎制度，随后共经历三个变革阶段：（1）西周后期至春秋初；（2）春秋晚中期至战国初；（3）战国中晚期。① 这三个阶段也对应于先秦史上西周、春秋、战国三个政治变迁的时代。由此，先秦时期蜀地中原青铜礼器的演变内涵亦可与古蜀国家政治变迁与王权更替紧密关联。

（一）商周之际的古蜀王权更替

《蜀王本纪》记述古蜀史传，有一个显著的区分是将"蚕丛、柏灌、鱼凫"视为连续发展的一个阶段，而将"杜宇"单独列出。又《华阳国志》记载杜宇取代鱼凫后，蜀国的国家制度日益强化，疆域不断扩张，形成一个规模宏大的蜀国。以此来看，鱼凫与杜宇的王权更替，代表古蜀历史上一次深刻的变革。从文献记载看，古蜀与中原关系上的变革，首先表现在古蜀参与武王伐纣的事业②，反映这一时期的蜀与西周王室关系亲近。

考古资料显示，在殷商时期古蜀的三星堆祭祀器物坑中，虽然出现吸收殷式青铜礼器，但并未完全接受殷礼制文化，而是按照自身的文化传统，将殷式礼器器用功能加以改造，以服务于自身神权祭祀仪式。殷周鼎革后，古蜀对于西周的礼制文化开始大量吸收，古蜀在文化上，对周人所代表的中原礼制的认同程度更高。彭州竹瓦街遗址的西周青铜器窖藏便能印证这一点，

---

① 参见俞伟超、高明：《周代用鼎制度研究》（上），《北京大学学报（哲学社会科学版）》1978年第1期；《周代用鼎制度研究》（中），《北京大学学报（哲学社会科学版）》1978年第2期；《周代用鼎制度研究》（下），《北京大学学报（哲学社会科学版）》1979年第1期。

② 如《华阳国志》载"周武王伐纣，实得巴蜀之师，著乎尚书"及《尚书·牧誓》"庸蜀羌髳微卢彭濮"，表商周之际"蜀"确实以"西土之人"身份帮助周灭商。

如该遗址出土的中原青铜礼器，较为完整地保留了其原本的器用功能，并舍弃了商代古蜀改造中原青铜礼器器用的做法。

现在的问题是，西周时期与周人关系亲近的蜀，是指杜宇氏还是鱼凫氏？对这一问题的解答，可以从文献记载的历史中找到相应支撑。西周文献《逸周书·王会》记载："成周之会……蜀人以文翰，文翰者，若皋鸡。"孔晁注曰："鸟有文采者，皋鸡似凫。"①"文翰"乃"凫"鸟一类物。蜀人向成王献"文翰"遵照的正是"献俘礼"。段渝先生指出"献俘礼"即向周王献战俘之获，说明蜀王曾将"文翰"（凫鸟）代表族群打败。根据商代中晚期三星堆文化所出典型鸟头把勺被视为一类特殊的权力象征物，它与旧题扬雄著《蜀王本纪》记载的"鱼凫"蜀王应有一定的联系。②也就是说，西周早期兴起的蜀王对"鱼凫"氏进行了一次政治变革，这背后或与周人的支持有关。随后，新一代蜀王在成周会盟时，将战争俘获的象征物"文翰"献于成王。从这个角度说，参与武王伐纣和成周之会的蜀很可能是杜宇氏。

综合文献和考古的证据，三星堆文化时期的蜀至少包含鱼凫氏和杜宇氏。从三星堆文化所出中原青铜礼器组合的变化看，以"尊+罍"为组合的可能是鱼凫氏蜀，而以"列罍"为组合的应当为杜宇氏蜀。由竹瓦街遗址出土青铜礼器的年代看，杜宇氏对鱼凫氏的王权更迭年代约在殷周之际。文献反映杜宇氏蜀有参与武王伐纣，故其在政治制度和文化上都有受到西周的影响。如《逸周书·王会》记载蜀参与的成周之会，即是成王营成周之后在成周举行朝会诸侯的大会。③作为殷商时已经立国于西南的蜀，在西周本身属于殷旧邦国，其能够跻身于周王的诸侯会盟，表明蜀已经获得了新的政治身份。根据随州叶家山曾国墓地M2出土的荆子鼎铭记载"王赏多邦伯"的佐证，李学勤先生指出这件鼎铭反映了成王时岐阳会盟场景，其中"多邦伯"即《尚书·盘庚》《酒诰》《召诰》所载"邦伯"指殷商的诸侯，周初还在沿用。④以理推知，《王会》篇所记参与成周之会的杜宇氏"蜀"的身份接

① 黄怀信、张懋镕、田旭东：《逸周书汇校集注》，上海古籍出版社，2007年，第921页。
② 段渝：《蜀文化考古与夏商时代的蜀王国》，《四川文物》1994年第1期。
③ 黄怀信、张懋镕、田旭东：《逸周书汇校集注》，上海古籍出版社，1995年，第850页。
④ 李学勤：《斗子鼎与成王岐阳之盟》，《中国国家博物馆馆刊》2012年第1期。

近于"邦伯"。在西周外服诸侯体系里，"邦伯"身份的蜀，其政治地位并不高，在礼制上的表现要远逊于获得"侯"称的诸侯。这与竹瓦街窖藏遗址中虽出现"列罍"礼制，但始终不见中原青铜礼器的核心器——鼎，可以合观。换句话说，西周时期，杜宇氏蜀对中原礼器接受的程度仍然有限，这也与西周时期蜀地考古发现仍保持一定数量的宗教神权祭祀礼器的现象相印合。总之，商周之际杜宇氏蜀对鱼凫氏蜀是继承性的变革，其对中原青铜礼器的态度近似于一种模仿与效法。

（二）开明对杜宇的王权更替

《蜀王本纪》记载开明氏来自荆楚之地，史称"荆尸"①。旧题扬雄《蜀王本纪》记载："开明帝下至五代，有开明尚。始去帝号，复称王也。"《华阳国志》又载："九世有开明帝，始立宗庙，以酒曰醴，乐曰荆，人尚赤，帝称王。"②这些记载表明，开明九世时期在古蜀国家进行一次"始立宗庙""去帝号，复称王"的政治变革，有学者据秦灭开明十二世年代在公元前316年，以每世25—30年推算，开明九世的政治变革时期约在春秋中晚期至战国初③。开明氏蜀这次政治变革在考古上的表现，则是其对三星堆文化的深刻变革趋势，江章华总结为由原来神权政治转变为世俗王权政治④。近来在成都青白江双元村发现春秋时期墓葬和遗址，其出土遗物与战国时期船棺葬及土坑墓所出遗物风格较近，施劲松推测"十二桥文化"之后的"过渡期"或不再鲜明⑤。这间接表明，自春秋至战国中期，开明氏蜀在考古学文化上是连续发展，它对三星堆文化的变革趋势也是相沿不辍。

---

① 刘琳：《华阳国志校注》，巴蜀书社，1984年，第184页"注六"。
② 刘琳：《华阳国志校注》，巴蜀书社，1984年，第185页。
③ 王天佑：《革新与复古——东周时期古蜀社会变革之考古学观察》，《中华文化论坛》2021年第5期。
④ 江章华：《战国时期古蜀社会的变迁——从墓葬分析入手》，《四川文物》2008年第2期。
⑤ 施劲松：《成都平原先秦时期的墓葬、文化与社会》，《考古》2019年第4期。

　　由王权的政治变革导致礼制的变化，最为典型的例子就是青铜鼎传入，并逐步取代原来的"列罍"规制，成为春秋战国时期蜀地青铜礼器的核心。前文我们已经初步分析了蜀地青铜鼎可以分为A、B两型，而进一步的比较研究表明，无论是A型鼎还是B型鼎都与春秋战国时期楚系青铜鼎有着极其密切的关系。如AⅡ式鼎与湖北随州擂鼓墩鼎（M2：69）、河南淅川徐家岭鼎（M10：50/55）相近，B型鼎与湖南湘潭春秋墓"Ⅱ式"鼎、江苏吴县何山墓"Ⅱ式"鼎、江苏丹徒谏壁墓"Ⅱ式"鼎均相近。这表明，以青铜鼎为核心的礼器组合，深受楚文化的影响。

　　除鼎以外，尚有铜敦、铜甗、铜豆等礼器可供佐证。青铜敦被认为是春秋时期楚文化创造的一种器形，而蜀地考古墓葬就有大量铜敦的出现。如战国中期以前的成都西郊石人小区墓、绵竹船棺墓M1、成都中医学院战国墓、新都马家战国墓都有出土，并且在战国晚期的成都金沙巷 M2、茂县牟托石棺墓K2也有出土。这说明楚文化对蜀地的影响在秦灭蜀以后依然延续不断。另外，新一村墓中铜甗（M1：91）和马家木椁墓（Ⅰ/Ⅱ两件）铜甗以及双元村M154铜甗（M154：7+4），均为楚式甗。①铜豆作为一种新型礼器，在春秋晚期至战国早期蜀地墓葬中并没有出现过，直到新都马家木椁墓才出土标准样式的铜豆，它与春秋晚期的齐地、楚地出土的铜豆相近。考虑到马家墓中出现大量楚文化因素，而没有齐文化因素，可以判断蜀地出现铜豆也是楚文化影响的产物。

　　不唯如此，此一时期巴蜀青铜礼器上还出现由楚系文字书写的铭文。如新都战国木椁墓出土的"邵之飤鼎"铭文系典型楚系文字。另外，流行于春秋晚期至战国早期的茂县牟托石棺墓青铜鼎铭文："佳八月初吉丁亥，与子共自乍繁鼎，其眉寿无疆，子孙永保用之。"发掘报告称，铭文的书体和行文是典型春秋中晚期风格。②铭文"佳"写作"鼠"，它与战国时期曾姬无卹壶"隹"（《集成》9711）及上博简中"隻"等楚系文字"佳"的左右构

<hr />

① 王天佑：《革新与复古——东周时期古蜀社会变革之考古学观察》，《中华文化论坛》2021年第5期。

② 茂县羌族博物馆、阿坝藏族羌族自治州文物管理所：《四川茂县牟托一号石棺墓及陪葬坑清理简报》，《文物》1994年第3期。

形特点相近。另外，作器者自名"与子共"三字的书写，也有明显的楚系文字特征，比如"㠹"字与安徽宿州出土的春秋晚期无者俞钲鋮（《集成》00423）中"㠹"字写法很接近，后来在战国时期楚系文字的"與"字书写中延续着"廾"分离的写法，如"㠹"（郭店五行18）、"㠹"（上博一孔21）①。和"與"相似的"共"字，该鼎铭"㠹"的下部从廾，楚系文字常写为两个分离的"屮"，如楚王舍悍盘铭"㠹"（《集成》10158）。"㠹"字与郫孝子鼎"㠹"（《集成》2574）及上官豆"㠹"（《集成》4688）等楚系文字也是非常接近。

由此可知，春秋晚期至战国时期，蜀地青铜器上的中原文字多系楚文字，这表明蜀不仅在青铜礼器组合的器物形态上，在文字等思想文化上也受到楚文化的影响。已故历史学家李学勤先生曾根据新都战国木椁墓所出蜀国青铜器，与楚国青铜器风格近同，指出两国青铜礼器上的"道一风同"②，可谓一语中的。

可稍作总结的是，目前考古资料显示三星堆文化衰落以后，古蜀不仅在青铜礼器群迎来了深刻的变革趋势，还在文字思想等方面显露出全新面貌。从器物类型和文字思想方面的综合比较，可以明显看出这一变革面貌深受楚文化的影响，这与史籍记载开明氏自荆楚入蜀，推翻了杜宇氏蜀，而建立起新的王权政治大致相合。相较于杜宇氏蜀王对中原青铜礼器的吸收和模仿，开明氏蜀王已经在器物和文化两个方面，接受了中原楚文化的影响，这无疑反映开明氏蜀较为完整地吸收了中原礼制文化。

结　语

近来在成都字库街发现秦昭襄王时期的蜀西工遗址出土了书有"蜀西工"的竹简③，更加明确地表明，古书记载秦惠文王所灭的开明氏蜀，就在

① 徐在国、程燕、张振谦：《战国文字字形表》（中），上海古籍出版社，2017年，第364页。
② 李学勤：《论新都出土的蜀国青铜器》，《文物》1982年第1期。
③ 参见《战国晚期秦代蜀郡西工或在今日成都西华门街附近》，"成都考古"（微信公众号）2022年12月14日。

今天的四川成都。而这样的认识，早在新都马家战国木椁墓及青川木牍的考古发现中已被证实，说明结合考古与历史的方法在分析古蜀旧史上具有相当的科学性。本节系统梳理先秦时期蜀地出土中原青铜礼器演变，结合传世文献关于蜀古史的诸多记载，探讨了古蜀王权更替的史实。作为全文一个简短的总结，可以从考古与历史的合证来作两点概括：

一是三星堆文化时期，蜀地中原青铜礼器在组合上表现出由"尊+罍"向以五为数的列罍礼制的变化，在礼器功能上，也表现出由宗教祭祀用器到酒礼器的转变。以竹瓦街窖藏青铜礼器的年代看，这一变化发生在商周之际。此亦表明，西周时期古蜀在较大程度上吸收了周的礼制文化，反映二者之间更加亲近的关系。这一认识也与《尚书·牧誓》记载古蜀参与武王伐纣、《逸周书·王会》记载古蜀参与成周会盟相合。另外，参加成周会盟的蜀向周献"文翰"（鱼凫）表明西周时的蜀王为杜宇氏。也就是说，三星堆文化时期内，蜀地的中原青铜礼器变革正合乎文献所载，古蜀杜宇氏与鱼凫氏之间发生的王权更替史实。

二是春秋晚期至战国时期，蜀地考古墓葬出土以青铜鼎为核心的楚式青铜礼器组合，取代了西周时期"列罍"的规制。其中，青铜罍在这一时期随葬礼器中地位的渐趋衰退、消亡，以及楚系文字传入蜀地，俱已表明此一时期，古蜀迎来一次全新意义上的礼制变革。这与传世文献的记载，古蜀开明氏来自荆楚地区，并同开明时期蜀王"始立宗庙"等诸多历史记载相印合。考古与文献共同反映了西周至春秋战国时期蜀地发生剧烈的礼制变革，正是蜀史旧传中开明氏代替杜宇氏王权更替的见证。

第三节　族姓与史传：颛顼史传与秦、蜀文明交流

先秦时期颛顼史传是始自先商融合东夷、淮夷的文化传统，并成为殷人重要的信仰之一。殷周鼎革，一方面周人继承殷人文化传统，另一方面周人发展自身文化为殷遗所认同，如殷遗秦人继承岐周之地就对周文化高度认同。秦人继承周人对西土诸国如蜀、西戎的经营策略，春秋以降，秦、蜀文化经济交流频繁，作为秦人重要的信仰——"颛顼"可能缘此流入蜀地。加之蜀地自身深厚的巫术信仰基础，对颛顼史传的接受和认同也就十分自然。

司马迁在《五帝本纪》中将颛顼融入帝系，即是黄帝之孙高阳氏。这与先秦时颛顼本貌迥异。后世史家多依《五帝本纪》对文献中颛顼史传作注疏，使得颛顼、高阳的本貌越发失真。崔述就说过："上古天子本不相继。"[①]这实际上是对《五帝本纪》的世系之说加以否定，对于还原古史认识本貌有积极的作用。晚近以来，徐旭生先生将中国古代部族划分为华夏、东夷、苗蛮三大集团，这种做法对于重新认识古史具有重要参考价值。但是他坚持认为"颛顼之为高阳氏，是毫无疑问的"[②]，甚至不惜将颛顼划入华夏集团，把二皞氏归入东夷集团，且选择一个折中的解释，即颛顼受东夷影响很大[③]。徐先生因过分相信《离骚》中"帝高阳之苗裔"的真实，而强分颛顼、二皞为二恐不合理。近来何浩先生指出过"颛顼"与"高阳"二氏在先秦原非同族，更非一人。[④]如是，我们认为颛顼、二皞之关系需要重新认

---

① 崔述著、顾颉刚编：《崔东壁遗书》（上），上海古籍出版社，2013年，第108页。
② 徐旭生：《中国古史的传说时代》，科学出版社，1960年，第85页。
③ 徐旭生：《中国古史的传说时代》，科学出版社，1960年，第86页。
④ 何浩：《颛顼传说中的神话与史实》，《历史研究》1992年第3期。

识，而再认识的指导方法当以"族姓"分析法①为尚。结合全文对颛顼、二皞集团族姓的考察，其大致范围是在今河南东部、东南，山东西南及淮河上游地区。晚近以来因考古学的发展，这一区域可称为"海岱文化区"②，与徐旭生先生所分之"东夷集团"相合③。除此之外，也有不少学者依据《五帝本纪》中"若水"和"蜀山氏女"④的考证，有认为颛顼史传源自今雅砻江支流安宁河流域⑤，也有推定颛顼是出生于今四川荥经县附近⑥。这就造成颛顼史源地的东、西之争，争论的背后蕴含着古文明之间的交流问题，可惜目前学界对于这一问题并无探讨。本节尝试以颛顼史传的流传为切入点，去探讨古代秦、蜀文明的交流情况，不妥之处，祈望大方之家加以指正。

一、《五帝本纪》与《荒经》中颛顼史传的比较

《史记·五帝本纪》载：

黄帝居轩辕之丘，而娶于西陵之女，是为嫘祖。嫘祖为黄帝正妃，生二子，其后皆有天下：其一曰玄嚣，是为青阳，青阳降居江水；其二曰昌意，

---

① 本节所言"族姓"分析法，始于徐旭生、李零等先生。徐先生在《中国古史传说时代》中就提出，传说时代的文献史料可以分为两类，一类是专篇成系统的，一类是零星散见的。徐先生所划分的三集团的主要操作方法即是以不同姓氏为依据来整理后一类史料。李零先生更是径直指明"族姓"与"帝系"两类古史史料的区别，认为族姓是帝系的基础。笔者受此启发，处理"颛顼"史传材料时，坚持对相关文献中零星散见、不成系统的史料按照"族姓"的判别加以整理。

② 邵望平：《先秦族群的互动与融合——海岱区个案研究》，收入其著《邵望平史学、考古学文选》，山东大学出版社，2013年，第124页。

③ 徐旭生：《中国古史的传说时代》，科学出版社，1960年，第76—84页。

④ 参见《史记·五帝本纪》载："昌意降居若水，昌意娶蜀山氏女，曰昌仆，生高阳……高阳立，是为帝颛顼。"

⑤ 彭邦本：《"昌意降居若水"与川西地区的颛顼史传》，《地方文化研究辑刊》第7辑，四川大学出版社，2014年。

⑥ 丁培仁：《颛顼传说与荥经》，《宗教学研究》2005年第4期；龙显昭：《颛顼出生地及相关史迹考论》，《西华师范大学学报》2010年第4期。

降居若水。昌意娶蜀山氏女，曰昌仆，生高阳，高阳有圣德焉。黄帝崩，葬桥山。其孙昌意之子高阳立，是为帝颛顼也。

帝颛顼高阳者，黄帝之孙而昌意之子也。静渊以有谋，疏通而知事；养材以任地，载时以象天，依鬼神以制义，治气以教化，絜诚以祭祀。①

西汉时司马迁认为颛顼是黄帝之孙，得天下号为高阳，是五帝之一。颛顼史传还见载于《国语·楚语》记载观射父对楚昭王说："及少皞之衰也，九黎乱德，民神杂糅，不可方物……颛顼受之，乃命南正重司天以属神，命火正黎司地以属民，使复旧常，无相侵渎，是谓绝地天通。"②可见春秋时楚人认为颛顼是继少昊之后的古帝，而《五帝本纪》认为颛顼是黄帝之孙高阳氏，二者差异显著。另外楚人所述颛顼氏"绝地天通"的事迹还见载于《尚书·吕刑》篇中："皇帝哀矜庶戮之不辜，报虐以威，遏绝苗民，无世在下。乃命重、黎，绝地天通，罔有降格。"郑玄注认为"皇帝"即是颛顼。③又《山海经·大荒西经》载："颛顼生老童，老童生重及黎，帝令重献上天，令黎印下地。"以上可知颛顼氏"绝地天通"的事迹在西周至春秋时代的文献中流传不断，可是此种事迹并没有被司马迁采信到《五帝本纪》中④，足见《五帝本纪》所述颛顼史传已不是先秦时旧貌，这也启发我们对五帝系统内的颛顼史传要报以怀疑的态度。

事实上，颛顼史传的材料大量散见于《山海经·荒经》及其他古书中。《荒经》的成书问题，袁珂先生认为是《荒经》不属于《汉志》所记《山海经》十三篇之内，《荒经》以下五篇独立为一整体。关于《荒经》成书年代，学者多持不同意见，蒙文通先生认为可能早西周时期⑤，袁珂先生认为

① 司马迁：《史记》，中华书局，1959年，第10—11页。
② 徐元诰：《国语集解》，中华书局，2016年，第515页。
③ 孙星衍：《尚书今古文注疏》，中华书局，2016年，第523页。
④ 按，颛顼"绝地天通"的史传在《太史公自序》中被追认为先秦史官之始，也是司马氏的祖源，但在《五帝本纪》中司马迁没有采信。
⑤ 蒙文通：《略论〈山海经〉写作时代及其产生地域》，《中华文史论丛》第1辑，中华书局，1962年，第58页。

在战国初期①，近来又有学者认为是西周末至春秋中期宋人作品②。据上，我们认为《荒经》文本内容应是春秋时期或以前的史载，其中大量保存的颛顼史料的年代较早，较之与《五帝本纪》应更可信。笔者检索其中颛顼史料如下：

（1）东海之外有大壑，少昊之国。少昊孺帝颛顼于此，弃其琴瑟。（《大荒东经》）

（2）有成山，甘水穷焉。有季禺之国，颛顼之子，黍食。（《大荒南经》）

（3）有国曰伯服，颛顼生伯服，食黍。（《大荒南经》）

（4）有国名曰淑士，颛顼之子。（《大荒西经》）

（5）颛顼生老童，老童生祝融，祝融生太子长琴，是处榣山，始作乐风。有五采鸟三名：一曰皇鸟，一曰鸾鸟，一曰凤鸟。（《大荒西经》）

（6）颛顼生老童，老童生重及黎，帝令重献上天，令黎邛下地。（《大荒西经》）

（7）有池，名孟翼之攻颛顼之池。（《大荒西经》）

（8）大荒之中，有山名曰大荒之山，日月所入。有人焉三面，是颛顼之子，三面一臂，三面之人不死，是谓大荒之野。（《大荒西经》）

（9）有鱼偏枯，名曰鱼妇。颛顼死即复苏。风道北来，天及大水泉，蛇乃化为鱼，是为鱼妇。颛顼死即复苏。（《大荒西经》）

（10）东北海之外，大荒之中，河水之间，附禺之山，帝颛顼与九嫔葬焉。（《大荒北经》）

（11）西北海外，黑水之北，有人有翼，名曰苗民。颛顼生骦头，骦头生苗民，苗民厘姓，食肉。有山名曰章山。（《大荒北经》）

---

① 袁珂：《〈山海经〉写作时地及篇目考》，《中华文史论丛》第7辑，上海古籍出版社，1978年，第148页。

② 李川：《〈山海经·荒经〉成书问题谫论》，《中国社会科学院研究生学院学报》2009年第1期。

以上（1）材料中"孺"字历来称难解，郝懿行引《说文》云"孺，乳子也"，是养育之义，可知这则材料讲颛顼与少昊氏同源的关系。东海之地有"少昊之虚"即是颛顼的始源地。以上（1）（2）（3）（4）（8）（11）则材料都是讲颛顼集团裔属古国的情况，其中"少昊之国"袁珂以为即少昊在东海所建立之鸟国[1]。"季禺国"是少昊之后裔，有甘水依依相邻，袁珂以为"甘水由东而南，穷于成山指源"[2]，则"季禺国"在东海之西南方位。除此之外，《荒经》中也记录了不少颛顼国的战争情况，如"孟翼之攻颛顼之池"袁珂以为："孟翼之攻颛顼之池者，盖犹此经上文禹攻共工国山，皆因事以名地也。孟翼或亦共工之类，其攻颛顼者，亦黄炎斗争之余绪也。"[3]或因颛顼集团的战争惨烈，造成不少后裔的迁徙，如"三面一臂"人徙于"大荒之野"以及"苗民"居于西北海外、黑水之北。虽然如此，颛顼集团核心实力范围还是在东海，仍为东夷大邦。如（10）颛顼所葬之地在"东北海之外，大荒之中，河水之间"的附禺山，附禺山所在大荒之中，还有古肃慎，可见颛顼所葬制地与古肃慎较为邻近。《大荒北经》载："大荒之中，有肃慎氏之国。"郭璞云："今肃慎国去辽东三千余里。"[4]《书序》云："成王既伐东夷，肃慎来贺。"《后汉书》云："挹娄，古肃慎，在夫余东北千余里，东滨大海。"[5]显然历代诸家都认为肃慎国在东海附近，属于东夷范围。先秦时东夷滨海也可得到铭文的佐证，如伯懋父簋（《殷周金文集成》4328）载："东夷大反，伯懋父以殷八师征东夷，唯十又一月，遣自，述东，伐海眉。"由是可知《荒经》所述颛顼之核心区域不出东海，乃东夷之范围。

另外，《荒经》中的颛顼也有明显的世系化倾向，经整理可发现这样一个世系：

---

[1] 袁珂：《山海经校注》，北京联合出版公司，2014年，第290页。
[2] 袁珂：《山海经校注》，北京联合出版公司，2014年，第291页。
[3] 袁珂：《山海经校注》，北京联合出版公司，2014年，第343页。
[4] 袁珂：《山海经校注》，北京联合出版公司，2014年，第355页。
[5] 范晔：《后汉书》，中华书局，2015年，第2812页。

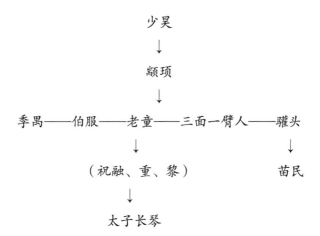

很显然《荒经》中颛顼集团的世系与《五帝本纪》中颛顼高阳氏的谱系差异非常大。其中最显著的差别是，《荒经》中颛顼谱系承自少昊，而《五帝本纪》中颛顼谱系承自黄帝。另外，《荒经》中颛顼世系相较于《五帝本纪》显然更为零散，应是比较早期流传的颛顼世系形态。

材料（6）是讲颛顼生重及黎，袁珂先生注此事引《大戴礼记·帝系篇》："老童娶于竭水氏之子，谓之高緺氏，产重黎及吴回。"与《史记·楚世家》："卷章生重黎。"徐广注引《世本》云："老童生重黎及吴回。"所记重黎都是一人。但是《尚书·吕刑》与《国语·楚语》同载此事，却皆以重、黎为二人。[1]相比于《帝系篇》《楚世家》，《荒经》与《尚书·吕刑》《国语·楚语》等早期的文献相合度更高，也更可信。

以上简要分析，可知相较于《五帝本纪》中的谱系知识，《荒经》中有着更为丰富的史料，如少昊氏的谱系，绝地天通的史事，重、黎分二的记载，相对地都更多地反映先秦颛顼史传面貌。需要注意的是，《荒经》中较多地揭示颛顼史传出于东夷的记载，尤其值得珍视。

---

① 袁珂：《山海经校注》，北京联合出版公司，2014年，第340页。

二、颛顼史传的族姓范围与殷、夷合流

《五帝本纪》中的古史是经过整合之后的线性历史，其中颛顼作为五帝之一，其史传自然有线性的色彩。现在我们对于古史中的重要传说人物，"需要正本清源，分清哪些是真古史，哪些是后人衍生增饰的传说和神话"①。作为真古史的颛顼当有其深远的史实背景；作为神话的颛顼是后人附会而成。若我们能越多地消解先秦时期颛顼史传中的线性与神话色彩，便越能接近颛顼史传的史实。颛顼史传又多见于先秦《左传》《国语》《山海经》《淮南子》《离骚》等文献，如何更好地处理这些记载内容，我们借用李零先生最近提倡"族姓"和"帝系"的观念来分析，李零先生认为古史史传中族姓是较早的背景，也是构成帝系的基础，帝系是较晚时期形成的，是晚世之人整合而作②。所谓的"族姓"实际上就是古代不同姓氏集团古国，那么颛顼史传的"族姓"主要指与颛顼相关姓氏的古国。另一方面，"帝系"中的颛顼史传也是十分纷杂，且晚出③。相较而言，考察颛顼史传的"族姓"范围是更易接近先秦颛顼史传的历史面貌。

上举《荒经》材料（1）"东海之外有大壑，少昊之国。少昊孺帝颛顼于此，弃其琴瑟"，其"少昊之国"在"东海之外"的大壑。这里的"大壑"应训为"大虚"，《释诂》云"壑，虚也"，虚也通墟，《文选·西征赋》注引《声类》云"墟，故所居也"④，则《荒经》此条之"少昊之国"

---

① 段渝：《大禹史传与文明的演化》，《天府新论》2017年第6期。
② 李先生指出："中国的古史史传是靠帝系而传，帝系的基础是两周族姓。""五帝传说是族源传说……是两周族姓的整合。……帝系是周初封建，并夏、商古国，以姬姓为中心，串连其他族姓，整合而成的一种谱系。"（李零：《帝系、族姓的历史还原——读徐旭生〈中国古史传说时代〉》，《文史》2017年第3期）
③ 何浩先生认为，《国语·鲁语上》"有虞氏禘黄帝而祖颛顼"，《左传》昭公八年"陈，颛顼之族"出自黄帝，古本《竹书纪年》"颛顼产伯鲧"及《世本》"颛顼生鲧，鲧生高密，是为禹也"等史料，是将众多世族部落并合串成一定的世系，时代在春秋后期。是这一时期史家关于传闻中的古帝王世系的观念的反映（参见何浩：《颛顼传说中的神话与史实》，《历史研究》1992年第3期）。
④ 郝懿行：《尔雅义疏》，上海古籍出版社，2017年，第137页。

也可训为"少昊之虚"。《左传》定公四年："因商、奄之民，命以伯禽，而封少皞之虚。"杜预注云"少皞虚，曲阜也"，则西周初期鲁故都曲阜属于少皞之地。《左传》昭公十七年载："昭子问焉，曰：'少皞氏鸟名官，何故也？'郯子曰：'吾祖也，我知之。昔者黄帝氏以云纪，故为云师而云名；炎帝氏以火纪，故为火师而火名；共工氏以水纪，故为水师而水名；大皞氏以龙纪，故为龙师而龙名。我高祖少皞挚之立也，凤鸟适至，故纪于鸟，为鸟师而鸟名……'"①则郯子及郯国故地也应该是少皞或其后裔故国。

郯子也提到了"大皞氏"，又见《左传》僖公二十一年载："任、宿、须句、颛臾，风姓也，实司太皞与有济之祀。"杨伯峻认为，任国故城在今山东济宁市；宿国地在今山东东平县稍东南二十里②。杜预注"须句在东平须昌县"，杨伯峻认为即今山东东平县东南。杨伯峻认为颛臾故城在今山东费县西北八十里，即平邑县东。③《左传》定公四年记载："陈，大皞之虚也。"陈国是周初分封虞舜后裔之地，又是太皞故地，其地在睢阳淮河上游颍水旁。又同载："卫，颛顼之虚也，故为帝丘，其星为大水，水，火之牡也。"则卫国也似是颛顼故地，杨伯峻注认为约在河南濮阳县西南。

另外，《秦本纪》也记载了作为少皞后裔嬴姓古国的基本情况，如："太史公曰：秦之先为嬴姓。其后分封，以国为姓，有徐氏、郯氏、莒氏、终黎氏、运奄氏、菟裘氏、将梁氏、黄氏、江氏、修鱼氏、白冥氏、蜚廉氏、秦氏。然秦以其先造父封赵城，为赵氏。"④秦的始源争论不已，近出清华简《系年》载："成王屎（践）伐商邑，杀汻子耿，飞廉东逃于商盖氏，成王伐商盖，杀飞廉，西迁商盖之民于邾虐（圉），以御奴虘（且）之戎，是秦先人，世作周厄（卫）"⑤，李学勤证秦之先人本"商盖（奄）"

① 杨伯峻：《春秋左传注》，中华书局，1990年，第1386—1387页。
② 杨伯峻：《春秋左传注》，中华书局，2009年，第8页。
③ 杨伯峻：《春秋左传注》，中华书局，2009年，第391—392页。
④ 司马迁：《史记》，中华书局，1959年，第221页。
⑤ 清华大学出土文献研究与保护中心编，李学勤主编：《清华大学藏战国竹书（贰）》，中西书局，2011年，第141页。

之民，西迁到"邾吾"即今甘肃礼县朱圉山，从而秦本东夷西迁之说也得到佐证①。周武王授予伯禽的殷民六族"条氏、徐氏、萧氏、索氏、长勺氏、尾勺氏"，其中"徐氏"又见于秦之嬴姓后裔，根据《史记·秦本纪》记载"秦之先，帝颛顼之苗裔孙曰女修"可知秦、徐都是颛顼后裔，也属于少皞集团。"徐氏"古国文献常作"徐土"②"徐夷"③，又梁山诸器中太保簋铭有"王伐大保，赐休徐土"。陈槃先生综合诸多证据认为徐国故地在鲁国都（曲阜）东郊。④"莒氏"古国，《汉书·地理志》："周武王封少皞之后嬴姓兹与期于莒……至莒子朱居渠丘，号渠丘公。"又同上州安丘县："丘亭，故莒渠丘公所居。"今山东安丘县东北十里，去莒县凡两百里。⑤"黄氏"古国，《左传》桓八年杜预解："黄国，今弋阳县。"《清一统志》："古黄国在河南光州定城废县西十二里也。"⑥"终黎氏"即钟离古国，《左传》成公十五年载："冬十又一月，叔孙侨如会晋士燮、齐高无咎、宋华元、卫孙林父、郑公子鰌、邾人会吴于钟离。"杜预注："钟离，楚邑，淮南县。"⑦陈槃先生认为其故城在今安徽凤阳县东北二十里。⑧近来安徽蚌埠双墩发现古钟离国墓葬⑨，更加证实钟离古国其范围在今淮河流域，属于淮夷。

以上文献所揭示，二皞、颛顼集团的族姓古国的范围大致在今豫东、豫南到鲁西南整个区域。这一区域曾被徐旭生先生归纳为"东夷集团"，太皞、少皞两氏是东夷集团的主要组成部分。⑩联系上文我们从《荒经》中对

---

① 李学勤：《清华简关于秦人始源的重要发现》，《光明日报》2011年9月8日。

② 参见《诗经·大雅·常武》载："戒我师旅，率彼淮浦，省此徐土。"

③ 参见《左传》定公四年："师若出于东方，观兵于东夷，循海而归其可也。"杜预注曰："东夷，邾、莒、徐夷也。"

④ 陈槃：《春秋大事表列国爵姓及存灭表议异》，上海古籍出版社，2010年，第497页。

⑤ 陈槃：《春秋大事表列国爵姓及存灭表议异》，上海古籍出版社，2010年，第234页。

⑥ 陈槃：《春秋大事表列国爵姓及存灭表议异》，上海古籍出版社，2010年，第393页。

⑦ 杨伯峻：《春秋左传注》，中华书局，2009年，第876页。

⑧ 陈槃：《春秋大事表列国爵姓及存灭表议异》，上海古籍出版社，2010年，第841页。

⑨ 钱仁发、王吉怀：《安徽蚌埠市禹会龙山文化遗址祭祀台基发掘简报》，《考古》2013年第1期。

⑩ 徐旭生：《中国古史传说时代》，科学出版社，1960年，第56页。

颛顼集团是以东海东夷为核心区域，则《荒经》与《左传》所记述之二暤集团的古国范围相当接近。

考古学界常将二暤所处的东夷集团命名为"海岱文化区"①，海岱文化区的古代文明自公元前3500年以后到商代，大致经历了大汶口文化后期（前3500—前2600）、海岱龙山文化时期（前2600—前2000）、岳石山文化（夏时期）、商文化（二里岗期、殷墟时期）的发展阶段。而在商文化完全浸润这一区域之前，自大汶文化晚期到岳石山文化这长达约2000年时间内，海岱地区的文化可以看作是东夷文化自身独立的发展。学术界一般认为岳石山文化是东夷本土文化②，也是一支独立发展的文化。邵望平分析二里头文化中有更为明显的、更多的东夷岳石山文化因素，主张"夏代的东夷族群不论在经济、政治上，还是文化上，仍保持着独立发展的道路"③。岳石山文化之后，东夷主要和商人产生文化上的联系，商代早期东夷文化还主要保持自身独立发展，到商代后期，商王朝多次对东土征伐，形成了夷商交错、交恶、交融的复杂局面。④经过不断的夷商斗争和融合，东夷逐步接受商王朝礼制，殷、夷文化形成合流趋势。⑤在近来考古上还可以看出颛顼史传流布的豫东、鲁西南地区自大汶口文化之后，出现岳石山文化、下七垣文化、二里头文化三种文化交汇分布。邹衡先生认为先商文化在冀中南、豫北地区，特别认为南外关遗存也是先商文化。⑥李伯谦先生排除南外关遗存，将漳河

---

① 邵望平：《先秦族群的互动与融合——海岱区个案研究》，收入其著《邵望平史学、考古学文选》，山东大学出版社，2013年，第124页。

② 严文明：《东夷文化的探索》，《文物》1989年第1期。

③ 邵望平：《先秦族群的互动与融合——海岱区个案研究》，收入其著《邵望平史学、考古学文选》，山东大学出版社，2013年，第129页。

④ 高广仁：《海岱区的商代遗存》，《考古学报》2000年第2期。

⑤ 按，邵望平说："苏埠屯四墓道大墓系蒲姑国君陵寝，显然是东夷国君对殷王陵的效法。"又说："在葬制方面，以石为社主、杀人祭社、以犬为牲、龟卜、骨卜等方面，也都表现了殷夷文化的合流。"（参见《先秦族群的互动与融合——海岱区个案研究》，收入其著《邵望平史学、考古学文选》，山东大学出版社，2013年，第130页）

⑥ 邹衡先生首先指出先商文化，在冀中南豫北自北而南依次分布着漳河型、辉卫型和南关外型三个文化类型（参见邹衡：《关于探讨夏文化的几个问题》，《文物》1979年第3期）。

型、辉卫型概括出"下七垣文化"①。王震中先生认为新出考古资料显示南外关遗存下层文化可能就是先商文化与岳石文化的融合结果。②因而先商文化可能很早就与东夷文化产生过密切联系，而商代晚期发生的商夷之争可能更多的是政治战争，不能当作商、夷异族的证据。从考古学文化显示来看，下七垣文化发展后继者应是偃师商城、郑州商城等商代早期文化，因而下七垣文化所代表的华夏之二里头文化与东夷之岳石山文化相融合，成为商人重要的文化传统。

随着考古文化的深入研究，早商起源以及商人和东夷文化融合应是两个问题。早商起源趋向于冀南豫北的下七垣文化漳河型，而商人与东夷岳石山文化相融合之后，逐渐向西灭夏朝，完成商王朝的建设。这种考古学上殷、夷文化融合说法也与《荒经》记述相合。因为《荒经》中不仅仅出现有关东夷"颛顼"史料记载，还有不少殷遗文化特征，如袁珂先生指出《荒经》中记有四方风名和四方神名，有王亥故事，都可以与殷墟卜辞所记相印证，其渊源甚早③。总的来看，殷、夷文化合流之后，颛顼史传成为殷人重要的祖神信仰于史有征。

综合前文两大部分的分析，可知《荒经》所揭示的"颛顼"出自东夷与传世典籍《左传》《国语》及出土文献、铭文中记载的"颛顼"族姓范围相暗合，且与这一区域的考古学文化交流情况贴合。总之，颛顼出自东夷应是先秦时期的重要古史知识，且秦人作为殷遗也继承了"颛顼崇拜"。下文将对颛顼史传在秦、蜀之间的流传情况详析。

---

① 李伯谦认为以漳河型和辉卫型为代表的一类遗存可视为先商文化，并将之命名为"下七垣文化"（参见李伯谦：《先商文化关系探讨》，《庆祝苏秉琦考古五十五年论文集》，文物出版社，1989年，第280页）。

② 王震中：《先商的文化与年代》，《中原文物》2005年第1期。

③ 袁珂：《〈山海经〉写作时地及篇目考》，《中华文史论丛》第7辑，上海古籍出版社，1978年，第158页。

三、秦、蜀文明交流：由秦入蜀的颛顼史传

首先，我们分析一下蜀地流传的颛顼史传。西晋常璩所著之《华阳国志》是对古代巴蜀历史作总结的志书，《华阳国志》的撰述，常璩参考过"旧纪先宿所传并南裔志"，包括不少蜀人旧记如西汉司马相如等人各集传记、蜀王佚事①。因此《华阳国志》中保存了许多巴蜀古史的重要线索，是今人了解古蜀历史的重要文献。《巴志》中记载："《洛书》曰：人皇始出，继地皇之后，兄弟九人分理九州，为九囿，人皇居中州，制八辅。华阳之壤，梁岷之域，是其一囿，囿中之国则巴、蜀矣。其分野：舆鬼、东井。其君上世未闻。五帝以来，黄帝、高阳之支庶世为侯伯。及禹治水，命州巴、蜀，以属梁州。"②这里提及的"高阳之支庶"实际上是参照了《五帝本纪》："其二曰昌意，降居若水。昌意娶蜀山氏女，曰昌仆，生高阳，高阳有圣德焉……其孙昌意之子高阳立，是为帝颛顼也。"③其实，《五帝本纪》中所记"蜀山氏女"与昌意"降居若水"应是司马迁对古蜀古史知识的吸取，一定程度上体现了先秦古蜀旧有的古史。④但"昌意"生颛顼、颛顼为帝高阳，前文已证，应是司马迁有意整合的一种帝系化古史，未必足信。颛顼史传能够与"蜀山氏女""若水"等发生关系，或体现先秦时蜀地也有颛顼史传。我们认为古蜀地区的颛顼史传，应是由外流入。流入蜀地后与当地旧有的古史知识相融合，再被司马迁融入《五帝本纪》而成黄帝、昌意、颛顼一系的古史。为了探赜"颛顼"史传流入蜀地的线索，我们宜从古代区

---

① 如《华阳国志·序》载："司马相如、严君平、扬子云、阳成子玄、郑伯邑、尹彭城、谯常侍、任给事等各集传记，以作《本纪》，略举其隅。"

② 刘琳：《华阳国志校注》，巴蜀书社，1984年，第20页。

③ 司马迁：《史记》，中华书局，1959年，第10页。

④ 彭邦本先生认为，《五帝本纪》所传黄帝之子青阳降居江水、昌意若水，分别在今岷江、雅砻江支流安宁河流域附近。这一区域的考古学文化与西北高原古文化也有联系，反映古蜀与黄河上中游史前文化的联系，也是一种史实戋地。这种分析是正确的，但彭先生没有对颛顼史传的帝系与族姓进行很好的区分，对于颛顼史传始源地或可再商（参见彭邦本：《"昌意降居若水"与川西地区的颛顼史传》，《地方文化研究辑刊》第7辑，四川大学出版社，2014年）。

域文明交流背景中去寻觅。

（一）古蜀与中原文明早期的交流

首先，我们认为《巴志》所述巴蜀地区是"五帝以来……世为侯伯"，旨在阐明古蜀文明自上古以来便同中原文明发生着密切联系。这种文明间联系也是有迹可循的，如《巴志》所记巴蜀同圃属于"梁州"，梁州为九州之一，《巴志》所本来自《禹贡》上古地理知识传统。《禹贡》载："华阳黑水惟梁州，岷嶓既艺，沱潜既道，蔡蒙旅平，和夷厎绩……西倾因桓是来，浮于潜，逾于沔，入于渭，乱于河。"郑玄注曰："自华山之南至于黑水也。"孙星衍疏曰："《释地》无梁州，《吕览·有始览》九州亦无梁，盖殷周雍州兼有梁州之地，与夏时异也。"[1]从郑玄与孙星衍的注疏中可以看出，"梁州"的地理知识在殷、周时期代有承袭。

《禹贡》"九州"的背后隐含的是上古地理知识，不应轻易地否定它或过分地怀疑。20世纪古史辨派多认为《禹贡》成书于战国晚期，其中的重要证据便是梁州有贡铁。近来考古发现，春秋早期秦墓和楚墓中分别发现有铁器证据，而且《藁城台西商代遗址》报告中讨论了商代用铁的问题，邵望平先生认为《禹贡》梁州贡铁似不能再作为断其成书年代的重要证据。而且邵氏根据考古学文化的比较，认为《禹贡》"九州"篇较早的蓝本出自商朝史官之手，是商人对夏代的追记，且"九州"蓝本的出现不迟于西周初年。[2]我们知道商代史官的传统基本上被周人全部承袭，这一点可以从近来西周应国墓地所出铜器铭文中得到直接的证明。[3]因此"九州"的蓝本出自殷周史官是比较合理的结论。承认这一点的同时，并不是说《九州》完全定本于殷周时期，应当看到《九州》所示上古文化地理传统与考古学文化相合，但是在文本知识流传过程中绝不是一蹴而就，而是不断地补充、完善的。

---

① 孙星衍：《尚书今古文注疏》，中华书局，2004年，第172页。
② 邵望平：《〈禹贡〉"九州"的考古学研究》，收入其著《邵望平史学、考古学文选》，山东大学出版社，2013年，第25页。
③ 任伟：《"应史"诸器与周代异姓史官》，《华夏考古》2002年第3期。

回到我们要讨论的"梁州"，作为"九州"之一，赵殿增先生撰文认为三星堆遗址二、三期文化与中原龙山文化的一些地方类型、二里头文化有不少类似之处①。我们认为"梁州"的地理知识有着相当早的历史传统，这与早周对南土的开发密切相关。徐中舒先生曾专门讨论过周人开发南土之经过，认为周人对南土的经营始自大王翦商之时。②此外林向先生总结董作宾、岛邦男对卜辞中"蜀"字的统计结果，概括殷墟卜辞中有10条不同的记载，认为"蜀"就指三星堆文化。③段渝先生则认为卜辞中"蜀"并不在成都平原，而是在与"缶"相近的汉水上游，属于古蜀北方重镇④。近年来《周原甲骨》有"（克）蜀"（H11：97）、"兹……伐蜀"（H11：68），徐锡台、陈全方诸先生均以为此"伐蜀"乃文王伐蜀之事。⑤从殷墟卜辞到周原卜辞中的"蜀"字的史实看，古蜀与商、周王朝的联系越来越密切；古蜀与他们发生最频繁的地区应是在古蜀北镇，陕南的汉水上游。这也可以从宝鸡茹家庄强国墓地得到证实⑥，也与《禹贡》中梁州"浮于潜，逾于沔"十分贴合。潜水与沔水即古汉水上游，如孙星衍疏云："此潜水郭氏音义所云'一名沔水'，'注又云'汉水有二源，始源曰沔'。又云'东西两川俱受沔、汉之名'。或以水经云'漾水至葭萌东北，与羌水合'谓羌水出临洮，一名白水，即指为桓水。"⑦如是，《禹贡》九州之"梁州"在商周时期包含汉水流域的南土，又周人很早（商代晚期之前）便开始对南土经营，"梁州"代表古蜀的地理知识就渐渐为中原文明所悉知。这是古蜀文明与早期中原文明发生联系的明证。

---

① 赵殿增：《巴蜀文化几个问题的探讨》，《文物》1987年第10期。

② 徐中舒：《殷周之际史迹之检讨》，《徐中舒历史论文选辑》，中华书局，1998年，第661页。

③ 林向：《三星堆遗址与殷商的西土——兼释殷墟卜辞中的"蜀"的地理位置》，《四川文物》1989年S1期。

④ 段渝：《四川通史》（卷一　先秦），四川人民出版社，2010年，第133页。

⑤ 徐锡台：《周原甲骨文综述》，三秦出版社，1987年，第128页。

⑥ 卢连成、胡智生：《宝鸡强国墓地》，文物出版社，1988年。

⑦ 孙星衍：《尚书今古文注疏》，中华书局，2004年，第176页。

（二）颛顼史传由秦入蜀

我们认为颛顼史传应是从东夷流入蜀地的，直接的传播者当是与蜀人发生过密切联系的秦人。这里有两个重要的因素可供佐证。第一个要素是古蜀文明中历来崇尚巫术的文化传统与颛顼史传中"绝地天通"十分暗合。这种暗合并不是说二者同源，而是颛顼史传能够被古蜀人借助自身巫术文化信仰而自然地接受。我们先看《国语·楚语》：

> 古者民神不杂。民之精爽不携贰者，而又能齐肃衷正，其智能上下比义，其圣能光远宣朗，其明能光照之，其聪能听彻之，如是则明神降之，在男曰觋，在女曰巫……及少皞之衰也，九黎乱德，民神杂糅，不可方物。夫人作享，家为巫史，无有要质。民匮于祀，而不知其福。烝享无度，民神同位。民渎齐盟，无有严威。神狎民则，不蠲其为。嘉生不降，无物以享。祸灾荐臻，莫尽其气。颛顼受之，乃命南正重司天以属神，命火正黎司地以属民，使复旧常，无相侵渎，是谓绝地天通。①

"巫"在段注《说文解字》中："巫，祝也。女能事无形，以舞降神者也；象人两褒舞形。与工同意，古者巫咸初作巫，凡巫之属皆从巫。"可以看出"巫"和祭祀的仪式有关，是能跳特殊的舞形并且有通神的能力。那么"巫"要能"降神"该具备哪些的能力呢？文献中"精爽不携贰""齐肃衷正"及"智""圣""明""聪"都是"巫"者所必备的能力。而近现代的人类学领域对于"巫"的解读也符合中国先秦文献的记载。如弗雷泽在《金枝》中说："职业巫师的前进道路上有许多陷阱，照例只有头脑最冷静和智力最敏锐的人才有可能平安地绕过他们。"②童恩正先生说："祭司的职责乃是熟悉经典，精通仪式，伺候神灵，从而充当人神之间的媒介。"③与

---

① 徐元诰：《国语集解》，中华书局，2016年，第512—515页。
② 弗雷泽著，汪培基、徐育新、张泽石译：《金枝》，商务印书馆，2012年，第83页。
③ 童恩正：《中国古代的巫》，《中国社会科学》1995年第5期。

《楚语》相合而观，可知古代的巫与祭祀密切相连，在中国古代，"国之大事，在祀与戎"（《左传》成公十三年），祭祀就是国家权力的象征，"巫"往往也就是兼备祭祀和行政权力的首领。弗雷泽也说："世界上很多地区，国王是古代巫师或巫医一脉相承的继承人。"①这种重巫的文化传统，在三星堆遗址出土文物中都有极好的体现，段渝先生就认为三星堆出土大小数百件的青铜人面像就代表着大小巫师，也是西南民族大小各邦最高权力的象征②。尤其是三星堆2号祭祀坑出土的296号青铜神坛，学界对于神坛功用的讨论不无意外地集中在祭祀、宗教方面。

颛顼命重、黎分司天、地，绝地天通结束古代民神杂糅的局面，牢牢地掌控通天神祭祀的权力。张光直先生认为"绝地天通"的文化传统渊源甚早，可与良渚文化中玉琮文化信仰相联系，而且他认为"绝地天通"重巫文化随着古文化交互圈之间交流的加强，逐渐成为龙山时代东夷、淮夷文化的重要信仰，商人继承了这一传统。③这也是先秦文献历来将颛顼归入少皞、太皞的重要依据，随着先商社会的发展对巫文化权力的改进，逐渐形成王权垄断祭祀权力的局面，社会也相应进入更加文明的国家状态。颛顼史传的渊源始自东夷，随着商与东夷文化的融合，商人主动接受包括颛顼在内的许多东夷文化传统是完全可能的，所以颛顼史传也可以视作殷人的文化。殷人的上帝崇拜实际上就是巫术崇拜的一种改进形式。颛顼史传的主要承续载体应当是殷人，周革殷后，殷遗民还始终保留着对颛顼的崇拜。《史记·封禅书》："秦襄公既侯，居西垂，自以为主少昊之神，作西畤，祠白帝，其牲用骝驹。"④少昊之神是指颛顼。这既表明秦人始自东方，也证明颛顼崇拜是殷遗民的祖先神信仰。

第二个重要因素就是春秋以降秦人继承周人对西土的经营策略，与西土大国蜀往来频繁。秦襄公占据岐周地区，原本是周人的大后方，可见周人

---

① 弗雷泽著，汪培基、徐育新、张泽石译：《金枝》，商务印书馆，2012年，第157页。

② 段渝：《商代蜀国青铜雕像文化来源和功能之再探讨》，《四川大学学报》1991年第2期。

③ 张光直：《商代的巫与巫术》，收入其著《中国青铜时代》，生活·读书·新知三联书店，2013年，第269页。

④ 司马迁：《史记》，中华书局，1959年，第1358页。

对秦人的信任。而秦人也在很多方面认同周文化，《秦风》中诗篇主旨与二雅极近，就是春秋秦国认同周文化的例证。[①]近来通过秦墓所反映出礼制的情况，可知秦人对周礼十分尊信。秦为戎狄的面貌可能是战国诸子的一种刻意描绘。秦人对原商、周南土、西土的经营也当是因袭周制。我们知道西周初武王时，庸、蜀、羌、髳、微、卢、彭、濮作为西土盟国参与伐纣。后来在《左传》昭公九年王室詹桓伯言："我自夏以后稷，魏、骀、芮、岐、毕，吾西土也……巴、濮、楚、邓，吾南土也。"[②]显然周初的西土之国与春秋时周王室所自诩的西土、南土之间有一定差别。主要是，周初西土诸国并没有被周王室纳入直接治理版图之内，二者是联盟关系。春秋时，西周分封建侯数百年，其西土、南土都是周王室直接分封的诸侯国，是"普天之下莫非王土"之王土。由是可知，周人对西土、南土的经营策略是不断地加强管理。秦承周风，对于西土、南土的经营策略应该与周人高度一致。如秦穆公时霸西戎，《史记·秦本纪》载："二十七年，秦用由余谋伐戎王，益国十二，开地千里，遂霸西戎。天子使召公过贺缪公以金鼓。"[③]周天子对秦伐西戎开国十二的举措"贺以金鼓"，可见秦、周在对于西土经营策略上的高度一致。另外战国时秦惠文王采用司马错的建议舍弃伐韩而转向伐蜀，如《战国策·秦策》载："夫蜀，西僻之国也，而戎狄之长也，而有桀、纣之乱。以秦攻之，譬如使豺狼逐群羊也。取其地，足以广国也；得其财，足以富民；缮兵不伤众，而彼已服矣。故拔一国，而天下不以为暴；利尽西海，诸侯不以为贪。"[④]实际上伐蜀不为秦人创举，先周时期周人对南土经营便有"伐蜀"之事，周原卜辞"伐蜀"（H11：68），陈槃先生定周初之蜀虽在汉水上游[⑤]，与巴蜀之蜀不能等同。但是从中原经营南土的策略看，先周时期的"伐蜀"与秦惠王伐蜀也是一致的。我们可以推断秦惠王能接受司马

① 宁镇疆、龚伟：《由清华简〈子仪〉说到秦文化之"文"》，《中州学刊》2018年第4期。

② 杨伯峻：《春秋左传注》，中华书局，1990年版，第1307—1308页。

③ 司马迁：《史记》，中华书局，1959年，第194页。

④ 刘向集录，范祥勇笺证：《战国策笺证》，上海古籍出版社，2019年，第200页。

⑤ 陈槃：《不见于春秋大事表之春秋方国稿》，《"中研院"历史语言研究所集刊》第59辑，1970年。

错的建议，实际上与秦人继承周文化的传统密切相关，春秋战国时期秦人对西土、南土的认知远远高于东方诸侯。

秦人建侯以来，对西土、南土的经略，基本是因袭于周人。同样秦人作为殷遗并没有完全舍弃自身的文化传统，其中崇拜颛顼的传统就始终保留。如秦襄公既侯之后便公开建"西畤"祭祀少昊颛顼，那么在秦人经略西土、南土的同时，颛顼史传也有可能传入这些地区。古蜀属于周、秦的西土大国，周、秦与古蜀的文化交流理应密切。段渝先生概括道："春秋初年秦文公时，始见两国（按，秦、蜀）发生经济文化往来。春秋早期，蜀王开明二世攻秦至雍，这是蜀、秦构兵的最早记录。战国时代，秦、蜀和战不定，但相互间经济文化的交流日益增强。"①《史记·货殖列传》载梁惠王十年（前361年）"及秦文、德、缪居雍，隙陇蜀之货物而多贾"，可知早在春秋之前，秦、蜀经济文化交流便频繁。另外古本《竹书纪年》载"瑕阳人自秦道岷山青衣水来归"，段渝先生认为岷山青衣道即秦道，沟通秦蜀两国的交流②，李学勤先生也指出蜀国青铜文化所特有的鍪、釜、甑等器形，就是由秦人再流布到其他地区的。③随着蜀与中原文明交流的加深，作为秦人重要的祖先神信仰颛顼，完全有可能流传到蜀地，并被蜀人接受。

结　语

综合全文，我们可以得出以下结论：

（1）通过对《史记·五帝本纪》与《山海经·荒经》的比较，可知《荒经》中有着更为丰富的"颛顼"史料，如少昊氏的谱系、绝地天通的史事、重与黎二分的记载，相对地它是更多地反映先秦颛顼史传面貌。需要注意的是，《荒经》中较多地揭示颛顼史传出于东夷的记载，尤其值得珍视。

（2）先秦时期颛顼氏的族姓古国大致可考的有：山东南部的鲁、郯、

---

① 段渝：《四川通史》（卷一　先秦），四川人民出版社，2010年，第182页。
② 段渝：《四川通史》（卷一　先秦），四川人民出版社，2010年，第185页。
③ 李学勤：《论新都出土的蜀国青铜器》，《文物》1982年第1期。

莒、任、宿、须句、颛臾及徐夷，河南东部及东南部的卫、陈、黄及淮河上游钟离等地。大致在今鲁西南、豫东、豫东南的这一区域古史上也称为"东夷集团"。总之，《荒经》所揭示的"颛顼"出自东夷与传世典籍《左传》《国语》及出土文献、铭文中记载的"颛顼"族姓范围相暗合，且与这一区域的考古学文化交流情况贴合。"颛顼"出自东夷应是先秦时期的重要古史知识。

（3）从上古地理知识传承看，古蜀地区所属的"梁州"乃是商周时期南土之范围。周人早在商代中晚期便开始经营南土，包括伐汉江上游的蜀。古蜀与中原文明的联系，也可见证于三星堆遗址中的二里头文化因素。秦人自西周时便开始继承周文化，尤其是建侯之后居岐周之地，对周人经略西土、南土的传统完全接受。在这一背景下，秦人罢西戎、伐西蜀；不唯战争，秦人也继承周人对西土诸古国的和平文化交流策略，与古蜀及西夷有着深厚的经济、文化联系。秦、蜀之间频繁的经济和文化往来，为颛顼史传能够流传到蜀地提供良好基础。颛顼史传在殷遗秦人社会中占重要地位，古蜀人自然会格外重视。同时，颛顼"绝地天通"的巫术信仰与蜀地本身中巫术文化信仰的传统若合符节，颛顼史传很快由秦入蜀，并被蜀人接受、传播开来。

第四节 战国时期蜀与巴的政治关系变迁
——由"大武辟兵"戈说起

1960年湖北荆门出土一件战国时期无胡戈，因其独特的形制、铭文和图像而被学界热议。以最新古文字材料的释读看，这件铜戈内部铭文应释为"大武辟兵"。其中"![字]"字应释为从戈从止的"武"，它与从戈从止的"岁"字有明显区别。从考古类型学看，巴蜀地区的无胡戈在商代中晚期至战国时期的川西平原有完整的演变发展轨迹，应属于蜀人兵器。"大武辟兵"戈正属于蜀无胡戈AⅡ式向AⅢ式演变过程中的一种亚型（AⅡb式）。自西周后期至战国时期蜀无胡戈持续向川东巴地传播，"大武"戈出现在巴地乃是巴人吸收蜀戈文化的一种反映。特别是"大武辟兵"铭文正也反映这件戈的族属为巴人，是巴人对蜀式AⅡb型无胡戈吸收和创造。

1960年5月，湖北荆门漳河车桥发掘的竖穴土坑墓中出土铜戈、铜剑。王毓彤先生在《文物》1961年第1期上最先公布过两器图片及铭文，他认为铜戈的铭文是"兵关大武"[1]。自此之后，学术界围绕荆门出土的铜戈铭文的论争集中于铭文"武"与"岁"、"閞"与"开"、"辟"与"避"诸多释读上的争论。[2]由此可知，学界对于此戈铭文的释读并未达成较为统一的

---

① 王毓彤：《荆门出土的一件铜戈》，《文物》1961年第1期。

② 学界的主要论见有俞伟超：《"大武閞兵"铜戚与巴人的"大武"舞》，《考古》1963年第3期；马承源：《关于"大武戚"的铭文及图像》，《考古》1963年第10期；黄锡全：《"大武辟兵"浅析》，《江汉考古》1983年第3期；俞伟超、李家浩：《论"兵避太岁"戈》，《出土文献研究》，文物出版社，1985年；饶宗颐：《再谈荆门太岁戈》，四川大学历史系编《冰茧彩丝集——纪念缪钺教授九十寿辰暨从教七十年论文集》，成都出版社，1994年，第475页；黄盛璋：《论"兵避太岁"戈与"大一避兵图"争论症结、引出问题是非检验与其正解》，周天游主编《陕西历史博物馆馆刊》第10辑，三秦出版社，2003年，第21页。

意见。客观而言，目前关于铜戈铭文、族属的争论各方都留有可辩之处，特别是在没有理清铭文与图像的准确内涵前提下先入为主地以铜戈铭文去解读图像的做法尚欠妥当。笔者以为，为了全面认识铜戈的文化内涵，就需要分步骤地从以下几个方面进行探讨。一是从文字学角度对铜戈铭文进行重新校释。二是从考古类型学角度对铜戈的年代和族属做进一步审视。

一、"武"与"岁"之别：铜戈铭文新释

我们先来看1985年俞伟超和李家浩先生对"武"字的改读，在他们的文章中，把铭文摹写成""，这与铭文图片上的铭刻存有一定差距。

表一："大武辟兵"戈器影拓本

| 正面① | 反面② | 内部铭文 |

仔细观察铭文原照片，俞、李二氏所摹写字例在"戈"或"戊"上部加了一小竖。实际上，原图铭刻之""的小竖并不明显，上部形近"戈"或"戊"，下部明显为"止"字。黄盛璋指出"武"与"岁"两字在甲骨文、金文乃至小篆中一直存在两种写法："武"字既可从戈也可从戊；"岁"字同样也可从戊或从戈。黄先生举了卜辞""（《甲骨文编》第550页）

---

① 图片来自荆州博物馆"国宝欣赏"，网址：http://www.jzmsm.org/yk/cangpin/guobaoxinshang/qingtongqi/2017-08-21/992.html。

② 作者拍摄于四川省博物院"长江流域青铜文明特展"。

作为"武"字从"戉"的早期写法的例证。①我们还可以补充的辞例是"🡒"
（《甲骨文合集》19954），也是卜辞中的"武"字从"戉"的早期写法。实
际上"戉"与"戈"二字形相近，古义亦相通，二者在卜辞和金文的写法中
往往难以严格区分。因此，上举两个卜辞中从"戉"的"武"字到底是从
"戉"还是从"戈"，可作深辨。于省吾先生已说"戉"为"岁"之初文，
古文"戉"象斧之纳柲形。②同时于先生从吴其昌和郭沫若的观点而认为
"戈"字初文也是象斧钺之形。③这就说明早期的"戉"与"戈"都是象斧
之形，后来或因用途的差异才导致字义、字形上的分化。以下笔者参考《新
甲骨文字编》和相关金文诸字例基础上，梳理"戉""武""戈"和"岁"
诸字的字形（参见表二）：

表二："戉""武""戈"与"岁"辞例简表

戉	𢦏	𢦏	𢦏	𢦏	𢦏	𢦏		
	《合》19954	《合》21120	《合》1026	《合》20165	《屯》4191	《合》37544		
武	�	�	�	�	�	戉	武	武      
	《合》456正	《合》22075	《怀》1699	《合》26770	《合》27151	《合》补11386	聿乍父乙簋	多友鼎	陈侯因育敦
戈	𢦏	𢦏						
	《花东》206	《花东》206						

---

① 黄盛璋：《论"兵避太岁"戈与"大一避兵图"争论症结、引出问题是非检验与其正解》，周天游主编《陕西历史博物馆馆刊》第10辑，三秦出版社，2003年，第20—21页。
② 于省吾主编：《甲骨文字诂林》，中华书局，1996年，第2399页。
③ 于省吾主编：《甲骨文字诂林》，中华书局，1996年，第2395页。

续表

岁								
	《铁》 80·4	《粹》 154	利簋	舀鼎	毛公鼎	鄂君 启节		

注：表中所引著录书目一律以简称，对应原书名称如下：

《合》——胡厚宣主编《甲骨文合集》

《怀》——许进雄《怀特氏等收藏甲骨文集》

《花东》——中国社会科学院考古研究所编《殷墟花园庄东地甲骨》

《铁》——刘鹗《铁云藏龟》

《粹》——郭沫若《殷契粹编》

　　由上诸字的字形看，"戉"与"武"的字形演变过程中有一个共同的特点，即二字的上部并无多笔。同样，"戉"与"岁"字的字形演化过程中也有一个共同点，就是左边的象"戉"的刃部逐渐变成方框形，时而框内加两点。再到后来，由左边框演变为上下都有"止"字或上"止"下"月"。从文字演变的角度说，从"戉"和从"戉"最初都是象形字，是象斧钺一类的武器。但要注意的是，虽然从"戉"与从"戋"后来都是"戉"（"岁"）字，但二者在早期是有区别的，吴其昌认为它们虽然都是象斧钺纳秘形，后因用途有别才逐渐发生歧化[1]。于省吾先生采用吴其昌的说法，进一步对"戋"字之两点做出解释，认为"戋"之两点乃斧刃尾端回曲中所余之透空处，没有点表示省文。[2]劳干先生对此有更准确的解释，他根据安阳殷墟出土的石镰刀，指出"戋"之两点为"卄"的两孔，表明"戋"最初的象形石镰刀，并结合卜辞辞例说明"戋"仅用作割草，不能杀牲。由此进一步指

---

[1] 卜辞中的"戋"与"戉"字都可引申为刑牲之义，又因卜辞中"戋"与"卯"对举而表示不同物件的刑杀，由此反推"戋"与"戉"也应有此类区别（参见吴其昌：《殷墟书契解诂》，武汉大学出版社，2008年，第23—24页）。

[2] 于省吾主编：《甲骨文字诂林》，中华书局，1996年，第275—276页。

出"戋"与"戌"的区别在于，由"戋"衍化为"岁"字亦通"刿"系专指收割禾麦而言；而由"岁""刿"之义发展出与"年"字义相关，都表示收割禾麦[1]。劳先生之说坚实可信，即甲骨文从"戌"与"戋"的"岁"字有两种含义，前者表示杀牲祭祀之义，而后者表示收割禾麦之义，可延伸与"年"义同，后来有纪时之义。

总而言之，甲骨文中的"戌"与"戋"初文都是象斧钺一类的武器。后来从"戌"与从"戋"（戌）二字因使用功能的区分而发生分化，前者成为"武"字，而后者成为"岁"字。在字形上，二者最大的区别是"戌"（武）字形的上部没有"止"形，而"戋"（岁）上部有"止"形（或有饰笔）。据此，再仔细核对铜戈铭文拓图🅰，可以明显获知它的上部并无"止"字形，因此从字形上说将🅰释作"武"字更为合适。此外，徐在国等编著的《战国文字字形表》也将"🅰"归入"武"字[2]，显然新的文字学材料也能印证笔者以上的推论。

另外，稍有争议的是"🅱"，此字经摹写为"🅱"，隶定为"开"或"辟"。如前所引论，学界关于此字的解释有不同意见：一派认为"🅱"即"辟"可通为"避""僻"；另一派则坚持此"🅱"可径释为"开"不必再辗转他释。综合最近资料来看，"🅱"在《战国文字字形表》中被列在"辟"字下，且归入"楚"系文字。该字与常见的"🅲"相比，多一"o"形。这种字形，《战国文字字形表》齐系文字下，列有一形，作"🅳"[3]形。反观"开"字，战国文字作"🅴"（楚）、"🅵"（秦），是个形声字，中间所从为"开"。两相比较，将"🅱"释作"辟"比"开"更合理[4]。

综上所论，此铜戈内部上的四个铭文可遵从黄锡全先生的释读意见，即为"大武辟兵"。"辟"，《说文解字》云"开也"，段注曰："凡开拓之

①　劳榦：《古文字试释》，《"中研院"历史语言研究所集刊》第四十本，1968年，第50页。
②　徐在国、程燕、张振谦：《战国文字字形表》，上海古籍出版社，2017年，第1701页。
③　徐在国、程燕、张振谦：《战国文字字形表》，上海古籍出版社，2017年，第1632页。
④　此点为四川大学吴毅强先生阅读本书后指出的意见，十分恰当，特引以鸣谢。

称古多假借辟字。"①"辟兵"即表示开启或发动军事战争。铭文"大武辟兵"意涵为以演奏"大武舞"鼓舞士气，准备发动军事战争，并期待战争早日得胜。

二、考古学视角下"大武辟兵"戈的年代与族属问题

这件铜戈的族属问题，学界主要分为楚器说和巴蜀器说两种。支持铜戈为楚器说的学者有两点证据：其一，铜戈出土于湖北荆门，战国时为楚地。其二，铜戈上的铭文是"大武辟兵"，系典型的战国楚国文字。②铜戈的出土地荆门漳河地近宜昌、松滋、枝江，据蒙文通等人说法"巴、楚接壤，正在松滋、枝江之间"③，可知铜戈出土地是战国时期巴、楚接壤地带。此外，战国时期巴、蜀与楚之间的文化交流频繁，不少巴蜀墓葬所出的文物都明显带有楚文化的特征，这点与马承源先生提出铜戈铭文字体与楚器铭文风格一致观点相符合。但以上两大点都不足以支持铜戈必属楚器的结论。应该注意到战国时期巴蜀出土的文物上带有楚文字是较为普遍的现象，不唯此铜戈，在成都新都战国木椁墓出土的"邵之飤鼎"之铭文书写风格也属楚文字。李学勤先生已确指新都战国木椁墓所出铜器乃是蜀国青铜器，这些出土的蜀器与楚器风格近同，恰恰反映了两国青铜礼器上的"道一风同"。④据上分析，无论从铜戈的出土地点，抑或从铜戈上铭文字体风格看，都不足以断定此铜戈为楚器。

支持铜戈为巴蜀器说的学者可分巴国器和蜀国器两种意见。俞伟超先生早先根据巴县冬笋坝船棺葬中出土的铜戈和共出柳叶形青铜剑，与荆门出土的铜戈、柳叶形青铜剑年代接近、器形相似，因而推断铜戈属于巴国器。⑤后来俞伟超和李家浩合作的文章中，又详细地比较了巴蜀地区出土的三角形

① 许慎撰，段玉裁注：《说文解字注》，上海古籍出版社，1981年，第588页。
② 马承源：《再论"大武舞戚"的图像》，《考古》1965年第8期。
③ 蒙文通：《巴蜀古史论述》，四川人民出版社，2019年，第12页。
④ 李学勤：《论新都出土的蜀国青铜器》，《文物》1982年第1期。
⑤ 俞伟超：《"大武"舞戚绩记》，《考古》1964年第1期。

援无胡戈的形制演变情况，认为在没有新资料进一步证明铜戈是巴物之前，把它说成是巴蜀之物要更妥当些。①

　　为更好论述"大武辟兵"戈的族属问题，适宜先对先秦时代的蜀戈与巴戈在类型上的交流略作分析。自20世纪60年代冯汉骥先生提出"蜀式无胡戈"②概念之后，学者在这一概念的基础上，进一步将巴蜀地区的青铜戈划分为无胡和有胡两大类。其中无胡戈形制的特点为三角形援、无胡、方内；有胡戈的特征为直援、长中胡、方内。首先，越来越多的考古材料显示巴蜀无胡戈在成都平原最早产生并具有完整的演变序列。成都平原三角形援、无胡、方内戈在彭州竹瓦街遗址中已经出现，说明早至西周早期这类无胡戈（童恩正划为AⅡa型）已经流行，后一直延续到战国时期（成都南郊墓、百花潭中学十号墓、成都无线电机械学校墓、峨眉符溪墓、成都羊子山172号墓等）③。

表三：川西地区出土的AⅡa型④无胡戈列表

器形	出土地	年代
	彭州竹瓦街	西周早期
	百花潭中学十号墓	战国时期

① 俞伟超、李家浩：《论"兵阑太岁"戈》，《出土文献研究》，文物出版社，1985年。
② 冯汉骥在《关于"楚公象"戈的真伪并略论四川"巴蜀"时期的兵器》（《文物》1961年第11期）中将先秦时期川西地区出土的青铜戈分为五式，其中Ⅰ—Ⅳ式均为无胡戈。
③ 童恩正：《我国西南地区青铜戈的研究》，《考古学报》1979年第4期。
④ 下文对巴蜀地区无胡式铜戈的类型划分均采自童恩正先生（参见童恩正：《我国西南地区青铜戈的研究》，《考古学报》1979年第4期）。

续表

器形	出土地	年代
	成都羊子山172号墓（M172：75），图版三	战国时期

　　童恩正还注意到巴蜀地区流行AⅡa式无胡戈在中原地区商末周初的墓葬中已经发现，推测可能是从中原地区传入后发展出的地方特色兵器。不过后来三星堆2号祭祀坑中出土20余件等腰三角形援、直内、无胡戈，段渝先生总结它的形制特征是在新繁水观音遗址、彭州竹瓦街遗址所出等腰三角形援、直内、无胡戈上的再加工，而前者的年代接近殷墟一期（晚商时期），进而推测后者的无胡戈（新繁水观音、彭州竹瓦街）实际发生年代要早于殷墟一期。此外在商文化无胡戈与蜀无胡戈对比中，有直接渊源关系的陕南城固所出等腰三角形援、直内、无胡戈的年代也晚于三星堆2号坑（约殷墟一期）。[1]由此可知，古蜀地区所发现最早的等腰三角形援、直内、无胡戈渊源有自，不必由中原传入。川西地区的AⅡ式无胡戈发展到战国时期，形制上又有所变化，如童恩正将成都南郊墓所出无胡戈划为AⅢ式的特点总结为：援狭长而直，中有显著的脊，直通于后部的大穿[2]。这一形式的无胡戈在成都平原战国时期墓葬中也多有发现，以下列表加以说明。

表四：川西地区出土的AⅢ式无胡戈列表

器形	出土地	年代
	成都南郊墓	战国时期

---

[1]　段渝：《巴蜀青铜文化的演进》，《文物》1996年第3期。
[2]　童恩正：《我国西南地区青铜戈的研究》，《考古学报》1979年第4期。

续表

器形	出土地	年代
	百花潭中学十号墓	战国时期
	成都中医学院M10	战国时期
	成都金鱼村M1：2	战国时期
	什邡城关M1：6	战国时期
	新都马家战国木椁墓	战国时期

　　童恩正先生根据出土实物推测川西地区AⅡ式无胡戈发展出AⅢ式无胡戈[①]，现在更多的出土材料可以验证这一点。特别是AⅢ式无胡戈在战国时期的涪陵小田溪墓葬（M1：71-73；75）中也有出现[②]，说明战国时期AⅢ式无胡戈已经从川西平原传播到川东巴地。此外，在三峡库区考古发掘中忠县瓦渣地M1出土一件无胡戈（M1：1），发掘者将其与陕西城固、成都彭州竹瓦街（AⅡ式）、成都百花潭战国墓（AⅢ式）所出无胡戈作对比，认为此

----

① 童恩正先生亦有此推测，参见收入其著《我国西南地区青铜戈的研究》，《考古学报》1979年第4期，第445页。
② 四川省博物馆、重庆市博物馆、涪陵县文化馆：《四川涪陵地区小田溪战国土坑墓清理简报》，《文物》1974年第5期。

件无胡戈的年代出于竹瓦街到百花潭墓之间，年代不晚于西周后期①。这就表明AⅡa—AⅢ式无胡戈向巴地传播年代自西周后期持续至战国时期。

此外，童恩正先生在AⅡ式无胡戈中还识别出一类亚型AⅡb式，根据巴县冬笋坝船棺墓中出土的实物，归结其特征为：援略成梯形，至顶部折收成锋。②本节所讨论的"大武辟兵"戈正属于这一类型，在巴县冬笋坝船棺葬之后，涪陵小田溪M9也出土一件③。此外，在川西地区的不少墓葬中也出土过的这一类青铜戈，如什邡城关M49：19、成都金牛区战国墓M1。根据雷雨对什邡城关墓地的分期和年代研究，M49属于战国晚期④；霍巍和黄伟对金牛区M1的年代推测为战国末至西汉⑤。从年代上说，川西地区和川东地区所出AⅡb式无胡戈年代范围相近，都在战国晚期至秦汉之际。

表五：AⅡb式无胡戈列表

	什邡城关M49：19
	巴县冬笋坝船棺葬M9：23
	成都金牛区战国墓M1
	涪陵小田溪M9：7

---

① 《忠县瓦渣地遗地发掘简报》，王川平主编，重庆市文物局、重庆市移民局编《重庆库区考古报告集1998卷》，科学出版社，2003年，第649—678页。

② 童恩正：《我国西南地区青铜戈的研究》，《考古学报》1979年第4期。

③ 四川省文物考古所等：《涪陵市小田溪9号墓发掘简报》，国家文物局三峡工程文物保护领导小组湖北工作站编《三峡考古之发现》（二），湖北科学技术出版社，2000年。

④ 雷雨：《试论什邡城关墓地的分期与年代》，《四川文物》2006年第3期。

⑤ 霍巍、黄伟：《试论无胡蜀式戈的几个问题》，《考古》1989年第3期。

　　根据童先生的研究结论，蜀式无胡戈经历过由AⅡ式向AⅢ式演变的规律①，而AⅡa—AⅢ式无胡戈自西周后期至战国时期已从川西平原向川东地区传播。从无胡戈的传播趋势来看，川东地区出现AⅡb式无胡戈应当属于川西无胡戈对外传播的明证之一。不过，类型学上AⅡb式为无胡戈并不代表它的族属一定就是蜀人。在具体辨别"大武辟兵"戈的族属问题时，应当充分考虑战国晚期蜀兵器与巴兵器的融合互动过程，特别是AⅡb式无胡戈在战国晚期的川西和川东两地同时流行的情形，更加直接地表明这一时期蜀戈与巴戈交流互动的史实。

　　为了更好地揭示巴人兵器对蜀人兵器的影响，这里再以有胡戈在川东与川西地区交流互动的史实来做补充讨论。早年巴蜀地区的有胡（翼）戈多采集于成都地区，故冯汉骥（Ⅴ式）和童恩正（Ⅳ、Ⅴ两式）均将此类戈划为"蜀戈"。这类有胡戈的特征：直援两端或上扬、援后部宽大、长胡。童氏还认为AⅣ式有胡戈在四川的流行是受中原地区和早期AⅢ式无胡戈共同影响，并据涪陵小田溪战国墓M3推定有胡（翼）戈的年代在战国中晚期。②童先生认为AⅤ戈是本地铸造，因为巴蜀地区出土的这类戈上往往带有巴蜀文字。实际上，巴蜀文字或符号在秦灭巴蜀以后的铜器上依然流行，秦并没有对巴蜀文字实行强行的禁用政策，反而在战国时期巴蜀文字与中原文字呈并行的趋势。AⅤ戈的原型在西周时期的甘肃灵台和陕西客省庄墓地已有发现，作为一种有胡戈早在殷墟二期的安阳刘家庄M33、安阳花园庄M54中便已出现。这就说明巴蜀地区的AⅣ—Ⅴ两式有胡戈都应是受中原文化影响而产生的。从现有的材料来看，AⅤ戈更可能是由中原传入川东地区再传入川西蜀地的，如三峡库区的考古发现表明，自战国早期开始，川东地区的万州

---

① 童恩正：《我国西南地区青铜戈的研究》，《考古学报》1979年第4期。

② 童恩正：《我国西南地区青铜戈的研究》，《考古学报》1979年第4期。

大坪墓群（2002）[①]、奉节上关[②]、云阳李家坝巴人墓地（1998）[③]和涪陵小田溪墓群中[④]，就陆续有这类有胡（翼）戈的出土。

表六：川东地区出土的AⅣ—Ⅴ式有胡（翼）戈列表

形式	器影	出土地	年代
AⅣ		云阳李家坝（1998）M45：10	战国中期晚段
AⅤb		云阳李家坝（1998）M25：9	战国中期晚段
AⅤa		万州大坪墓群（2002）M58：1	约战国早中期
AⅤa		奉节上关M32：6	战国中期
AⅤa		涪陵小田溪M3：13	秦汉之际至西汉初
AⅤa		涪陵小田溪M12：37	

---

① 《万州大坪墓群发掘报告》，重庆市文物局、重庆市移民局编《重庆库区考古报告集2002卷》，科学出版社，2010年，第797页。

② 《奉节上关遗址发掘简报》，王川平主编，重庆市文物局、重庆市移民局编：《重庆库区考古报告集 1998卷》，科学出版社，2003年，第283—284页。

③ 《云阳李家坝巴人墓地发掘报告》，王川平主编，重庆市文物局、重庆市移民局编《重庆库区考古报告集1998卷》，科学出版社，2003年，第299—347页。

④ 涪陵小田溪墓地中的M3、M9、M12中均有出土AⅣ—Ⅴ式有胡戈，相关资料参见四川省博物馆等：《四川涪陵地区小田溪战国土坑墓清理简报》，《文物》1974年第5期；四川省文物考古所等：《涪陵市小田溪9号墓发掘简报》，国家文物局三峡工程文物保护领导小组湖北工作站编《三峡考古之发现》（二），湖北科学技术出版社，2000年；重庆市文化遗产研究院等：《重庆涪陵小田溪墓群M12发掘简报》，《文物》2016年第9期。

　　目前在川东地区出土的ＡⅤ式有胡戈在巴蜀地区出现最早可到战国早期，它比成都平原ＡⅢ式无胡戈的流行年代（战国中晚期）略早。童恩正先生说中原有胡戈和ＡⅢ式无胡戈共同影响了ＡⅣ有胡戈，我们认为从形制上看ＡⅢ式无胡戈更可能受到由中原传入川东的ＡⅤ有胡戈的影响，而不是相反。根据胡的部位是否穿过上援，ＡⅤ有胡戈的形制可以分为两种亚型（如表七所列ＡⅤa和ＡⅤb），其中ＡⅤb式有胡戈与ＡⅢ式无胡戈形制关系密切，而且川西出土的ＡⅢ式无胡戈与川东ＡⅤb式有胡戈上多有虎纹，这也是重要的辅证。从形制上看，ＡⅣ有胡戈与ＡⅤb式有胡戈及ＡⅢ式无胡戈存有密切的交流，显示它可能是ＡⅤb向ＡⅢ演变进程中的一种新形制。

　　稍作总结，自战国早期开始，由中原传入川东地区而流行的ＡⅤ式有胡（翼）戈渐次传入川西地区，并对川西地区原有的无胡戈传统产生了影响（大致演变路径为：ＡⅤ—ＡⅢ—ＡⅣ），进而推动了蜀式（无胡）戈ＡⅡ—ＡⅢ—ＡⅣ整体演变的进程。即是说整个战国时期蜀兵器与巴兵器有着密切的互动：蜀人无胡戈向巴地持续传播，巴人的有胡（翼）戈也传入蜀地，并影响到蜀无胡戈的演变进程。

　　"大武辟兵"戈形制上看为川西ＡⅡb型无胡戈，其来源当属蜀人的创造。它的年代约在战国晚期，届时在巴人有胡（翼）戈向川西传播，及川西无胡戈持续向川东传播的大背景下，巴人与蜀人在兵器上形成了互相融合的趋势。战国晚期ＡⅡb型无胡戈在川西、川东都有出现，正是这一融合进程的表现之一，这也说明巴文化区出现蜀式戈乃是一种文化的传播而非族群迁徙的例证。据此，"大武辟兵"戈反映的是巴人在吸收蜀无胡戈基础上，加以自身历史文化的再创造，这从它的铭文"大武辟兵"的内涵可得而证。

　　"大武"是周公或周武王为伐纣的军事功绩而制定的一种古老的舞蹈，传世文献最早记载的《左传》宣公十二年："武王克商，作颂曰……又作'武'……大'武'禁暴戢兵，保大定功，安民和众、丰财者也。"[①]大武舞的起源与武王伐纣密切相关是西周以来的共识，汪宁生曾指出这一现象反

_____

① 杜预注，孔安国等疏：《春秋左传正义》，阮元校刻《十三经注疏》，中华书局，1980年，第1882页。

映了大武舞来源于巴人参与伐纣时"歌舞以凌"的史实①。降至秦汉之际，巴賨七姓跟随汉高祖出关征战，因其勇锐善战，被汉高祖称为"武王伐纣之歌"，命乐人习而改为"巴渝舞"。这些记载说明"大武舞"或"巴渝舞"二者史源近同，都是对早期巴人在战争中"歌舞以凌"特殊的冲锋阵法的礼仪化改造。因为"大武"与巴人的密切关系，更可佐证"大武辟兵"戈实属巴人器物，此点亦与上文的考古类型学分析相一致。

可略作补充的是，铜戈铭文"大武辟兵"系典型的中原文字系统，先秦时期中原文献记载的巴人为姬姓之巴，即为后来巴国的王族。《左传》桓公九年（前703）巴与楚就有使者往来，《左传》文公十六年（前611）记载秦、巴与楚联合灭掉庸国。这表明春秋时期的巴国与秦、楚等诸侯地位相当，巴与邻近诸侯的关系密切，其文化制度略同于中原。战国时期巴人的势力已从原来的汉水上游南迁至鄂西、川东地区，逐步融合了这些地区的原住民及其文化，在战国中期（前377年楚肃王筑扞关前）巴的势力强盛，常常东向侵略楚国西境。也就是说自西周到战国，巴王族始终保持与中原诸侯的文化往来，其能熟练掌握中原系统的文字是不足为疑的。不过，春秋战国时期在巴人依次南迁、西进的过程中，与蜀乃至巴地土著族群的文化交往日益密切，从而在掌握中原文字书写系统之外，亦保有巴蜀地区固有文字书写系统——巴蜀符号（巴蜀文字），也合乎情理。

三、"大武辟兵"戈所见战国中期巴、蜀关系转变与文化融合

目前学界从巴蜀地区的"无胡"式青铜戈的形制演变来探讨"大武辟兵"戈的族属，大体不错，不过单从考古类型学角度仍无法解释为何蜀戈会

---

① 汪宁生：《释"武王伐纣前歌后舞"》，《历史研究》1981年第4期。

出现在巴楚地区①。易言之，为何在巴地的东界上会出现受蜀文化影响的无胡青铜戈。这就需要从春秋战国这一时期两国的政治关系变迁来说。我们知道战国中期，巴国与蜀国之间的关系既有命运与共的亲密，也有刀兵相向的争斗。如《华阳国志·巴志》载：

> 周显王时，楚国衰弱。秦惠文王与巴、蜀为好。蜀王弟苴侯私亲于巴。巴、蜀世战争，周慎王五年，蜀王伐苴。②

首先，文献记载的战国中期"巴、蜀世战争"是否为春秋末至战国时期巴与蜀关系的主流？如果战国时期巴与蜀是世代相战争，那么二者之间的文化融合自不顺遂。可是考古所体现出来这一时期巴蜀文化水乳交融的面貌与此不合，故而笔者认为《华阳国志》所说的"巴蜀世战争"并不是世代战争的意思③。这一记载重在说明战国中期时巴国与蜀国的政治关系发生了一次重大转变。

春秋末期的巴王国因受到楚在这一地区的进逼，由江汉流域南迁至鄂西南清江流域并站稳了脚跟。战国初期巴国开始从四川盆地以东地区西进，逐步融合了川东地区的各族群成为一个整体的亚文化单元——巴文化区④。从考古遗址情况来看，自春秋晚期到战国前期在川东的长江干流与支流陆续发现了四川广元宝轮院遗址、巴县冬笋坝遗址、涪陵小田溪战国墓、宣汉罗家

---

① 童恩正先生认为"大武戚"（即"大武辟兵"戈）为巴人器物，并结合战国晚期秦楚在楚都郢一带展开激烈的争夺战，秦人曾依靠巴蜀的人力武力支援的历史背景，分析认为战国晚期的巴人墓葬出现在荆门地区可以得到一定的理解（参见童恩正：《我国西南地区青铜戈的研究》，《考古学报》1979年第4期）。此点与本节认为"大武辟兵"戈所反映的时代背景相近，不过笔者认为此戈背后的文化交流信息应包括两层：其一是蜀式戈如何影响到巴人；其二是巴人文化器物如何在巴楚地带出现。从这一点上说，童先生的分析尚不足够。
② 任乃强：《华阳国志校补图注》，上海古籍出版社，1987年，第11页。
③ 古文献中"世+动词"主谓结构短语中的"世"其实都应当作"今世"或"近世"义解。《华阳国志·巴志》记载"巴、蜀世战争"就是此类用法。疏通上下文义，在"周显王时""楚国衰弱"的当世或近世巴、蜀两国关系一变为互相战争的状态，而非世世代代相战争。
④ 段渝：《先秦巴文化与巴楚文化的形成》，《华中师范大学学报》2004年第6期。

坝和云阳李家坝等重要遗址。这里有一些分布在古渝水（渠江流域）或其他支流地域的古遗址可能是巴地少数族群如禀君蛮和板楯蛮的遗址。

此外，位于涪陵、广元一带已发掘的船棺葬历来被认为是巴人或巴王族的墓。一直到秦灭巴蜀（前316）前后，巴的王都应已经在枳城以北深入嘉陵江上游。也就是说广元昭化宝轮院遗址很有可能就属于战国中期巴国王都的势力范围，《华阳国志·巴志》所记载的巴王都"江州"（今重庆市区）、"垫江"（今合川）、"阆中"也都是嘉陵江流域。联系到开明王弟葭萌封于苴，地在今广元昭化，亦属嘉陵江上游与巴的王都范围十分接近，两地往来自来十分便捷，此为二者在政治上密切联合提供了重要条件。冯汉骥认为广元昭化宝轮院船棺葬遗址的年代在战国时期。据今人陈云洪的研究，他曾将四川地区的船棺葬划为四期，其中三期第一段的典型铜器有圜底鼓腹甗（百花潭M10），陶器有D1式平底喇叭口陶罐（商业街M1-1:45）和C1式陶釜即圜底圆鼓腹陶釜（五龙M4:9）都与宝轮院船棺葬所出器物相近似。笔者以为广元宝轮院船棺葬可以纳入陈氏所划的三期一段，其年代在战国早期。[1]也就是说，至迟在战国早期巴的王族势力就已渗入广元昭化，从而造成巴、蜀二国在嘉陵江上游产生融合。

自春秋末至战国中期，蜀国与巴国在嘉陵江流域的融合更多的是以和平方式为主，比如《华阳国志·蜀志》记载春秋时期的蜀王杜宇就曾把蜀地的先进农耕技术传授给巴人，称"巴亦化其教而力务农"。特别是，蜀与巴发生政治联合的重要因素还在于，只有二者共同合作才能防范楚国势力的西进。战国初年，巴在今湖北长阳（一说今重庆奉节）设"扞关"以防御楚的西侵，战国中期"楚自汉中，南有巴、黔中"实际上略有巴在长江巫峡以东以南的清江流域巴国旧壤[2]。同样，据《史记·楚世家》记载公元前377年蜀伐楚兹方，楚自扞关以防御蜀。这就表明自春秋末到战国中期巴、蜀对楚的政治态度是一致的，巴、蜀共同联合御楚是此一时期二国政治关系的主流。

---

① 陈云洪：《四川地区船棺葬的考古学观察》，吉林大学边疆考古研究中心、边疆考古与中国文化认同协同创新中心编《边疆考古研究》第17辑，科学出版社，2015年，第106页。

② 段渝：《先秦巴文化与巴楚文化的形成》，《华中师范大学学报》2004年第6期。

综合文献与考古资料，可知春秋战国时期巴与蜀的出土文物所体现出来的文化内涵方面，如文字、船棺葬、青铜兵器、礼器都有很强的相似性。特别是巴、蜀两地的经济贸易往来亦频繁，如蜀特有的桥形货币均出现在巴县冬笋坝、广元宝轮院和涪陵小田溪的巴人墓葬中。这些都可以说明《华阳国志》记载的"巴与蜀仇"不应是春秋末至战国之世两国关系的主流趋势。

根据文献的记载，大约在周显王世，巴、蜀二国的政治联盟关系有所松动，周显王在位年代为公元前369年至前321年，共48年。楚国的衰落期一般算在楚怀王晚年，也就是楚在丹阳、蓝田（前312）大战败北之后，与周显王晚年年代相近。这就提示战国中晚期巴、蜀关系转变应关注周边的政治形势变化。自战国中期始，楚国因丹阳、蓝田大战败北，导致在江汉流域的势力受制于秦而不得已选择退守态势。自战国初期到中期，因巴国在嘉陵江流域不断壮大，必然会与蜀国的北境发生冲突危机，这才是导致蜀王改变与巴结盟的政策，转而出现"巴与蜀仇"的历史原因。但不可否认的是，春秋战国以来巴与蜀的政治联盟仍是二国关系主流。战国中期，巴蜀之间原以政治联盟为主流关系，随着楚在汉水上游以西地区势力的衰退，楚国溯江而上已成强弩之末的态势，外在政治压力的消退造成了巴蜀政治联盟产生松动。此外，战国中晚期随着楚在江汉地区势力的衰退，直接导致楚国对汉水上游及其西部地区的控制越来越弱。这便使巴王族看到恢复故土的契机，巴将王都定在嘉陵江上游之后，不仅与蜀世修联盟，还要与秦为善，以帮助自己在这一区域站稳脚跟。同样，蜀将苴侯封于葭萌，占据嘉陵江上游，据《华阳国志·蜀志》记载："蜀王别封弟葭萌于汉中，号苴侯，命其邑曰葭萌焉。"嘉陵江上游的秦巴山区有数道暗通汉水上游乃至汉中盆地，战国中期的客观形势造成分封在外的苴侯更倾向于与巴结盟。或因苴侯没有忠实执行蜀王的政策，引起开明氏蜀王的震怒，发动对苴侯的内战。而苴侯敢于公开与巴结盟抗蜀，实与苴侯同巴联盟的政治传统有关，两国延续战国早期以来和平交往的政治惯例，或也反映此时苴与巴有着共同的政治要求，即企图加强与中原核心地区的交流，实现恢复对江汉地区的控制，终极目标抑或是越过汉水实现东向发展。

在这样的政治变迁大背景下，战国中晚期巴地的文化整合和扩张过程中自然少不了受蜀（苴）文化的影响。当然巴人对蜀文化并非全盘吸收，而是有自己的改造，巴、蜀二元文化在这一时期总体上呈现出深度融合的状态。总而言之，战国中晚期在巴、楚接壤的地区——湖北荆门一带出现了以蜀戈为形制的"大武辟兵"戈，虽然是属于巴人的器物，但从文化交流情况看，这件铜戈恰也反映了战国时期巴文化对蜀文化的创造性吸收过程，亦即巴与蜀二元文化水乳相融的见证物。

结　语

以上是笔者在学界已有的研究基础上，从古文字学、考古学和历史学三个方面对"大武辟兵"戈的铭文、族属、年代等问题做的相应探讨。总结来说有如下三点：

（1）荆门无胡蜀式戈上的铭文"▨"是从戉从止的"武"字。内部四个铭文应当释为"大武辟兵"。从甲骨和金文的字例看，从戉从止的"武"与从戉从止的"岁"二者在字形上有同有异。从字形上看，从"戉"的武字与从"戉"的岁字有差异，前者的"戉"部形上部并无多笔或"止"形，而后者的"戉"部形上部有"止"形。从字义上说，戉象斧钺之形表示刑杀之义；而戉象石镰刀之形意为割草，可引申为收割禾麦。"武"与"岁"二字的字义上差别，逐渐演化为"武"与"岁"字形上的分化。

（2）从考古类型学上看，"大武辟兵"戈属于蜀式无胡戈AⅡb型，处于无胡戈由AⅡ向AⅢ演变进程中的一个亚型，它的流行年代在战国晚期。蜀兵器无胡戈自西周后期至战国时期持续地向川东巴地传播，而川东巴地的有胡（翼）戈也自战国早中期开始传入川西蜀地，并推动了蜀无胡戈的演变进程。战国晚期AⅡb型无胡戈在巴蜀地区同时流行，正是蜀兵器与巴兵器互相融合的见证之一。川东巴地出现的AⅡb型无胡戈正属于巴人在吸收蜀无胡戈形制上的一种创造。

（3）《华阳国志》所记载战国中晚期"巴蜀世战争"并不是说巴和蜀世代相战争，而是说楚怀王晚期以后楚国势力衰退，其在长江干流西进的势头日益式微，客观上造成了巴、蜀联盟关系的松动。加之，巴国不晚于战国早期已进入嘉陵江上游，随着巴在嘉陵江流域的地位越加稳固，必然造成两国在这一地区发生政治冲突，综合种种，开明蜀王开始转变与巴结盟的政策，变为"巴蜀世战争"。同时，因为楚在汉水上游的失势，给巴、苴在嘉陵江上游进行合作共谋东进汉水流域提供了契机。也就是说，巴与苴并没有受"世战争"的影响，二者间的政治文化关系反而越加紧密。在此背景下，战国中晚期巴与蜀文化之间的融合愈加深入，在巴楚地区出现蜀式"大武辟兵"戈亦是这一文化现象的见证。

第二章

族群互动与迁徙：
古代西南夷研究

第一节　《史记》《汉书》中的"西夷"内涵差异

《史记》《汉书》同载张骞出使西夷西的史事，然而两书在文本上出现了明显的差异。这些差异的地方可以分为两类：一类就是"传写讹舛、文义无关的窜改"，另外就是《汉书》有意修改。对于《汉书》有意修改的地方，详加分析，也可以分为两类。一类是因为对西夷舆地情况认知不准导致的，如文中所辨析的"西南夷""灵关""通邛筰""出莋"都属此类。另一类，因汉中央王朝对西南夷控制的加强而导致西南交通的演变，使得《汉书》有意对于《史记》进行合理的调整，如"出徙、邛""出焚"都属此类。两书文本上的差异同样也反映出两汉时代对"西夷"认知的不同。

《史记》中关于汉武帝元狩年间遣使者出"西夷西"的史实记述，其文曰：

> 天子既闻大宛及大夏、安息之属皆大国，多奇物，土著，颇与中国同业，而兵弱，贵汉财物；其北方有大月氏、康居之属，兵强，可以赂遗设利朝也。且诚得而以义属之，则地广万里，重九译，致殊俗，威德偏于四海。天子欣然，以骞言为然，乃令骞因蜀犍为发间使，四道并出：出駹，出冉，出徙，出邛、焚，皆各行一二千里。其北方闭氐、筰，南方闭巂、昆明。①

> 及元狩元年，博望侯张骞使大夏来，言居大夏时见蜀布、邛竹杖，使问所从来，曰"从东南身毒国，可数千里，得蜀贾人市"。或闻邛西可二千里有身毒国。骞因盛言大夏在汉西南，慕中国，患匈奴隔其道，诚通蜀，身毒

---

① 司马迁：《史记》，中华书局，2014年，第3844页。

国道便近，有利无害。于是天子乃令王然于、柏始昌、吕越人等，使间出西夷西，指求身毒国。至滇，滇王尝羌乃留，为求道西十余辈。岁余，皆闭昆明，莫能通身毒国。①

这两段文字蕴含两则重要的信息，一是出西夷西："于是天子乃令王然于、柏始昌、吕越人等，使间出西夷西，指求身毒国。"二是出四道："发间使，四道并出：出駹，出冉，出徙，出邛、僰，皆各行一二千里。"对于这两处史料的准确解读，不仅牵扯汉初中央王朝打通西南域外交通的真实历史，而且还涉及西汉中期以前西夷与王朝的关系问题。对于西汉中期以前的西南通往域外交通的研究，不少学者都关注到这两则材料，但是对于这两则材料的辨析，往往不一而足。

一、《史记》关于"西夷西"与"出四道"史事记述之本义

要理清"西夷西"先要对"西夷"这一历史概念进行梳理。《史记·西南夷列传》有记载，文曰：

西南夷君长以什数，夜郎最大；其西靡莫之属以什数，滇最大；自滇以北君长以什数，邛都最大：此皆魋结，耕田，有邑聚。其外西自同师以东，北至楪榆，名为嶲、昆明，皆编发，随畜迁徙，毋常处，毋君长，地方可数千里。自嶲以东北，君长以什数，徙、筰都最大；自筰以东北，君长以什数，冉駹最大。其俗或土著，或移徙，在蜀之西。自冉駹以东北，君长以什数，白马最大，皆氐类也。此皆巴蜀西南外蛮夷也。②

从文本上看，司马迁按照古代西南少数民族的不同风俗区分出三个集团。一是夜郎、靡莫、滇、邛都；二是嶲、昆明；三是徙、筰都、冉、駹。

---

① 司马迁：《史记》，中华书局，2014年，第3630页。
② 司马迁：《史记》，中华书局，2014年，第3625页。

童恩正先生认为西南夷是南夷和西夷共同组成的，他认为司马迁所言"西南夷"是秦灭巴蜀之后狭义上的"西南夷观念"，不包括原巴蜀地区，西夷有邛、笮、冉、駹、徙榆等族。[①]我们认为从《史记》文本原义出发，应以风俗差异为判断标准，加上童恩正先生指出的以蜀为中心的西南夷时代观念，则西夷实际上指的就是在蜀之西，其俗或土著或移徙的少数族群泛称。粗略地看，西汉中期及以前的西夷可以包括邛、笮、冉、駹、徙榆、嶲、昆明等古族。

张骞出使西域在大夏时见闻到蜀物，并初步打听到从蜀、西夷向西可通身毒国，身毒国有贸易交通到大夏国。从《史记》记载张骞的描述看，大致"西夷西"所指的区域就是身毒国。身毒国与西南夷的交通往来不断，是张骞得出"诚通蜀，身毒国道便近，有利无害"的重要历史背景。如是才有汉武帝发张骞等四路汉使者出使"西夷西"指求"身毒国"。

明晰了西夷、西夷西的历史概念后，对于"发间使""四道并出"的分析就有了坚实的前提。《史记·大宛列传》曰：

> 天子欣然，以骞言为然，乃令骞因蜀犍为发间使，四道并出：出駹，出冉，出徙，出邛、僰，皆各行一二千里。其北方闭氐、笮，南方闭嶲、昆明。[②]

此处"发间使"反映的是汉王朝出使西夷以西的活动，是非常重视和利用民间商贸资源的。所谓"间使"实际上与同书所载的"使间出"（《史记·西南夷列传》）义近，间在此处可以作两义。一是间隔意思，"间使"与"使间出"都是间隔的使者队伍；二是间者、间谍之义，在古书中也有此用法，如《孙子兵法·用间篇》云："故唯明君贤将，能以上智为间者，必成大功。"[③]两义之间，我们觉得"间使""间出"意蕴更靠近后者。这也可以联想到西汉时期西南夷与蜀商繁盛的民间商贸活动，《史记》所载：

---

① 童恩正：《近年来中国西南民族地区战国秦汉时代的考古发现及其研究》，《考古学报》1980年4期；又见其著《古代的巴蜀》，重庆出版社，1998年，第94页。
② 司马迁：《史记》，中华书局，2014年，第3844页。
③ 参见《孙子兵法·用间篇》。

（蜀）贾人曰："独蜀出枸酱，多持窃出市夜郎。"①

秦时常頞略通五尺道，诸此国颇置吏焉。十余岁，秦灭。及汉兴，皆弃此国而开蜀故徼。巴蜀民窃出商贾，取其笮马、僰僮、牦牛，以此巴蜀殷富。②

（滇）西千余里，有乘象国，名曰滇越，而蜀贾奸出物者或至焉。③

这些民间商贸活动很多并不被汉律所允许，是非法性质的活动，故用多以"窃出市""窃出商贾""蜀贾奸出物者或至"述之。学术上较早论述这一问题的是任乃强先生，他认为"间使"是不用朝廷的名义只以平民的身份进入异民族地区侦查的人员，应该是已经知道出入民族地区的方法，扮着商人去的。④任先生的论断确为卓识，将"间使"与蜀商和民间贸易之间的关系揭橥。这也与我们从文献内、外找到的"间使"是"间者"的证据相吻合。考古学者们提出古代滇（西夷）地区的便出土过不少西亚外来物⑤，童恩正先生也论证了考古显示的古代中国南方与印度文明之间的文化贸易交流⑥。这些都可以佐证西汉及以前西南与域外民间贸易交流的发达情况。

下面我们分析"出四道"的本义，四道分南北两个方向，反映出出使的安排及西汉初期对西南夷控制的基本情况。"出駹，出冉"对应的是"其北方闭氐、筰"，"出徙，出邛、僰"对应的是"南方闭巂、昆明"。北道的始发地点应是蜀郡，南道的始发地点是犍为郡。

冉、駹指的是今岷江上游地区，《汉书·地理志》载："蜀郡……湔氐道，《禹贡》岷山在西徼外，江水所出，东南至江都入海，过郡七，行二千六百六十里。汶江，湔水出徼外，南至南安，东入江，过郡三，行三千四十里。江沱在西南，东入江。广柔、蚕陵。"这里的江水、湔水、汶

---

① 司马迁：《史记》，中华书局，2014年，第3682页。
② 司马迁：《史记》，中华书局，2014年，第3692页。
③ 司马迁：《史记》，中华书局，2014年，第3844页。
④ 任乃强：《中西陆上古商道——蜀布之路》，《文史杂志》1987年第1期。
⑤ 张增祺：《战国至西汉时期滇池区域发现的西亚文物》，《思想战线》1982年第2期。
⑥ 童恩正：《古代中国南方与印度交通的考古学研究》，《考古》1999年第4期。

江、江都是指今天的岷江。湔氐道、汶江、广柔、蚕陵都是西汉岷江上游的郡县。《史记·西南夷列传》曰："冉駹为汶山郡。"《集解》引应劭曰"今蜀郡岷江"可附证。另《华阳国志·蜀志》载："汶山郡……汶山县，郡治。……濊水、駹水出焉。故冉駹界邑居也。"①可知冉、駹共同生活在岷江上游的濊水、駹水附近。"出駹，出冉"两道就是自蜀郡成都出发，沿岷江河道分别北上到濊水之地的冉，和駹水之地的駹。

《汉书·地理志》："犍为郡，武帝建元六年开。县十二：僰道，莽曰僰治。""越巂郡，武帝元鼎六年开。县十五：邛都。"②"出邛、僰"一道则是从犍为郡出发，向僰道、邛都方向行进。

《史记集解》引徐广曰："徙在汉嘉"韦昭云："徙县属蜀。"③这里的徙所属汉嘉、蜀是各有所据，如《汉书·地理志》云："蜀郡……绵虒，玉垒山，湔水所出……牦牛，鲜水出徼外，南入若水。若水亦出徼外，南至大莋入绳……徙。"④这是韦昭说"徙县属蜀"的根据所在。而"徙在汉嘉"之说根据的是《续汉书·郡国志》记载："汉嘉故青衣，阳嘉二年改。……严道有邛僰九折坂者，邛（邮）置。徙，牦牛。"⑤这两说之间隐含的历史变迁是，元鼎六年武帝曾在筰都设置沈黎郡，沈黎郡废后新置为蜀郡都尉，辖青衣、牦牛二县。到汉顺帝时，又以青衣县为治所复建汉嘉郡，辖原沈黎郡之地。如上所缕析，《史记》"出徙"一道的本义就是自犍为郡出发，向西抵达徙地。

二、《史记》与《汉书》所记"四道并出"史事的差异

传世史籍对于汉武帝元狩年间出四道史事的记载，同样存录于《汉书·张骞传》，其文曰：

---

① 任乃强：《华阳国志校补图注》，上海古籍出版社，1987年，第183页。
② 班固：《汉书》，中华书局，1962年，1599页。
③ 司马迁：《史记》，中华书局，2014年，第3626页。
④ 司马迁：《汉书》，中华书局，2014年，第1598页。
⑤ 司马彪：《续汉书志》，收入范晔《后汉书》，中华书局，1965年，3515页。

骞曰："臣在大夏时，见邛竹杖、蜀布，问：'安得此？'大夏国人曰：'吾贾人往市之身毒国。身毒国在大夏东南可数千里。其俗土著，与大夏同，而卑湿暑热。其民乘象以战。其国临大水焉。'以骞度之，大夏去汉万二千里，居西南。今身毒又居大夏东南数千里，有蜀物，此其去蜀不远矣。今使大夏，从羌中，险，羌人恶之；少北，则为匈奴所得；从蜀，宜径，又无寇。"天子既闻大宛及大夏、安息之属皆大国，多奇物，土著，颇与中国同俗，而兵弱，贵汉财物；其北则大月氏、康居之属，兵强，可以赂遗设利朝也。诚得而以义属之，则广地万里，重九译，致殊俗，威德遍于四海。天子欣欣以骞言为然。乃令因蜀犍为发间使，四道并出：出駹，出莋，出徙、邛，出僰，皆各行一二千里。其北方闭氐、莋，南方闭巂、昆明。昆明之属无君长，善寇盗，辄杀略汉使，终莫得通。然闻其西可千余里，有乘象国，名滇越，而蜀贾间出物者或至焉，于是汉以求大夏道始通滇国。初，汉欲通西南夷，费多，罢之。及骞言可以通大夏，及复事西南夷。[①]

《汉书》这段记述与《史记·大宛列传》相似度极高，但是仍然有几处差异的地方。现列表示下：

序号	《史记》（《大宛列传》）	《汉书》（《张骞传》）
（1）	其俗土著，大与大夏同	其俗土著，与大夏同
（2）	而卑湿暑热云	而卑湿暑热
（3）	其人民乘象以战	其民乘象以战
（4）	颇与中国同业	颇与中国同俗
（5）	出冉	出莋
（6）	出徙	出徙、邛
（7）	出邛、僰	出僰

① 班固：《汉书》，中华书局，1962年，第2690页。

《史记》《汉书》叙事的差异研究，南宋倪思撰《班马异同》、明许向卿撰《史汉方驾》都是专门之学。四库馆臣高度评价这两本书所开创的体例，即"失之过密，终胜于失之过疏也"。同样，四库馆臣认为《史记》《汉书》之间的差异大致有如下几类：今古异文、传写讹舛及与文义无关的窜改。①尽管如此，倪、许二氏对《史记》《汉书》二书的对勘仍不全面，特别是《西南夷列传》《大宛列传》等都没有着手对勘。这给我们留下了一定的研究空间，参照上表所列示的部分比勘结果。我们可以将关于"出四道"这一段内容出现叙事差异分为两类，一类是四库馆臣总结的"传写讹舛、文义无关的窜改"，如表中（1）（2）（3）（4）项都可作如是解。另一类主要对象是对于西汉的少数民族，属班固有意修改，表中（5）（6）（7）都属此类。对于后一类，我们还可以在《史汉方驾》中找到例证，如许氏明示《汉书》改《史记》"西南夷"为"西夷"两处，改"零关道"为"灵山道"，改"通邛都"为"通邛笮"②。

三、从几项讹误看《汉书》对于"西夷"认知的误差

（一）"西夷"与"西南夷"

《史记·司马相如列传》载："天子以为然，乃拜相如为中郎将，建节往使。副使王然于、壶充国、吕越人驰四乘之传，因巴蜀吏币以赂西夷。……司马长卿便略定西夷，邛、笮、冉、駹、斯榆之君皆请为内臣。"这里两处"西夷"都是明确的，如前对"西夷"的分析，司马迁在《西南夷列传》中就将"西夷""南夷"相区别。此处司马相如略使西夷与南夷诸族本就无关，我们知道相如出使西夷是在奉命出使南夷之后。太史公用"西夷"不用"西南夷"恰恰体现出对相如两次出使活动不同任务的真实记录，

---

① 王晓娟：《〈班马异同评〉研究三题》，《陕西师范大学学报（哲学社会科学版）》2016年第1期。

② 许相卿：《史汉方驾·司马相如列传》，明万历十三年徐禾校刻本。

而班固改"西夷"为"西南夷",虽然在文义上大致不差,但于史实准确性未免略逊司马迁一筹。

（二）"零关道"与"灵山道"

《史记》之《西南夷列传》与《司马相如传》载"通零关道",《集解》引徐广曰:"越巂有零关县。"①《汉书·地理志》有"灵关道",王先谦《补注》曰:"《司马相如传》通灵山道,即此。《续志》,后汉因。《一统志》,故城今芦山县西北。"周振鹤先生认为:"治所在今四川峨边县南部一带。"②任乃强先生认为"灵山道"所误是后人将青衣县的"灵关"混为越巂郡的"零关"造成的。③《华阳国志》载:"越巂郡……零关道。"任乃强先生补注曰:"汉零关道,《水经注》曰灵道县,两汉字本作零,后人与青衣灵关混,改作灵,伪也。汉县故城,当今越西县南之'小哨'。属越西河大平原之南部,近小相岭。小相岭,故零山也。自小哨南逾此山,下登相营,冕山营至孙水关桥,是为司马相如'镂零山,梁孙原'故道。"查《华阳国志》:"汉嘉县,郡治,故青衣羌国也。高后六年开为青衣县……灵山下有灵关,在县北六十里。……关外为夷邑。"任乃强考证曰:"青衣县治即今芦山县城。"④如是可知,自《汉书·地理志》以下《续汉志》及《一统志》都将越巂郡之"零关"与青衣县之"灵关"误为一地,但《史记集解》《华阳国志》等后世文献仍然保存越巂郡"零关"的史征。周振鹤先生认为越巂郡之"零关"地望在今峨边县南部有所偏差,依任乃强之说"零关"可定为今越西县。

---

① 司马迁:《史记》,中华书局,2014年,第3694页。
② 周振鹤编著:《汉书地理志汇释》,安徽教育出版社,2006年,第314页。
③ 任乃强:《华阳国志校补图注》,上海古籍出版社,1987年,第212页。
④ 任乃强:《华阳国志校补图注》,上海古籍出版社,1987年,第199页。

（三）"通邛都"与"通邛笮"

《史记·司马相如列传》载："桥孙水，以通邛都。"《史记索隐》
云："桥孙水通笮。"韦昭曰："为孙水作桥也。"《史记集解》注"笮
都"云"笮音昨，在越嶲。"韦昭注"笮县在越嶲"。[①]《索隐》《集解》
将"通邛都"与"通笮"联系起来，并注"笮都"在越嶲郡都是不审慎的，
我们知道笮都是元鼎六年开沈黎郡治所在，而定莋、大莋开县都似与开
沈黎郡相关。《汉书·地理志》："越嶲郡……邛都，定莋、大莋。"邛
都，王先谦补注曰："邛都县，武帝开邛莋置之。"王氏补注的根据当是
《史记·西南夷列传》所载："南越破后……以邛都为越嶲郡，笮都为沈黎
郡。"历来诸家认为开郡年代在元鼎六年。而司马相如第二次出使西南夷
（即略西夷）的年代在元光元年左右（前134—前133）[②]，则此时定莋、大
莋尚未开县。而且《史记·司马相如传》也是将"司马长卿便略定西夷，
邛"与"笮、冉、駹、斯榆之君请为内臣"[③]分别论述，其"略定"与"请
为内臣"对举是两种不同的统治手段，前者是开郡县管理，后者则类似羁縻
关系。我们认为，司马相如略西夷时"通邛都"是有可能的，但通笮并设置
定莋、大莋县则不太可能。《汉书》改"通邛都"为"通邛笮"多是对"略
定西夷，邛"与"请为内臣"的笮、冉駹、斯榆两种统治手段的混淆为一所
致。而后来《索隐》《集解》及王先谦《补注》都受《汉书》影响，多将笮
都、定莋、大莋等县的开置年代提前到司马相如时，实际上在元鼎六年之时
更合理。

（四）"出冉"与"出莋"

《史记·大宛列传》"天子欣然，以骞言为然，乃令骞因蜀犍为发间

---

①　司马迁：《史记》，中华书局，2014年，3694页。

②　龚伟：《汉武帝经略"西南夷"年际考述》，《中华文化论坛》2016年11期。

③　参考《史记·司马相如列传》中华书局2014年版断句。

使，四道并出：出駹，出冉，出徙，出邛、僰"与《汉书·张骞传》"天子欣欣以骞言为然。乃令因蜀犍为发间使，四道并出：出駹，出莋，出徙、邛，出僰"，两处差异最大的地方就属"出冉"与"出莋"。从第一部分内容分析来看，"冉"之地望在今岷江上游汶茂地区，而"莋"的活动区域在大渡河中上游地区，两地差之遥遥。如前所分析那样，汉武帝遣张骞率使者出四道中"出冉"与"出駹"一起是北道两路方向，班固舍"冉"而代之以"莋"，实在是难以自圆其说。考虑到《汉书》中常将"西南夷"与"西夷"、"灵山"与"零关"、"通邛筰"与"通邛都"讹混，我们认为《汉书·张骞传》记述"出莋"是属于典型的对西夷舆地情况认识不甚精确所致。

四、《汉书》对"出徙、邛、僰"的调整及原因

（一）以"出僰"代替"出邛、僰"

《汉书》"出僰"道与《史记》"出邛、僰"道甚有关系，《史记正义》曰："邛，今邛州；僰，今雅州；皆在戎州西南也。"[1]根据两《唐书》记载，唐代雅州就是汉代的严道县，在今雅安一带。自古以来学界都将僰道地点定在今宜宾，那么僰道同唐人所说的雅州之僰有何关系？

根据历代史籍中相关僰的记载，"僰"大致可以分为地名称谓[2]、族名称谓[3]、与方位词"西""南"连称是泛称[4]等。民族史学者多认为僰人是

---

[1] 司马迁：《史记》，中华书局，2014年，第3845页。
[2] "僰"指地名见《汉书·地理志》载："犍为郡，武帝建元六年开……县十二：僰道，莽曰僰治。"僰道属犍为郡，是犍为郡治所在。
[3] "僰"指族名见《汉书·扬雄传》"靡节西征，羌僰东驰。是以遐方疏俗，殊邻绝党之域"、《汉书·王莽传》"今胡虏未灭诛，蛮僰未绝，焚江湖海泽麻沸，盗贼未尽破殄"，另有《通志·四夷传》载"黑僰濮"。以上所载"羌僰""蛮僰""黑僰濮"都是称僰之族属。
[4] 如《史记》《汉书》中多出现"西僰""滇僰""（南）僰"。

百濮族属归南，东汉以降僰与氐羌始发生联系，成为西夷一部分。[①]先秦时期僰道在汉朝治理南夷族群中有着重要的枢纽作用，从僰道向南分别有五尺道通滇、牂牁道通南越。据《华阳国志》记载："武帝初，欲开南中，令蜀通僰、青衣道。建元中，僰道令通之，费工无成……以道不通，执令，将斩之。"[②]这里的僰道令要开通的道路，更有可能是自蜀抵达僰道向西通往青衣，此道实际上是为沟通蜀与西夷的联系。这条古道也可以从考古学上得到佐证，四川凉山州近三十年的考古发掘显示至少从商周时期开始，从僰道向西经马湖江、卑水、安上抵达邛都及往西入定筰的线路，称为"卑水—定筰道"就已经初步形成。[③]

西汉武帝时发现僰与西夷之间交通要道，可能与司马相如行使西夷有关。文献记载唐蒙治道费工无成，后司马相如受旨风晓巴蜀，返命向武帝禀报情况，方引起汉武帝重视西僰之道。武帝随后遣司马相如建节往使西夷，略定数十县。《史记》中明确将僰与南夷相区别，个中原委，似是汉代人知道自僰道通西夷交通线非常重要，同时僰和西夷族群相近关系密切，故称西僰，以与南夷相别而论。据此可知，僰与西夷关系亲近之说或可上溯到西汉早期，东汉以降诸家的意见也是渊源有自。据《华阳国志》载秦汉时期，从僰道向西通"邛、筰"就是走马湖江、卑水抵达邛都，此一线交通应十分通畅，如："僰道县……治马湖江会，水通越巂。"[④]有学者曾撰文指出这条线是秦汉王朝通西夷的主要路线，比西边的牦牛道、西夷道更加顺达。[⑤]

从以上对僰的分析，汉武帝元狩年间遣汉使所出的四道之中的"出邛、僰"当是一道，非分"出邛""出僰"两道。同时，《史记正义》所言

---

① 僰为濮系说，在《华阳国志》中表现尤为明显，认为僰、濮同音，即为同一族属。另如，方国瑜先生也认为"所谓僰人，即是居于棘围之中的濮人"；段渝先生也著文主张僰是濮属，举先秦至汉初的诸多文献记载都将"僰、羌"区别看待。

② 任乃强：《华阳国志校补图注》，上海古籍出版社，1987年，第172页。

③ 刘弘、邓海春、姜先杰等：《试析汉王朝政治整合西南夷过程中郡县的特征——以越巂郡为例》，《四川文物》2015年3期。

④ 刘琳：《华阳国志校注》，巴蜀书社，1984年，第285页。

⑤ 龚伟：《战国至汉晋时期"邛、筰"及同中央王朝关系研究》，四川省社会科学院硕士论文，2015年，第68页。

"僰，今雅州"可能是对《史记》正文的误解。综合以上对僰的分析，可知"僰"自秦、汉以来史家多认为是僰道县，汉代以来是犍为郡的重要辖县，更是郡治长期的所在地。汉武帝元狩年间"出邛、僰"一道，是自犍为郡的僰道出发，向西经马湖江、卑水、安上至邛都，向西经（笮都、青衣、严道）进入笮人腹地受其抵制。秦汉时期中央王朝在这条线路上的重要县、郡都加强了控制，如近年来在陕西西安出土的古代四川地区的秦封泥印章中，就有"成都丞印""青莪禁印""卢山禁丞"等①，根据学者对其解读，秦王朝对蜀郡及"西南夷"地区的青衣、卢山都加强政治控制。从考古出土印章显示的地域来看，至少可以说明自邛都往西，"出邛（僰）……闭（氐）笮"是能够说得通的。本次，《汉书》以"出僰"替代《史记》的"出邛、僰"本就是对自僰向西通往邛都交通的强调，与汉、夷交流发展的史实相符。

（二）以"出徙、邛"代替"出徙"

《史记》记"出徙"和《汉书》记"出徙、邛"走向极其相似。如前面已经分析了"出邛、僰"是从犍为出发，经僰道向西抵达邛都，在经邛都或向西为笮所闭，或向南为昆明所闭。"出徙"也是向西为笮所闭，两道最终都是闭于笮。那么两道之间存在何种关系？从文献上对"邛"和"徙"之间的道路联系作一番梳理，发现自"邛都"往北至严道（今雅安）向西经青衣、徙，越大渡河可抵达笮。西夷道（牦牛道）指从古蜀（成都）经临邛（雅安）、严道（荥经）、越邛笮山到笮都，自笮都往南经阑县、零关道、抵达邛都。或"到汉源（笮都）后，过飞越岭、化林坪至沈村，渡大渡河，经磨西，至木雅草原（今康定新都桥、塔公一带，当时是牦牛王部中心）"②。在唐代自今汉源往西如入藏的这条古道也是川茶入藏的干道"黎

---

① 高子期：《秦封泥中的川渝史料》，《四川文物》2013年3期。
② 任新建：《"茶马古道"与松潘》，四川省社科院民族宗教研究所、松潘县政府编《松潘历史文化研究文集》，四川人民出版社，2014年。

州路"。牦牛王部落与笮都有着密切的联系，自木雅草原可南达定莋（盐源）。这条古道连接着古蜀、邛（临邛、邛都）和笮（笮都、定莋）。也就是说，邛、严道、徙、笮之间的民间商道一直是比较畅通的。汉使自蜀郡出发，进入青衣江，经过"徙"再西南向走到"笮都"（汉源一带）或到"笮都"控制的大渡河中游、雅砻江中上游就被"笮"阻滞。这就是"出徙"为笮所闭的路线。此条道路与另一路线"出邛、僰"为"笮"或"昆明"所闭存在着密切联系，除了都是被"笮"闭道外，两道在自"邛都"向西的道路多是重合的。这也就是《汉书》将"出徙"写成"出徙、邛"的原因所在，反映出一定的史实。

　　"出徙"道和"出徙、邛"道的两处记载都是渊源有自，反映出西汉西南古代交通的变迁情况。其中《史记》所记的"出徙"道是要表达从蜀郡成都出发，向南经临邛、严道（雅安），向西走青衣之"灵关道"，经过徙（斯榆）、青衣，西出为"笮"所闭。而《汉书》所记的"出徙、邛"道，表达的是自蜀郡经过"徙"南向经越巂之"零关"道抵达邛都。总之"出邛、僰""出徙"与"出徙、邛""出僰"诸道都是各有源自，彼此在道路上都存在着交叉、重合部分，现在读到他们不能因字面上的差异而厚此薄彼，更重要的是梳理文本间差异处所隐含古代西南交通道路变迁的史实。如《史记》所载的"出邛、僰"道和"出徙"道与司马相如通西夷关系极大，司马相如曾"略定西夷，邛、笮、冉、駹、徙榆之君皆请为内臣。除边关，关益斥，西至沫、若水，南至牂柯为徼，通零关道，桥孙水以通邛都（西昌）"[1]、"西夷邛、笮可置郡……为置一都尉十余县，属蜀"[2]。由司马相如的行迹可知邛都、徙（榆）之间道路相通较便，故《史记》之"出邛、僰""出徙"就是沿着司马相如的行迹分两路出使的，其中"出徙"道更有可能是越过沫、若水向西遭到笮人抵制。"出邛、僰"道如前分析则是从犍为郡僰道出发，向西遁往邛都。《汉书》将《史记》记述的"出邛、僰""出徙"调整为"出徙、邛""出僰"，其意以为"出邛、僰"当分为

---

① 司马迁：《史记》，中华书局，2014年，第3692页。
② 司马迁：《史记》，中华书局，2014年，第3628页。

两途"出邛"与"出僰",而"出邛"与"出徙"就是邛、徙间的道路相通情况可以并为"出徙、邛"一道。实际上《汉书》所做的调整反映了经过西汉多次经略西夷之后,在西夷地区不断地实民开边,使得西夷早期的交通情况发生不少的改变。其中最大的变化就是自蜀郡通往邛都的官道发生改变,即西夷道(牦牛道)由区域性民间商道的性质渐变为由官方控制的官道。这一点在司马相如的行迹中有明显的体现,到元鼎六年在邛都设置越嶲郡、沈黎郡,可见西汉对西夷的控制越来越强。①

综上所述,《汉书》所述之"出徙、邛""出僰"都是西南夷古代交通变化所致,与汉初的"出徙""出邛、僰"表述实质相近。其一,因为僰道的重要地理位置,汉初开南夷道必然要经过僰道,而自僰道向西通"邛都"(西夷)的道路,也在汉初之前历受重视,这也就是《史记》所记"出邛、僰"为一道的重要原因。随着南夷道的开通,经僰道南下五尺道,可经滇西向通筰、身毒,也就是《汉书》单记"出僰"的依据。其二,因为徙与邛、筰之间的商路畅通,自徙可以通邛都也可以通筰都。在汉初"出徙"便是通西夷的最后一站,故《史记》单载"出徙"道,随着西汉至东汉对西南夷的实民开边,使自蜀、临邛、严道、徙一线的"西夷道"越加通达,故通西夷的道路整体向西移动,成为后世通称的"西夷道",有据于此《汉书》才顺势改写为"出徙、邛"道。

结 语

《史记》所载"西夷西"的本义是蜀西南以西的身毒国地区,自身毒国有商贸通往大夏等西域诸国。"出四道"的本义是,张骞率领四路朝廷使者分南北两个方向,北向是自蜀郡成都向北分"出冉""出駹"两路;南向是自犍为郡僰道向西、南分"出徙""出邛、僰"两路。其中"使间出"与"间使"之义体现出汉使者充分利用民间商贸的资源,化为商贾去通西夷

---

① 沈黎郡后虽被废,但是越嶲郡一直为汉控制,西夷之邛都地位也越加提升,通往邛都的西夷道在西汉王朝的经营下成为重要的官道。

西。《汉书·张骞传》同载此次史事，然而在文本上出现了明显的差异。这些差异的地方可以分为两类：一类就是"传写讹舛、文义无关的窜改"，另外就是有意修改。对于班固有意修改的地方，详加分析，也可以分为两类。一类是因为对西夷舆地情况认知不准，如文中所辨析的"西南夷""灵关""通邛筰""出莋"都属此类；一是历史发展导致西南交通的演变，使得《汉书》对于《史记》进行合理的调整，如"出徙、邛""出僰"都属这一类。

第二节　战国至汉晋时期西南夷"邛""笮"关系探讨

　　战国秦汉时期的西南地区地理单元在青藏高原以东、四川盆地以西的横断山脉，南有云贵高原，北接黄河上游。在这一广阔的区域中，天然形成的高原河谷、山地河谷地带，为历史时期的族群提供广阔的活跃空间、交流通道，也形成了一条南北走向的民族走廊地带。西南夷中邛人和笮人就是生活在这一大的历史、地理环境之下。近年来随着安宁河流域的大石墓和雅砻江流域土坑墓葬、石棺葬的系列考古发现，为研究邛人和笮人提供了丰富的考古材料。邛人、笮人都是西南夷中的大族群，西汉时期邛人、笮人共同生活在越嶲郡，地理单元约为今凉山州地区。学界目前都有对邛人和笮人做研究，对邛人和笮人的社会状况、族属及其与中原、古蜀关系诸问题也都各有讨论。但对邛、笮两者之间的族群关系比较较少有论述，特别是在对汉晋时期邛人的消失、笮人的泯没更是缺乏详细的研究。

　　学术界对古代西南少数民族历史的研究，主要划分为：氐羌系、濮系、百越系，如段渝先生著《四川通史·先秦卷》中按百濮系、氐羌系和百越系来划分战国时代的四川民族。另外或按照民族语系划分为藏缅语族、壮傣语族、苗瑶语族、孟高（蒙克）语族，比如方国瑜先生著《方国瑜文集·第一辑》中《略说战国至汉初西南部族社会》一文如是说。大体而言，氐羌系族群多是操藏缅语，濮系、百越系操壮傣语，孟高语属于东南亚的族群。随着近代西南地区的考古发现，对探讨古代西南少数族群历史也提供许多直接的材料。目前学界对邛人有一共识：即安宁河流域的大石墓文化属于邛人的文化。但在对于大石墓或邛人的族属上，有不同的意见。童恩正先生在《四川西南地区大石墓族属试探——附谈有关古代濮族的几个问题》中首先主张大石墓邛人的族属是濮系民族，后来持这种观点的还有李绍明先生、雷玉华先生。但也有如林向先生著文《1975年金沙江安宁河流域考古调查记略》最初认为大石墓邛人属于古代氐羌系一支，后来持这种观点的有刘弘先生、胡昌钰等。学术界特别是西南考古学界有一些显著的成果，如出版了《安宁河流域大石墓》《安宁河流域古文化调查与研究》等专著。这些成果为系统研究邛人的生活状况、族属、文化演变等提供了坚实的材料。

　　学界目前对笮人的研究水平整体上要弱于邛人的研究，对笮人的分布、迁徙、演变过程都少有专文研究。西南古代少数族群的研究很大程度上要依靠考古资料来支撑，而依据《史记·西南夷列传》记载"其俗或土著，或移徙"来看，笮人也很难如定居的邛人那样留下深厚的遗迹。随着近年来凉山州盐源县老龙头墓地的发掘与盐源青铜器的收集，使得对笮人研究获得了新的历史机遇。

　　盐源老龙头墓地发掘后，发现大量有十分明显的地域特色青铜器。对于盐源青铜器和老龙头墓地的考古文化族属讨论，学界较一致地认为是笮人的遗存。童恩正先生在《近年来中国西南民族地区战国秦汉时代的考古发现及其研究》文中指出，《史记·西南夷列传》所载"笮都"很可能是盐源考古反映出的青铜文化。后来刘世旭、林向、赵殿增、刘弘等先生也都没有异议。笮人的社会状况、对外交流的研究近来在四川考古学界也颇具热度。专门著作有《老龙头墓地与盐源青铜器》，以及段渝、刘弘著《西南夷青铜文化及其文明的起源》，周志清著《浅议川、滇西部青铜文化中的"北方草原文化"遗物及其文化因素》，刘弘、唐亮著《老龙头墓葬和盐源青铜器》，刘弘著《巴蜀文化在西南地区的辐射与影响》等相关文章。以上重要研究专著、论文是本论文研究笮人可借鉴的基础材料。

　　对于笮人的分布和迁徙演变的研究，学界目前大致有一认识：从岷江上游沿青衣江至大渡河，自西汉武帝时期从沈黎郡笮都（今汉源）越古邛崃山（今大相岭）到达安宁河流域，入居越嶲郡，南至金沙江。但这一认识仍然有一些不合之处，比如雅砻江中下游的笮人文化普遍意义上的年代范围在战国到西汉时期，这与笮人自汉武帝时期越大相岭到达雅砻江流域，在时代上不合。

　　对于邛、笮关系问题，《方国瑜文集·第一辑》载"邛、笮本不是族名，而是地名"，认为"因居民迁徙，后来邛、笮错杂而处，后来邛地多有笮人"。方先生沿用此观点，在《彝族史稿》中，讨论了生活于邛都的叟人就是彝族的先民。以上是方先生的观点，很有启发性，但是用邛笮是地名来论证彝族的祖先，未免也有牵强成分。随着雅砻江流域（笮都）、安宁河流域（邛都）的考古发现，童恩正先生指出邛、笮之间的明显差异："安宁河流域和雅砻江流域之间，青铜文化呈现出很大的差异，安宁河流域以大石墓为主，而雅砻江流域则以石棺葬为主，其陶器以双耳、单耳罐为其特征，铜剑为缠猴状茎三叉格类型，另有锯齿形长剑格的铜柄铁剑，此文化就是盐源青铜文化。"随着近年来盐源地区老龙头墓地发掘和安宁河流域考古的不断发现，当年童先生关注的安宁河流域与雅砻江流域的考古学文化联系，即是古代西南夷中笮人和邛人之间的联系可以作更深一步的讨论了。

一、战国汉晋时期西南夷"邛"与"笮"的活动范围

（一）邛的活动范围

20世纪70年代以来在今安宁河流域考古陆续发现集中分布的大石墓葬群，学界对大石墓的研究不断深入。《安宁河流域大石墓》一书对安宁河流域的大石墓葬进行系统的整理、研究，并定为古邛人的墓葬，邛人的活动范围和大石墓分布的范围大致相当。[1]

正统史观文献对邛人的记载，多是在古代越巂郡范围内。汉武帝元鼎六年"以邛都为越巂郡"，除了邛都、阑县，在蜀郡的临邛县、严道县还有邛人活动留下的遗迹。《华阳国志·蜀志·越巂郡》："邛都县，郡治，因邛邑名也。……阑县，故邛人邑，治邛（都）部城。"[2]任乃强先生考：邛都县今为西昌，阑县今为越西县海棠营。[3]又："临邛县，本有邛民……严道县，邛崃山，邛水所出，东入青衣。秦开邛来道，置邮传，属临邛。"[4]任

① 四川省文物考古研究院、凉山彝族自治州博物馆、西昌市文物管理所：《安宁河流域大石墓》，文物出版社，2006年，第141页。
② 任乃强：《华阳国志校补图注》，上海古籍出版社，1987年，第209页。
③ 任乃强：《华阳国志校补图注》，上海古籍出版社，1987年，第212页。
④ 任乃强：《华阳国志校补图注》，上海古籍出版社，1987年，第157页。

乃强先生考：严道县为今荥经县郊古城坝，邛水今为荥经河[1]；临邛今为邛崃县南两里[2]。

又《华阳国志》载："邛崃山，本名邛笮山，邛人、笮人界也。""邛人自蜀入，度此山，南人毒之，故名邛崃。"[3]刘琳先生考邛崃山今为大相岭。

中央王朝认为的"邛"以今西昌为中心，北临近蜀郡，自临邛、荥经、越西县一带都有可能是其北界[4]。孙策和唐亮一文《邛都夷活动范围新认识》认为"邛"之南界是古会无县，即今会理[5]。刘弘先生根据文献和考古情况考订认为，"邛域"的东界是大凉山的西缘；"邛域"的西界是雅砻江一线。[6]笔者认为从族群主位论来看，邛之北界的变动过程反映了中央王朝在历史时期同"邛"之间的族群关系不断变化的实际情况，因而实际上"邛"的南界、东界、西界都应和北界一样是变动的。但是邛的南、东、西都是古代"西南夷"族群，如滇、僰、夜郎、昆明、巂等，不同于"邛"之北界接近古蜀，和中央王朝发生直接联系。其他方位变动的边界也因缺少类似于中央王朝正统史观下的四夷文献及相关记载，而变得不可闻知。在这样的情况下选择从考古发掘反映出的文化差异性的来划定"邛"之南界、东界、西界，是探寻"邛"族群其他方位边界情况的一种可取方法。

（二）笮人活动范围

《史记·西南夷列传》中："以笮都为沈黎郡。"笮都地望在汉源大渡

① 任乃强：《华阳国志校补图注》，上海古籍出版社，1987年，第200页。
② 任乃强：《华阳国志校补图注》，上海古籍出版社，1987年，第160页。
③ 刘琳：《华阳国志校注》，巴蜀书社，1984年，第966页。
④ 按，孙策、唐亮《邛都夷活动范围的新认识》一文认为邛北界为古阑县（今越西县），本文从族群主位论出发，认为邛的族群关系是变动的，其最北当是临邛、稍南有荥经、再南有阑县（越西县）。
⑤ 孙策、唐亮：《邛都夷活动范围新认识》，《安宁河流域古文化调查与研究》，科学出版社，2012年。
⑥ 刘弘：《丛山峻岭中的绿洲》，巴蜀书社，2009年，第109页。

河沿岸大树堡、九襄一带。①《汉书·地理志》:

> 越嶲郡,武帝元鼎六年开。县十五……定莋,出盐……莋秦,大莋,(姑复)临池泽在南。②

越嶲郡所辖的三笮地域,据考大莋在今盐边、攀枝花;定莋在今盐源县;莋秦在今冕宁县,三笮都在雅砻江中下游地区。③又《华阳国志》佚文载:

> 邛崃山本名邛莋,故邛人、笮人界也……(牦牛县)牦地也。在邛崃山表,邛人自蜀入,度此山,甚险难,南人毒之,故名邛崃。④

这条记载,可以看出邛、笮以邛崃山为界,并且笮人在邛崃山表(西南部)邛人是先在邛崃山以东以北。

《后汉书·莋都夷传》载:

> 元鼎六年,以(莋都——引者注)为沈黎郡。至天汉四年,并蜀为西部,置两都尉:一居牦牛,主徼外夷,一居青衣,主汉人。⑤

此处可见,牦牛活动的地域不在汉人聚居区的青衣江流域。《汉书·地理志》载:"牦牛县,鲜水(雅砻江上游)出徼外,南入若水(雅砻江中下游)。若水亦出徼外,南至大莋入绳(金沙江),过郡二,行千六百里。"

---

① 按,学界存在沈黎郡治所笮都的其他两种观点:1.任乃强先生《华阳国志校补图注》认为沈黎郡治所在大渡河上游之沈村;2.石硕先生《汉代的"笮都夷"、"牦牛徼外"与"徼外夷"——论汉代川西高原的"徼"之划分及部落分布》认为,汉置沈黎郡的治所笮都定在汉代青衣县(青衣江宝兴、芦山一带),而非传统考据考证的汉源。本节取传统考证观点汉源说。
② 班固:《汉书》,中华书局,1985年,第1600页。
③ 凉山州博物馆、西昌市文管所、盐源县文管所:《盐源近年出土的战国西汉文物》,《四川文物》,1999年4期。
④ 刘琳:《华阳国志校注》,巴蜀书社,1984年,966页。
⑤ 范晔:《后汉书》,中华书局,1965年,第2854页。

此处文献所载牦牛县的范围大致在雅砻江流域并且以绳水（金沙江）为界，若水所过之二郡当为蜀郡（西部）、越巂郡。

以上诸条记载都可以看出牦牛、笮人的活动地域范围到达雅砻江流域、大渡河中游、邛崃山（大相岭）。刘琳先生也认为笮人活动范围包括了今汉源、石棉、泸定、康定、九龙、道孚、雅江诸县市。①

凉山州博物馆在1999年11月、2003年3月两次分别对盐源老龙头墓地进行抢救性发掘，发掘出土了大量具有特色鲜明的民族文物。经过学界的系统研究初步认为它代表着古代西南地区的一种全新的考古学文化；学界目前主张盐源青铜文化为古代笮人文化。童恩正较早就指出："雅砻江流域则以石棺葬为主，陶器以双耳、单耳罐为其特征，铜剑为缠猴状茎三叉格类型，另有锯齿形长剑格的铜柄铁剑。在汉代与濮人同时居住在这一地区的另一支大的民族，即为笮人。"②林向先生认为："盐源盆地战国秦汉间的居民很可能是西南夷中的笮人。"③刘弘、唐亮著文认为："盐源青铜文化典型代表老龙头古墓葬与盐源青铜器应该与笮人密切相关。"④对于盐源青铜文化年代的认定，学界大多数学者借助于老龙头墓地和盐源征集器物的研究，都认为盐源青铜文化年限约在战国至西汉时期。⑤以老龙头墓地出土的器物为代表的盐源青铜文化目前被学术界认为是古代西南笮人的文化。

① 刘琳：《华阳国志校注》，巴蜀书社，1984年，306页。
② 童恩正：《近年来中国西南民族地区战国秦汉时代的考古发现及其研究》，《考古学报》1980年第4期。
③ 林向：《四川西南山地盐源盆地出土的战国秦汉青铜树》，《华夏考古》，2001年第3期。
④ 刘弘、唐亮：《老龙头墓地和盐源青铜器》，《中国历史文物》，2006年第6期。
⑤ 按，由李星星老师提供的唐亮、刘弘编《凉山考古四十年》（初稿），书中记："刘弘在《凉山地区古墓葬多样性原因初探》《巴蜀文化在西南地区的辐射与影响》和《笮人觅踪——初析"笮域"的考古学文化遗存》中认为盐源青铜文化时限在战国—西汉时期；赵殿增《金沙江流域早期考古的几个问题》文中认为盐源青铜器群的时代大约在战国至汉代；江章华《对盐源盆地青铜文化的几点认识》文中持战国早期到西汉观点；成都市考古研究所和凉山彝族自治州博物馆共同编著《老龙头墓地与盐源青铜器》一书认为盐源出土青铜文化时限约早到战国迟到西汉晚期。仅林向先生《四川西南山地盐源盆地出土的战国秦汉青铜树》文中推定这批墓葬的年代上限为东周战国时期，下限在秦汉之间。"

老龙头墓地所反映出的考古学文化与川西北的石棺葬文化、滇西北的石棺葬文化以及大渡河、雅砻江、金沙江上游的石棺葬文化都有密切的联系。川西高原雅砻江上游的石棺葬发现地点有：雅江、巴塘、甘孜吉里龙、炉霍卡莎湖、新龙、丹巴中路乡、道孚、康定。①大渡河、雅砻江中下游石棺葬发现地点有：汉源、木里、盐源老龙头墓地、盐边渔门。金沙江流域考古在西藏贡觉县、云南德钦县和丽江金沙江河谷纳西族地区发现有石棺葬出土。在以上地域范围内普遍存在十分相似的考古学文化特征，属于石棺葬文化系统。

结合文献与考古，"筰"的活动范围大致是在邛崃山、雅砻江一线以西，金沙江以北，北自大渡河、雅砻江、金沙江上游地区，西至澜沧江。正如《后汉书·西羌传》载：

羌无弋爰剑者，秦厉公时为秦所拘执，以为奴隶……至爰剑曾孙忍时，秦献公初立，欲复穆公之迹，兵临渭首，灭狄獂戎。忍季父卬畏秦之威，将其种人附落而南，出赐支河曲西数千里，与众羌绝远，不复交通。其后子孙分别，各自为种，任随所之。或为牦牛种，越巂羌是也；或为白马种，广汉羌是也；或为参狼种，武都羌是也。忍及弟舞独留湟中，并多娶妻妇。忍生九子为九种，舞生十七子为十七种，羌之兴盛，从此起矣。②

这段文献记载可以得出在秦献公初立时征讨西戎，兵达渭首即是渭河上游。狄獂戎自"赐支河曲西数千里"南迁，赐支河是古代羌人所居住地区的一段黄河，在青海省海南藏族自治州内。而赐支河以西数千里可能是阿尼玛卿山和巴颜喀拉山地区，也是雅砻江、金沙江、澜沧江的源处。马长寿先生在《氐与羌》书中认为：战国时代古羌人从河曲向外迁徙有三四次……直到关内秦国成为一个大国，阻止了西羌向东发展的道路，于是河湟的西羌不得不改变原有的游牧方式为农耕与畜牧并举，同时还有一部分自此向西南方向

---

① 扎西次仁：《甘孜州石棺葬文化概述》，《康定民族师专学报》1990年第1期。
② 范晔：《后汉书》，中华书局，1965年，第2875—2876页。

迁徙。[①]可以想见，战国时代的西羌迁徙早就存在，中原历史文献往往不能详尽，但这并不能忽视战国时代氏羌持续不断向西南迁徙的事实。

族群关系随着族群自身的认同而不断发生改变（在古代四夷族群失语的环境下，而不同时期中央王朝视野中四夷族群称谓、边界等系列变化，也是对古代四夷族群自身族群认同不断改变的一种映射），古代"筰"的族群关系也是同样变动的。其北界在战国时期受中央王朝西进的影响，开始有不断南迁的趋势，自大渡河、雅砻江、金沙江上游地区顺江流南下；其东界则与"邛"保持着以大相岭至雅砻江为界；至秦汉之时又受到中央王朝开西夷的影响而发生连续不断的抗争；其南界大致是受到地理因素的影响难以突破金沙江；其西最远也可能达到澜沧江。

二、邛、筰生态资源上的相互影响

（一）盐矿资源对邛的影响

1.文献中"邛""筰"盐矿资源的分布、变迁

盐对于古代族群生活来说十分重要，盐是人类生活的必需品，也是重要的物产资源。任乃强先生曾敏锐地发现盐与古代族群的变迁的关系[②]，在"西南夷"地区的"邛""筰"的活动范围内，文献记载有盐矿资源的有："邛"域范围内的临邛县、定筰县都有盐资源，《华阳国志·蜀志》载："临邛县，有火井……以竹筒盛其光藏之，可拽行终日不灭。井有二水，取井火煮之，一斛水得五斗盐。"任乃强注解为：火井煮盐能多得者，当是火井出于盐井，其人分别引出，因其火煮之。[③]临邛属于"邛"北界范围，随着中央王朝的影响，"邛"的北界逐渐向南移动。在西汉时期设置的蜀郡就已经包括了临邛，也就意味着中央王朝在西汉以后占据了临邛，自然临邛的

①　马长寿：《氐与羌》，上海人民出版社，1984年。

②　任乃强：《四川上古史新探》，四川人民出版社，1986年，第27—38页。

③　任乃强：《华阳国志校补图注》，上海古籍出版社，1987年，第160页。

盐矿资源为中央王朝所用。

《汉书·地理志》记载："定莋，出盐。步北泽在其南，都尉治。"[1]《华阳国志》记载："定筰县，有盐池，积薪，以齐水灌而焚之，成盐。"定筰，任先生考为今盐源县，盐源县有黑白二盐泉。[2]其中"邛"域内的"定筰"应是古代"筰"所控制的区域。根据《三国志·张嶷传》所载：

> 定莋、蠜登、卑水三县去郡（越巂郡——引者注）三百余里，旧出盐铁及漆，而夷徼久自固食……嶷到定莋，定莋率豪狼岑，槃木王舅，其为蛮夷所信任，忿嶷自侵，不来诣……挞而杀之……遂获盐铁，器用周赡。[3]

这条记载可以明确看出，"率豪"（按，"筰"之分支首领）对盐和铁等的资源异常重视，利益丝毫不可侵犯。就"筰"在历史时期与中央王朝不同的动态关系上来说，"筰"对中央王朝政权自西汉初一直到汉晋时期都持续不断反抗，和"筰"对盐矿利益的重视有不可分割的联系。任乃强先生认为，盐源盐行销金沙江北至蜀郡边徼，汉开西夷之"定莋"正是为其丰富的盐矿资源所驱使，自汉以降至清代，这一地区的动乱，莫不因盐利所致。[4]

《华阳国志》载："定筰县，……有盐池，积薪，以齐水灌，而后焚之，成盐。汉末，夷皆锢之，张嶷往争。夷帅狼岑，槃木王舅不肯服。嶷擒，挞杀之，厚赏赐余类，皆安。官迄有志，北沙河是[5]。"[6]可见盐源的盐矿资源十分丰富，历史也很悠久。盐源的盐矿是居住在这一地区"筰"掌控的重要资源，任乃强先生认为盐源盐行销金沙江北以至蜀郡边徼，于甘孜州、西昌专区、凉山州全部地区[7]。张嶷定西夷时，还因为盐矿的利益和

① 班固：《汉书》，中华书局，1985年，第1600页。

② 任乃强：《华阳国志校补图注》，上海古籍出版社，1987年，第213页。

③ 陈寿：《三国志·张嶷传》，中华书局，1985年，第1051页。

④ 任乃强：《华阳国志校补图注》，上海古籍出版社，1987年，第213页。

⑤ 任先生认为"北沙河是"就是"白盐井"的别称，参见其著《华阳国志校补图注》，上海古籍出版社，1987年，第214页。

⑥ 刘琳：《华阳国志校注》，巴蜀书社，1984年，第320页。

⑦ 任乃强：《四川上古史新探》，四川人民出版社，1986年，第27—32页。

"筰"之牦牛与槃木发生严重的冲突，更加凸显了盐源盐矿资源在西夷地区的重要性。

以上可以看出，"邛"本有临邛，富有盐矿资源。西汉时期在中央王朝的干预下南迁到邛都（今西昌）中心区域，临邛的盐矿资源也为中央王朝所占据。"筰"一直保有定筰的盐矿资源，直到三国时期张嶷强行干预，挞杀定筰率豪才占据盐矿资源。西汉至汉晋时期，"筰"所掌握的盐矿资源为周围地区提供货源。而失去临邛盐矿的"邛"在盐资源上可能主要依靠"筰"的供给。

2. "筰"盐矿资源的重要影响

"筰"的范围变迁在战国至西汉时期大致有两条路线，其一是从北方的岷江上游地区顺岷山南下到达古"邛筰山表"（大相岭西南）的"筰都"，并形成族群中心活动区域。其二是从西北方向的三江上游地区，东循雅砻江、大渡河上游，西循金沙江上游南迁，到达今冕宁、盐源、攀枝花和滇西北区域。根据任乃强先生观点，古代这一地区族群的迁徙和盐资源有关系。

大致在筰活动的地区范围，任先生认为存在着两个盐矿中心。一就是哈羌盐海，位于黄河上源鄂陵，扎陵湖区东侧，黄河南侧的草原上，今属青海省果洛藏族自治州最西的玛多县。"哈羌盐行销玉树，西至曲马来而止，南至囊谦而止，这是哈羌盐进入玉树东部；黄河以北是行销茶卡盐，囊谦以南是行昌都察零多盐池的盐。哈羌盐行销玉树、称多以下，金沙江水以东的地面。从大草原向南行盐的干道分为东西两条。西线走金沙江与雅砻江两大水系的分水脊，走今祝靖、甄科、昌泰、曲登、毛垭、稻坝一线；东线从石渠大草原至雅砻江与大渡河之间地带，循雅砻江与鲜水河谷的大断层湖迹草原推进，一直推行到木雅草原。"[①]

二是盐源县的盐井矿，据2008年成都义物考古研究所和凉山彝族自治州博物馆组成考古队对盐源的古代盐井田野调查所得结果。黑盐井位于盐源县城西70公里堰塘乡，制作盐法比较原始，接近《汉书·地理志》对定筰县盐

---

① 任乃强：《四川上古史新探》，四川人民出版社，1986年，第27—32页。

池的记载。白盐井位于盐井镇西南的盐井沟，而这里白盐井年代大致是明清以来的"班井""润井"二泉。[①]盐源盐矿资源在历代的文献中已经详细有载，前文有述及，此处不另赘述。2008年成都文物考古研究所等单位主持盐源盐矿考古，更加证实了盐源自古就是西南地区重要的盐矿产地。

无论是哈羌盐海还是盐源的盐矿资源，都是古代"笮"所活动范围内的重要盐矿资源。同时这两个盐矿中心都是为"笮"所掌控。当"笮"南迁到达雅砻江中下游地区时，对定笮的盐矿控制达几百年（自战国时期至三国时期）。当中央王朝占据"临邛"的盐矿资源后，处在"定莋"周围的"邛"很大程度上是需要依靠"笮"所产的盐。因此，"笮"的盐行销到"邛"地区是完全有可能的。同时，"笮"长期的占据定笮的盐矿资源，给自身带来巨大的利益，使其实力雄厚，是其能长时期与中央王朝对抗的重要支撑。

（二）铜矿资源对邛、笮的影响

"邛"域范围内的严道、邛都、零关道、会无县，《华阳国志·蜀志》载："严道县……有铜山，文帝赐邓通铸钱处也""邛都县，南山出铜""零关道，有铜山"[②]。1976年在西昌石嘉乡考古出土了"货泉"钱范5件，小铜锤2件，铜锭17件。[③]其后在黄联关镇也征集到一件东汉初期的铜质五铢钱范与一件铜锭。[④]1987年在黄联关镇东坪村发现一处大型汉代冶铜铸币遗址，1988年在西昌东坪发掘一处汉代铸币遗址。[⑤]据研究以上都是在西汉至东汉时期的冶铜遗址，都是被中央王朝占据的重要资源。《史记》载"文帝赐邓通蜀严道铜山，得自铸钱，'邓氏钱'布天下"[⑥]。其后，中央

① 江章华：《四川盐源县古代盐业与文化的考古调查》，《安宁河流域古文化调查与研究》，科学出版社，2012年，第279页。
② 任乃强：《华阳国志校补图注》，上海古籍出版社，1987年，第209页。
③ 西昌地区博物馆：《四川西昌发现的货泉钱范和铜锭》，《考古》1977年第4期。
④ 刘弘、刘世旭：《四川西昌首次发现东汉五铢钱范》，《考古》1986年第12期。
⑤ 刘弘：《丛山峻岭中的绿洲》，巴蜀书社，2009年，第137页。
⑥ 司马迁：《史记》，上海古籍出版社，2011年，第2047页。

王朝占据了这一区域，囊括了丰富的铜矿资源。

另外，会无县即是今会理市，本节认为是"邛"之南界，同属于西汉设置的越巂郡范围内。史载"会无县，故濮人邑……河中有铜胎，今以羊祀之，可取，河中现存"①，会理以产铜出名，铜胎当是铜矿资源。在会理的考古调查中，发现了明清时期的浑水塘炼铜遗址，同时在附近的山上分布着大量的铜矿石，为当地冶铜提供了重要的资源。虽然浑水塘遗址年代较晚，但会理域内很早就出现了青铜冶炼业，瓦石田墓地出土石质戈范、镞范以及郭家堡墓地出土大量青铜器②，都能间接说明古代"邛"域范围内青铜冶炼业很早就有。

在会理郭家堡墓地出土和采集到的大量青铜器，在形制和组合上和盐源盆地出土的同类器物非常接近。③这个现象很奇特，在逻辑上出现了"邛"域范围内出现了大量"筰"文化的现象。笔者认为，按照考古学类型学上的比较，大石墓葬为代表的"邛"出土的器物和郭家堡墓地出土器物分属于两个文化类型。而在地理位置上，古代会无县（今会理市北部及会东、宁南、米易等县④）、三缝⑤县（小会无：今会理南部及相邻金沙江一带⑥）和大莋县（今攀枝花）又十分接近。同时会无县又是"邛"域的南界，本身就处在"邛"的边缘位置上，在不同时期其族群关系也会变动。据考古学看法，郭家堡墓地的年代范围在战国至西汉初期。⑦笔者推测，会理郭家堡墓地所反映出的文化属于"筰"文化，大致在战国到西汉初期"大莋"的势力范围包括今会理市。至少在西汉初期以前"邛"的南界在今会理以北，这也是符合古代"邛"族群南迁的历史事实。

① 任乃强：《华阳国志校补图注》，上海古籍出版社，1987年，第213页。
② 成都文物考古研究所、会理县文管所、四川大学考古系、凉山州博物馆：《2009年会理县新发乡考古调查报告》，《安宁河流域古文化调查与研究》，科学出版社，2012年，第166页。
③ 成都文物考古研究所、会理县文管所、四川大学考古系、凉山州博物馆：《2009年会理县新发乡考古调查报告》，《安宁河流域古文化调查与研究》，科学出版社，2012年，第166页。
④ 刘琳：《华阳国志校注》，巴蜀书社，1984年，第318页。
⑤ 按，《汉书·地理志》作"三绛县"。
⑥ 刘琳：《华阳国志校注》，巴蜀书社，1984年，第325页。
⑦ 刘琳：《华阳国志校注》，巴蜀书社，1984年，第325页。

西汉武帝以邛都为中心设置越巂郡，在建制上包括了会无县（今会理）。这应该理解为是中央王朝对"大莋"的压迫，迫使"大莋"让出会无县。就像中央王朝占据"邛"北界临邛一样，控制了"大莋"的铜矿资源。可能因为会无、三缝县丰富的铜矿资源，中央王朝政权对其控制十分牢固。即使在汉末"牦牛道绝"，也从蜀通往邛都的南线——经僰道西向溯马湖江至安上转陆路走卑水（美姑）至邛都①，来控制越巂郡及其南部的大会无与小会无的铜矿资源。

从考古学上看，以盐源盆地青铜文化为代表的"筰人"文化，具有出土青铜器数量最多、器物种类组合完备的特点②。也即是说"筰"的青铜文化相对比较发达，青铜锻造技术也很先进。据学者研究，盐源青铜器包含红铜、锡青铜、砷铜等多种复杂合金成分；铜器锻造成型和热锻造成型③；还具备北方草原青铜文化的"热镀锡技术"④。"筰"丰富的青铜文化要依赖丰富的青铜矿藏资源，这些青铜矿的来源很有可能就是"大莋"范围内的大会无、小会无地区。而到西汉中后期设置的越巂郡趋于稳固后，大、小会无地区的铜矿也为中央王朝所占据，直接导致了"筰"青铜文化的衰落。

（三）"邛""筰"相对位置关系变化

战国至汉晋时期，邛、筰在地理位置上是相互毗邻的两个族群，史籍往往连称"邛筰"。考镜源流，笔者发现在历史时期"邛"与"筰"的相对位置关系发生过几次变动。其中，秦灭巴蜀之前，邛筰以邛筰山为界，邛在邛筰山以北有分布，筰在邛筰山西南分布。秦灭巴蜀至汉武帝时期，"邛"

---

① 刘琳：《华阳国志校注》，巴蜀书社，1984年，第354页。

② 江章华：《对盐源盆地青铜文化的几点认识》，《安宁河流域古文化调查与研究》，科学出版社，2012年，第365页。

③ 崔剑锋、周志清、刘弘等：《四川凉山彝族自治州盐源县出土青铜分析报告》，《安宁河流域古文化调查与研究》，科学出版社，2012年，第256页。

④ 崔剑锋、刘弘等：《四川盐源出土的一件镀锡九节鱼纹鸡首杖》，《安宁河流域古文化调查与研究》，科学出版社，2012年，第273页。

突破邛笮山，在大渡河以南包括安宁河河谷广泛分布；"笮"居于邛笮山以西以南，在包括雅砻江中下游地区盘踞。汉武帝元鼎六年设置越嶲郡、沈黎郡之后，"邛"就被纳入中央王朝建制范围内；而"笮"时叛时服，反抗持续不断，直到三国时期张嶷平乱"西夷"方稳定。汉武帝在"西夷"设置郡县制以后，邛笮的相对地理位置关系是以雅砻江为界，西为笮、东为邛，南界在中央王朝介入邛域之后，大致以金沙江为界，北界约以邛笮山（今）为界。

《华阳国志·蜀志》（佚文）载："邛崃山本名邛笮，故邛人、笮人界也。"另外，在常璩在严道县中追述秦时"邛来"情况："邛来山，邛水所出，东入青衣……秦开邛来道，置邮传，属临邛。始皇二十五年灭楚，徙严王之族以实于此地，汉为县，故曰严道，属蜀郡。"据考证古邛崃山即指今大相岭①，大相岭属于今邛崃山脉，在荥经、汉源两县边境，延伸之洪雅县，呈东西走向，是大渡河与青衣江的分水岭。秦灭蜀之后曾在此处设置邛来道，置邮传，属于临邛管辖。

又《华阳国志》载："临邛县，……本有邛民。秦始皇徙上郡民实之。"任乃强先生认为"本有邛民"含义是"邛国人与所为市易之奴隶居此"，进而认为临邛并不是邛国界。②任先生潜在的台词意在说明邛的"国界"不会突破邛笮山（又称邛来山）以北，又根据他将"（牦牛县）牦地也。在邛崃山表，邛人自蜀入，度此山，甚险难，南人毒之，故名邛崃"③增改为："牦牛县，在邛来山表，本牦牛王地。邛人笮人入蜀必度此山，甚险难，南人毒之，恒止市于此。"④任先生改动《常志》原文意在说明邛人和笮人一样居住在邛来山以南，邛人的故城有"阑县，故邛人邑，治邛（都）部城""越嶲郡，故邛都夷国也……邛都，郡治，因邛邑名也"⑤。无论是阑县、邛都，都是在邛来山以南，任先生认为只有做如此改动才能

---

① 刘琳：《华阳国志校注》，巴蜀书社，1984年，第966页。

② 任乃强：《华阳国志校补图注》，上海古籍出版社，1987年，第160页。

③ 刘琳：《华阳国志校注》，巴蜀书社，1984年，第966页。

④ 任乃强：《华阳国志校补图注》，上海古籍出版社，1987年，第199页。

⑤ 刘琳：《华阳国志校注》，巴蜀书社，1984年，第204—209页。

"补全文义"①。

任先生从文献出发，认定邛的北界不会超过邛崃山，故将"临邛，本有邛民"中的"邛民"解释为"邛国人与所为市易之奴隶"。笔者认为，单从文献来看"临邛县，……本有邛民。秦始皇徙上郡民实之"和《华阳国志》中相似的"阑县，故邛人邑，治邛（都）部城""越巂郡，故邛都夷国也……邛都，郡治，因邛邑名也"，都是在说明临邛、阑县、邛都都是邛人曾经的活动区域。特别是大石墓的考古发现，据学者相关研究认为：大石墓邛人属于古代氐羌系一支。②综合来看，笔者认为，秦灭巴蜀之前"邛"分布在"邛来山"以北，"笮"分布在"邛崃山表"（邛崃山西南）。

秦灭巴蜀后对"西南夷"地区加强渗透，在秦始皇时期"邛"开始出现南退，越过"邛来山"。正如文献所载："临邛县，……本有邛民。秦始皇徙上郡民实之"③，"秦开邛来道，置邮传，属临邛。始皇二十五年灭楚，徙严王之族以实于此地，汉为县，故曰严道，属蜀郡"④。并在秦汉时期形成以"邛都"（今西昌）为活动的区域中心，如"邛都，郡治，因邛邑名也"⑤。再到汉武帝元鼎六年在邛都设置了越巂郡，且越巂郡在后代一直未废止，说明"邛"自此被纳入中央王朝行政建制。

在"邛"的南退过程中，"笮"的范围也发生过变迁。但"邛""笮"一直毗邻而居，"笮"由于生活环境的限制一直未进入安宁河流域地区。自秦灭巴蜀之前到汉武帝元鼎六年较长的历史时期内，"笮"始终在"邛来山"以西以南包括雅砻江中下游地区活动，考古出土代表是盐源青铜文化和雅砻江中上游、大渡河中上游的石棺葬文化。汉武帝元鼎六年在"笮都"设

① 任乃强：《华阳国志校补图注》，上海古籍出版社，1987年，第199页。
② 四川省文物考古研究院、凉山彝族自治州博物馆、西昌市文物管理所：《安宁河流域大石墓》，文物出版社，2006年，第144页；林向：《大石墓族属的再议》，《凉山彝族奴隶制研究》1980年1期；刘弘：《"西南夷"陶器及相关问题的研究》，《四川考古论文集》，文物出版社，1996年；胡昌钰：《"邛"为氐羌系说》，《中华文化论坛》2002年第4期；等等，都支持此说。
③ 任乃强：《华阳国志校补图注》，上海古籍出版社，1987年，第157页。
④ 任乃强：《华阳国志校补图注》，上海古籍出版社，1987年，第198页。
⑤ 任乃强：《华阳国志校补图注》，上海古籍出版社，1987年，第209页。

置沈黎郡，中央王朝压缩"筰"范围；后在天汉四年，汉武帝废止沈黎郡，设置牦牛都尉"主徼外夷"，说明"筰"又大部分恢复其原来的地理范围。天汉四年后一直到三国时期张嶷平"西夷"招抚"牦牛夷"，"筰"的范围未有大的变动。

三、"邛""筰"的交通、贸易

（一）"邛"之交通

1. "邛"之交通与古代南方丝绸之路的关系

古代从蜀郡出发向南经滇、贵进入东南亚、南亚以至于西亚的南方丝绸之路，在国内段必经"邛"域。在谈及古代"邛"的交通状况时，首先应梳理"邛"与南方丝绸之路的关系。南方丝绸之路虽然是蜀郡通往域外的重要交通贸易路线，但是整个"西南夷"对南丝路的开通都作出过贡献。"邛"对南方丝绸之路的开通，也有重要贡献，且至少在三个层面有突出表现。

其一，"邛"为南方丝绸之路的开通提供初始时必备的人力资源。霍巍先生就认为，至少在战国时期西南夷就已经开辟南方丝绸之路了，"西南夷"既是南方丝绸之路最初的开辟者也是主要的受益者。[①]从大石墓考古来看邛人早在战国时期就已经在安宁河河谷地区形成聚居中心。文献中所记载的从蜀郡成都通往"邛都"的"西夷道"（或称"牦牛道"），也早在战国时期就已经开通。《华阳国志·蜀志》：

> 严道县，……秦开邛来道，置邮传，属临邛。
> 临邛县，本有邛民。秦始皇徙上郡民实之。

从这两条文献记载可以看出，在战国时期临邛、严道之间的道路已经存在，秦灭巴蜀开西南夷时才有"开邛来道，置邮传"的基础。另外秦所开

---

① 霍巍：《"西南夷"与南方丝绸之路》，《中华文化论坛》2008年第2期。

"邛来道"应当指的是从蜀郡经"邛来山"抵达"邛都""笮都"的交通路线。在《华阳国志·佚文》有载：

（严道县）道至险，有长岭、若栋、八渡之难，杨母阁之峻。……邛来山本名邛笮……山岩阻峻，回曲九折，乃至山上。[1]

任乃强先生根据《水经注》增补为"道通邛笮，至险……"[2]由此可见"邛、笮"之间早就有路线互通，其道路虽险难，但两族群之间交流互动不断。以上所举证的"邛"域范围内被文献记载下的交通路线，都能说明"邛民"早在秦汉中央王朝进入之前就开通交通。虽艰苦异常，但族群交流不断，也为后来中央王朝打通南方丝绸之路奠定基石。

其二，"邛"有丰富的物产资源，为南方丝绸之路贸易作出积极的贡献。南方丝绸之路最重要的一个功能就是贸易交流，在安宁河河谷大石墓考古出土许多小件饰品（西郊M1、轱辘桥M1、阿荣M3等）在风格上和盐源盆地小件饰品（老龙头墓地M6、M11）十分相似。两地墓葬中出土的绿松石珠、玛瑙珠，和滇文化区考古出土的琉璃珠、绿松石珠（江川李家山M22、M24，晋宁石寨山M7、M13等）十分相似。张增祺先生对这些绿松石珠和玛瑙珠研究后，认为它们很有可能是从古代西亚地区输入。[3]这些能够说明"邛"在战国时期就和滇、域外有贸易关系。这种贸易是双向的，"邛"既吸收外来商品，同时也会向域外推销自己的物品，其中在文献中有最明显记载的是"邛竹杖"。如《史记·大宛列传》载：

（张）骞曰："臣在大夏时，见邛竹杖、蜀布"……大夏国人曰："吾贾人往市之身毒。身毒在大夏东南可数千里……其人民乘象以战。其国临大水焉。"

---

① 刘琳：《华阳国志校注》，巴蜀书社，1984年，第965页。
② 任乃强：《华阳国志校补图注》，上海古籍出版社，1987年，第199页。
③ 张增祺：《西南夷地区"大石墓"及其族属问题》，《考古》1987年第3期。

关于"邛竹杖"的解释，学界有不同的观点。李绍明先生认为，"邛竹杖"应是"邛人"所居地方出之坚实竹杖，不必拘泥于某一特定地区，而张骞在大夏所见的"邛竹杖"不能确定其产地是今邛崃山（大相岭）或小凉山地区。[①]任乃强先生认为，"邛竹杖"是由热带常绿棕榈科省藤所制，在我国海南岛及云南南部都广泛分布。自周秦之世，邛竹杖行销"西南夷"地区，又自邛国输入蜀巴，远达中原。古人以其似竹，而来自邛来，称为"邛竹杖"；但邛、蜀并无此物，随商贾漫称之为邛竹杖而已。[②]两种观点虽有差异，但是都说明了古代"邛"商人在输送贸易物品中的重要作用。不可否认的一点，"邛竹杖"一定是和"邛民"有关系，这种关系最有可能是"邛民"善于在南方丝绸之路上对不同地区的物产进行贸易活动。这样也符合安宁河流域大石墓出土了可能来自西亚域外的绿松石珠、玛瑙珠等现象。

其三，"邛"对南方丝绸之路积极的维持、管理。《史记·西南夷列传》："秦时常頞略通五尺道，诸此国颇置吏焉。十余岁，秦灭。及汉兴，皆弃此国而开蜀故徼。"[③]这里可以看出，秦灭后，"（诸此国）皆弃此国"当指西南夷都不愿和汉交往，关闭了原来通蜀郡的关隘。也就是说西夷族群在原来各自的交通路线上都有设有关隘管理维护的制度。同样在汉武帝元狩二年间"开西夷"时表现尤为明显，如《史记》载：

> 天子欣然，以骞言为然，乃令骞因蜀犍为发间使，四道并出：出駹，出冉，出徙，出邛、僰，皆各行一二千里。其北方闭氐、筰，南方闭嶲、昆明。[④]

这一次开"西夷"的失败，实际上反映的是氐、筰、昆明等族群把控交通路线的重要关口，不放汉使者通行。

① 李绍明：《说邛与邛竹杖》，《四川文物》2002年第1期。
② 任乃强：《蜀布、邛竹杖入大夏考》，收入《华阳国志校补图注》，上海古籍出版社，1987年，第327页。
③ 按，段渝《五尺道的开通及其相关问题》一文中主张将"开蜀故徼"释读为"关蜀故徼"，繁体字"開"乃"關"笔误。笔者赞同此说。
④ 司马迁：《史记》，上海古籍出版社，2011年，第2387页。

"邛"域在设置越嶲郡之前，在交通路线上也有像氐、筰、昆明类重要的关口。如史载："（严道县）道至险，有长岭、若栋、八渡之难，杨母阁之峻。……邛来山本名邛筰……山岩阻峻，回曲九折，乃至山上。"①这里涉及的长岭、若栋、八渡、杨母阁就是蜀郡通往"邛都"的重要关口，在战国至西汉前期主要是"邛"掌控管理这些关口。

2."邛都"为中心的"邛"之交通状况

这里笔者主要讨论战国至越嶲郡建郡之前的"邛"交通，汉武帝在邛都设置越嶲郡之后，中央王朝基本上掌控了原来"邛"域范围内的重要交通路线。以上梳理了"邛"交通与古代南方丝绸之路的三点关系，大致可以得到"邛"的交通是古代南方丝绸之路的重要组成部分，并且对南方丝绸之路有积极的贡献。以下以"邛都"为中心，分四个方向梳理战国至越嶲郡建郡之前"邛"的交通状况。

"邛都"往北通往蜀郡的交通路线，也即是蜀郡通往邛都的路线。这条路线既是"邛"与蜀的主要交通道，也是"邛"南退的路线。大致自临邛，经徙县、严道（荥经）、杨母阁、翻越"邛来山"至阑县、台登达邛都。这条线也是南方丝绸之路"西夷道"的一部分，到达邛都后，继续往南。沿安宁河谷经会无县、三缝县，或自会无西走大筰，渡金沙江进入滇西北地区。往南走的这条路线是南丝路的一部分，以邛都为中心连接蜀和滇之间的交通路线，是现在称谓的"西夷道"干线的一部分。

"邛都"往东的路线是一条水路、陆路相接的路线，也是南方丝绸之路的一条支道。这条支道连接东线干道"南夷道"与西线干道"西夷道"。从"邛都"往东经安上（昭觉）、美姑、马湖县，自马湖走水路（金沙江）抵达僰道。"邛都"往东这条路线也是为中央王朝历代控制最稳固的要道。特别是在汉末"西夷道闭绝"，只有走这条路线才能抵达越嶲郡（"邛都"）；三国时期诸葛亮南征正是走这条路线。

"邛都"往西是"邛"与"筰"之间的重要交通要道。西向南支线大致

① 刘琳：《华阳国志校注》，巴蜀书社，1984年，第965页。

自邛都向西渡雅砻江至定筰，这条道路也是重要的一条盐道，在明代形成了著名的闰盐道；或邛都南下至会无向西渡雅砻江至大筰，这条道路和古代会无县在汉武帝之前在文化关系上与西部的筰都更接近有密切关系，会无县古代有丰富的铜矿资源，是筰（大筰）势力范围，汉武帝设置越巂郡后，将会无县纳入越巂郡（邛）范围。

西向北支线是"邛、筰"之间的要道；自临邛往南经严道（荥经）、翻越邛筰山（大相岭）至筰都（汉源）。西向北支线这条路线早在汉代就已经形成，在汉代称为"牦牛道"；到汉源后，过飞越岭、化林坪至沈村，渡大渡河，经磨西，至木雅草原（今康定新都桥、塔公一带，当时是牦牛王部中心）①。这条古道自筰都往南经阑县、零关道，抵达邛都，在唐代自今汉源往西如入藏的这条古道也是川茶入藏的干道"黎州路"。

综合以上，"邛"的交通路线以"邛都"为中心南北向有一条干线道——"西夷道"，也是南方丝绸之路西干道。"邛都"往东是一条水、陆相连的要道，经安上、马湖入马湖江溯江（金沙江）抵达僰道（宜宾），这是南方丝绸之路重要的一条直线，连接东、西两干道。"邛都"往西交通路线相对比较复杂，分为南北两支：北支线以筰都为支点往西进入牦牛、筰地区；南支线横渡雅砻江进入筰地区。

（二）"筰"之交通

1."筰"之交通与古代南方丝绸之路的关系

"筰"域的交通路线不处在南方丝绸之路的主要干线上，但是其交通路线与南方丝绸之路的干线之间有着密切的联系。如汉武帝元狩二年，汉使者出四道求"蜀身毒道"目的之一就是试图打通从"筰"通往域外的交通路线。"筰"之交通对南方丝绸之路的贡献也如"邛" 一样，既提供了大量的人力资源、物产资源，同样也积极维护管理了南方丝绸之路中相关的重要关

---

① 任新建：《"茶马古道"与松潘》，四川省社科院民族宗教研究所、松潘县政府编《松潘历史文化研究文集》，四川人民出版社，2014年，第185页。

隘。相比于"邛"，"笮"之交通在古代南丝路中有如下几个特点。

其一，"笮"之交通始终没有成为南方丝绸之路的干道，而是一直处在西干道"西夷道"（牦牛道）的西侧。"笮"是一个以放牧为主的古代族群，迁徙性非常强；同样，"笮"生活的区域也就有了相应的自然环境限制。比如"笮"之主体为放牧牦牛为主的牦牛部落，一般只限于在海拔3000以上的高山草场。"笮"在战国时期，大约北自雅砻江、大渡河、金沙江上游往南迁徙；或从岷江上游地区沿岷山南下至大渡河中游；最终"笮"的核心活动区域在雅砻江中下游、西临金沙江，有"笮都""莋秦""定莋""大莋"故邑。大致在战国至西汉时期"笮"已经稳定在雅砻江中下游地区，即今冕宁、木里、盐源、盐边、攀枝花、宁蒗、永胜、华坪等地区。刘弘先生也认为金沙江和雅砻江交汇的三角形地带是"笮都"最后落足的地区①，战国至西汉时期"笮"稳居在这一区域，与这一区域的高寒、多高山草场不无关系。考察战国至战国时期"笮"的迁徙过程，可以发现"笮"始终生活在高寒、高山草区等适合放牦牛的区域。放牧牦牛对"笮"非常重要，同样"笮"之最初交通形成也与伴随放牧牦牛而生极强游徙性有关。

换言之，"笮"之交通形成和"笮"放牧牦牛所需的自然生态环境密切相关。古代南方丝绸之路的西干线"西夷道"（牦牛道）是自蜀郡南下入越巂郡，沿安宁河河谷入滇。安宁河河谷海拔远低于2000米，河谷燥热，土地多平原，更加适宜耕作业的发展；放牧牦牛的"笮"很难在这一区域生活。而安宁河谷以西的盐源盆地，四周多高山，海拔多在2600米，能够适宜于"笮"。综合来看安宁河河谷是"笮"迁徙的一条自然界线，故而"笮"之交通多在安宁河谷以西即南方丝绸之路西夷道西侧。

其二，"笮"之交通在战国至汉晋时期都没有被中央王朝实际控制，始终为"笮"及其不同时期的各分支族群控制。中央王朝对"笮"造成最大影响是在汉武帝时期，建元六年在"笮都"设置沈黎郡。但是即使中央王朝能够在"笮"域设郡，仍然没有完全控制"笮"之交通。如汉武帝元狩二年，

---

① 刘弘、胡婷婷：《青铜矿产资源与西南夷社会结构和多民族分布格局》，《中华文化论坛》2014年7期。

发汉使者间出四道，北方皆闭氐筰。笔者认为四道中出"徙"道，自蜀郡向西或向南，被"筰"人阻滞不前。"出邛、僰道"是自犍为出发走"僰道"之后再西向抵"邛都"；或继续西行进入雅砻江流域，遭到"筰人"的阻滞不能前行；或突破"筰人"封锁，部分南下进入金沙江、滇西北一带遇到"昆明"的顽强抵制。可见汉使者所走四道中有两条道是可能经过"筰"域，经"筰"的交通路线向西求通域外之道，但是都遭到"筰"顽强抵抗，未能成行。直到三国时期张嶷平定"西夷"之乱，曾用兵于定筰，且结好越巂郡与汉嘉郡界的牦牛夷。这样才重开"牦牛道"及控制"筰"之盐资源，对"筰"之交通也有部分掌控。

前面也分析了"筰"生活的自然生态条件对其交通有限制的因素，同样也可以将"筰"生活的自然界线以内看作是中央王朝或"邛"难以适应的自然环境。高寒的高原草场上，长年累月依靠放牧牦牛形成的"筰"的交通路线，与在平原、河谷地区依靠人力、马、骡等形成的交通路线形成鲜明的差异。两种不同文化生态环境下形成的两类交通路线，彼此之间界域分明，各自利用其特点在特定之地点形成交流中心市邑。也可以说"筰"之交通一直为其自身控制，有很大一部分因素是得力于其特殊的自然环境和生业模式。

其三，"筰"域之交通上的文化交流十分繁盛，是古代半月形考古文化带上的重要集散区。在雅砻江中下游与金沙江交汇地区也是战国至西汉时期"筰"人活动的主要区域。这一区域的考古，出土的战国至西汉时期年限范围内的陶器、青铜器、小件饰品，反映出了不同系统的文化因素汇聚现象。

盐源地区的青铜文化与滇西青铜文化、川西石棺葬文化、北方草原青铜文化都存在着密切的联系。据学者研究，在宁蒗、永胜竖穴土坑墓葬中出土的山字格剑、铜斧、铜矛、双耳陶罐等器物在盐源老龙头墓地随处可见。[①]刘弘先生称宁蒗、永胜两地同时期文化遗存与老龙头墓地为代表的盐源青铜文化属于同一性质考古文化。[②]盐源青铜文化中发现有明显属于滇文化风格

---

①　云南省博物馆文物工作队：《云南宁蒗县大兴镇古墓葬》，《考古》1983年第3期。
②　刘弘：《对老龙头墓地和盐源青铜器的初步认识》，《老龙头墓地和盐源青铜器》，文物出版社，2009年，第188页。

的器物，如曲援戈、鞋型钺、铜鼓、铜钟等；而在滇文化中也发现的山字格剑属于盐源青铜文化。可以将永胜、剑川一线以北的滇西北地区与川西南盐源盆地划为一个大文化区，以区别于滇池地区的滇文化、洱海为中心的滇西青铜文化。①

老龙头墓地的墓葬结构与岷江上游和金沙江中游地区的石棺葬的墓葬形制非常接近，均为石板做盖、壁和底，所不同的是岷江上游石棺葬不用石板做底。刘弘认为，老龙头墓地的墓葬形制极有可能是受到了滇西和川西土坑墓和石棺葬（包括大石墓）共同的文化影响。②

盐源青铜文化具有北方青铜文化一些特征，如葬俗上用马头、马肢骨随葬，大量出土青铜马具、曲柄青铜剑、双圆饼首青铜剑、弧背青铜刀（削）、青铜人兽纹树形器、"双马"形器。③两地相似的青铜文化因素，有可能说明盐源青铜文化主人与北方草原游牧族群有关联。

盐源出土的青铜文化包含南北多种青铜文化元素，更加验证了童恩正先生提出古代中国自西南、西北、东北存在的一个"半月形"考古文化带。在这条"半月形"考古文化带上，"笮"显然扮演着重要的角色，同时期能够出土多元的文化因素，更加能证明"笮"之交通对于"半月形"文化带上各民族的交流有重要的作用。

2. "笮"之交通状况

笔者这里讨论的是战国至汉代这一时期的"笮"之交通，主要依据的是战国至汉代"笮"稳居在雅砻江中下游与金沙江交汇区，即今天盐源、木里、冕宁、攀枝花、盐边、宁蒗、永胜一带，也可以将这一地区称谓"笮"域。

"笮"北部的交通路线比较复杂，涉及与中央王朝汉族主体、青衣、邛三

---

① 江章华：《对盐源盆地青铜文化的几点认识》，《安宁河流域古文化调查与研究》，科学出版社，2012年，第362页。

② 刘弘：《对老龙头墓地和盐源青铜器的初步认识》，《老龙头墓地和盐源青铜器》，文物出版社，2009年，第192页。

③ 刘弘：《对老龙头墓地和盐源青铜器的初步认识》，《老龙头墓地和盐源青铜器》，文物出版社，2009年，第196页。

个古代民族之间的联系。以"筰"域为中心区域，北部分两条交通要道：西北向顺雅砻江上游而来，这条路线和"筰"的迁徙有密切关系；或自岷江上游西向入大渡河南下进入"筰"域，这条路线依托大渡河，与河东的青衣、中央王朝和邛都有密切联系。南部有南方丝绸之路支线：自邛都南下、西向入定筰继续向西、渡金沙江进入洱海（古昆明），经博南道通往域外。

北部之交通线的形成历史久远，和"筰"的迁徙密切相关。西北向顺雅砻江上游鲜水河而来，直接连接着三江上游地区和古代氐羌系民族发源地——甘青地区。据《后汉书·西羌传》载：

羌无弋爰剑者，秦厉公时为秦所拘执，以为奴隶……至爰剑曾孙忍时，秦献公初立，欲复穆公之迹，兵临渭首，灭狄獂戎。忍季父卬畏秦之威，将其种人附落而南，出赐支河曲西数千里，与众羌绝远，不复交通。其后子孙分别，各自为种，任随所之。[1]

这段文献记载可以得出在秦献公初立时征讨西戎，兵达渭首即是渭河上游。狄獂戎自"赐支河曲西数千里"南迁，赐支河是古代羌人所居住地区的一段黄河，在青海省海南藏族自治州境内。而赐支河以西数千里可能是阿尼玛卿山和巴颜喀拉山地区，也是雅砻江、金沙江、澜沧江的源处。以上可见公元前384年左右（秦献公初立），在青海河湟地区有一股羌种迫于秦势力而南下，其中就有"髦牛"（即髦牛种，越巂羌）。又马长寿先生认为，战国时代的西羌迁徙早就存在，中原历史文献往往不能详尽，但这并不能推翻战国时代氐羌持续不断向西南迁徙事实。[2]《汉书·地理志》载：

牦牛县，鲜水（雅砻江上游——引者注）出徼外，南入若水（雅砻江中下游——引者注）。若水亦出徼外，南至大莋入绳（金沙江——引者注）。[3]

① 范晔：《后汉书》，中华书局，1965年，第2875—2876页。
② 马长寿：《氐与羌》，上海人民出版社，1984年，第91页。
③ 班固：《汉书》，中华书局，1985年，第1598页。

西汉时期，有明确关于雅砻江与"笮"交通路线的记载。可见"笮"自雅砻江上游南下这条交通路线是早已存在的，和"笮"的南迁有密切的联系。

东北向自岷江上游西向如大渡河南下进入"笮"域，实际上也和"笮"的迁徙有密切联系。汉武帝元鼎六年设置的越巂郡郡治在"笮都"，就是今汉源北之清溪、九襄一带，处在大渡河中游。又段渝师曾指出"笮都是牦牛羌的一支，当是牦牛种之白狗羌"，并认为笮是岷江上游白狗羌南下到大渡河流域的一支。[1]很显然"笮"自从岷江上游迁徙至大渡河流域这条路线是存在的，这在文献中也能得到一定的说明。如《史记·大宛列传》：

乃令骞因蜀犍为发间使，四道并出：出駹，出冉，出徙，出邛、僰，皆各行一二千里。其北方闭氐、笮，南方闭巂、昆明。[2]

拙见以为，"出駹"道与"出冉"道是从蜀郡成都出发，北上到达"冉駹"所在的岷江上游地区，再有岷江上游汶茂地区向西行一二千里。经汶茂、理县、马尔康以西；或自松潘、红原、壤塘进入大渡河上游地带，受当地游牧族群"氐类"的阻滞。也就是元狩二年汉使者"出駹"道与"出冉"道是从岷江上游能到达大渡河上游的，那么也可以说"笮"有可能走这条路线。只不过"笮"进入大渡河上游后，可以顺大渡河南下进入雅砻江中下游；也有可能在南下的过程中在大渡河中游滞留一批，形成"笮都"。

在"笮"北部偏东还有一条交通要道与"笮"与青衣、蜀郡、邛的联系有关。就是汉代青衣故地的灵关道。据文献记载：

汉嘉县……高后六年开为青衣县。有蒙山，青衣水所发。东经县，南与沫水会。沫水从岷山，西来，出灵山下。其山上合下开，水出其间，至县东与青衣水合，东入于江。[3]

---

① 段渝：《四川通史》（卷一 先秦），四川人民出版社，2010年，第450页。
② 司马迁：《史记》，上海古籍出版社，2011年，第2387页。
③ 任乃强：《华阳国志校补图注》，上海古籍出版社，1987年，第198页。

据任乃强先生考证，"青衣水"为今芦山河，"灵山"是今云灵鹫山，其西为青衣水，又其西为"沫水"（今宝兴河），"其山上合下开，水出其间"指的是今上自灵关（今宝兴县治所）朱砂溪，下迄天全铜头场，通长近百里的峡江。[①] 可见这条灵关道自雅安经飞仙关，向北沿宝兴河至铜头场、灵关，越邛筰山至大渡河边之沈村、泸定进入筰人地域。

前文已考释任乃强先生变"道至险"为"道通邛筰，至险"，其意在坚持"临邛"非"邛"域。"严道县……道通邛筰，至险"之意当指有道路通往邛、筰，起点自然是"严道县"，而严道县在《常志》中已属于汉嘉郡，是中央王朝范围。任先生意图也可理解为从蜀郡（临邛）道路通往"邛、筰"的路线上有"长岭、若栋、八渡之难，杨母阁之峻"所排列的交通关隘[②]。笔者以为任先生变通理解《常志》之文有一定的合理性，比如指出"长岭[③]、若栋[④]"是自临邛至牦牛全线序列[⑤]。如果把临邛看成是邛域的范围，那么任先生所指的"自临邛至牦牛全线的序列——长岭、若栋"，也就是汉代灵关道所在路线是邛通往牦牛的路线。又因古代县的范围往往涵盖今天许多县的范围，古代临邛也不仅仅是今邛崃，很有可能涵盖了今宝兴县范围。故笔者认为，邛至牦牛一线交通应是自临邛取此灵关道可西向翻越邛筰山，进入大渡河边之沈村，任先生认为沈村是牦牛县所在地，当属筰人区域。或自临邛沿零关道，经今雅安南下抵达筰都（汉源）。

另外，南部"筰"之交通路线主要是连接邛与滇，是南方丝绸之路的重要支线。

---

① 任乃强：《华阳国志校补图注》，上海古籍出版社，1987年，第200页。
② 任乃强：《华阳国志校补图注》，上海古籍出版社，1987年，第201页。
③ 长岭，任先生认为是火井槽大山，笔者根据文意，认为长岭就是"其山上合下开，水出其间，至县东与青衣水合"的古灵山，今名灵鹫山。
④ 按，"若栋"任先生认为是桥阁地名，挡在飞仙关附近青衣水侧。
⑤ 任乃强：《华阳国志校补图注》，上海古籍出版社，1987年，第201页。

（三）临邛——"邛""笮"与中央王朝的贸易

《华阳国志·蜀志》记载：

临邛……从布濮水来合（火）文井江。有火井……井有二水，取井火煮之，一斛水得五斗盐。……有古石山，有石矿，大如蒜子。火合烧之，成流支铁，甚刚。……汉文帝时以铁铜（山）赐侍郎邓通。①

文献中记载可知，临邛古代有丰富的盐矿、铁矿、铜资源。又："临邛县，本有邛民。秦始皇徙上郡民实之。"说明在秦灭蜀之前邛人是在这一地区生活过的。后来秦灭蜀，很快就控制了临邛，张仪在临邛建城。

又《华阳国志》载："临邛城，周回六里，高五丈。造作下仓，上皆有屋。而（任乃强先生改为：门）置观楼射兰。"②可见秦对临邛非常重视，这应当和临邛丰富的矿产资源有关系。

临邛除了有丰富的矿产资源外，在地理位置上也很重要。《华阳国志·蜀志》记载"临邛县，本有邛民"，古代临邛县，大致包括今蒲江、邛崃、大邑等地③。笔者前文已讨论过秦灭巴蜀之前的"临邛"曾是邛人活动的北界，这里讨论"临邛"是放在战国至汉代时期。关注的是"邛""笮"与中央王朝三者在"临邛"的贸易关系。临邛，任乃强先生解释为"临近邛笮山"④，邛笮山就是今大相岭（又称泥巴山）。临邛以北是成都平原，临邛正好处在成都平原与川西山地的地理分界线上。同时战国至汉代时期的临邛，西部一直是"笮"的活动区域，南临近"邛都"，北就是古蜀、秦汉蜀郡。也可以说"邛""笮"和蜀、中央王朝三方联系的汇集地也在"临邛"。

---

① 任乃强：《华阳国志校补图注》，上海古籍出版社，1987年，第157页。

② 任乃强：《华阳国志校补图注》，上海古籍出版社，1987年，第128页。

③ 刘琳：《华阳国志校注》，巴蜀书社，1984年，第245页。

④ 任乃强：《华阳国志校补图注》，上海古籍出版社，1987年，第160页。

1. 战国至汉代"临邛"与"邛"的文化交流

"临邛"在秦灭蜀之前和"邛"的关系本为一体，随后被秦汉设置的蜀郡纳入建制范围之内。但是"临邛"和"邛"的联系一直延续，临邛作为邛北部的重要交通出口。连接着邛与蜀及后来的秦汉蜀郡之间的文化交流。南方丝绸之路的西干线"牦牛道"第一段就是从成都经"临邛"至"邛都"这一段。

反映了古代"邛"生活状况的安宁河流域大石墓葬，其考古出土出现了北方草原青铜文化、川西青铜文化、滇西和滇文化等文化因素。但是却极少见到有巴蜀文化因素，这是一种奇异的文化现象，直接反映出邛与蜀文化之间的交流极少，这应当和蜀与邛之间竞争关系有关。《华阳国志·蜀志》："保子帝攻青衣，雄张獠、僰。"保子帝是开明三世，青衣指的是今青衣江流域的芦山县、宝兴县、泸定县与金川县[①]。可见保子帝时蜀有一股强势南下的军事活动；"临邛"很有可能就是在开明王朝时期就已经被蜀占据，邛也极有可能就是在开明王朝时期就南退，不再在邛笮山以北活动了。如《华阳国志·佚文》：

邛崃山本名邛笮，故邛人、笮人界也……在邛崃山表，邛人自蜀入，度此山，道甚险，南人毒之，故名邛崃。有鲜水，[入]若水，一名洲江。[②]

可见邛人确实有自邛笮山北退入邛笮山以南的史载，笔者以为这与开明时期蜀向南有强行的军事活动有关。邛人退入"邛笮山"以南后，与蜀的交流就少了。一方面蜀占据了"临邛"，掌握了原来邛人的盐、铁、铜等资源；另一方面蜀人把"邛"人逼离"邛笮山"北。两方面原因导致开明时期的蜀和邛两者之间关系紧张，交流甚少，才可能出现大石墓葬中少见巴蜀文化因素的情况。

---

① 任乃强：《华阳国志校补图注》，上海古籍出版社，1987年，第124页。
② 刘琳：《华阳国志校注》，巴蜀书社，1984年，第965—966页。

自秦灭蜀在"临邛"筑城之后，秦汉时期的中央王朝都非常重视"临邛"的重要地位。秦灭蜀之后想南下对楚实行战略上的包抄，汉王朝也极力在"西南夷"地区开疆辟土，而自蜀南下进入"西南夷"地区必经"临邛"。秦汉时期安宁河流域考古出土发现越来越多的中原文化因素，如大石墓拉克四合M8出土铁指环、"四铢半两"钱和印章等，学者将这一时期断为西汉末期[①]。秦汉时期南方丝绸之路也越来越受到中央王朝官方的重视，"临邛"的地位对于南方丝绸之路来说是极其重要的。

2. 战国至汉代"临邛"与"筰"的文化交流

"临邛"与"筰"之间的交通，前面在"邛"与"筰"的交通路线之北向中已经说明。大致自临邛取灵关道向西越邛筰或南下经零关道抵达筰都（汉源）。这条交通路线在"邛"退入"邛筰山"以南，失去"临邛"之后变成了蜀郡通往"筰"（牦牛）的一条交通要道。这条交通贸易路线的形成时间久远，围绕在临邛周围的相关历史族群有邛、青衣、徙、筰。这些族群相互之间的交流促成了古代这一地区的贸易路线，其中临邛的位置一直很重要。任乃强先生就认为，"临邛"是邛、筰、滇入蜀门户，是商贸所会集之地[②]。可见"临邛"对"筰"的文化交流持续产生影响，也是连接"筰"与蜀、蜀郡的重要枢纽地。

盐源青铜文化是典型的"筰"文化代表，在盐源青铜文化出现的多元文化因素中，也有巴蜀文化元素。如盐源盆地青铜器中的三角形援铜戈，据研究这种戈援部尖长，援本处略向上、下延伸，整个援部呈锐三角形，是以蜀戈中的一种长三角援无胡戈为"祖型"演变而来。[③]这种蜀式戈在"筰"生活范围内出现，也说明了筰与蜀之间的文化交流，两者之间交流必经临邛。

---

① 左志强：《安宁河流域大石墓遗存分期研究刍议》，《安宁河流域古文化调查与研究》，科学出版社，2012年，第403页。

② 任乃强：《华阳国志校补图注》，上海古籍出版社，1987年，第160页。

③ 刘弘：《论蜀式戈的南传》，《四川文物》2007年第5期。

另外还在盐源盆地发现有巴蜀文化因素的鍪、"巴蜀图语"带钩[1]，这些属于巴蜀文化因素的生活器物能够在"笮"域出现，可能是从"临邛"这个贸易市场带入的。

秦汉时期的蜀郡，已为中央王朝一部分，从"笮"通往蜀郡的交通仍然是必经"临邛"。只是这一时期，中央王朝与"笮"之间的交流往往超越了经济贸易，甚至带有一些政治目的。《史记·西南夷列传》："巴蜀民或窃出商贾，取其笮马、僰童、牦牛，以此巴蜀殷富。"其中"笮马""牦牛"都是来自"笮"域。蜀商将这些输运到中央王朝区域，销路广泛，商利丰厚，可见蜀地与"笮"之间有密切的经济贸易关系。"笮马""牦牛"这些有名的物产和"笮"地出土的蜀式器物是相互贸易关系的印证。另外汉武帝时期对西夷多次开辟，设置郡县，如沈黎郡就是以"笮都"为中心，可见中央王朝与"笮"的交流也带着强烈的政治意图。

结　语

本节主要从横向整体结构上对战国至汉晋时期"邛""笮"民族的状况进行研究。主要涉及他们的地域范围、生业状况、社会结构、贸易交通、文化交流方面。基于此笔者得出如下结论：

（1）邛人的生活生态环境决定其是以耕作为主的农业民族，在秦汉之前他们的农业生产水平相对较低，文化面貌也比较原始。秦汉势力进入邛域后，在农业生产技术上对邛的改进贡献颇多，邛地生产水平、文化面貌有质的变化。从大石墓的考古资料分析来看，邛的社会结构为原始部落联盟的氏族社会。在贸易交通、文化交流方面，邛在整个西南少数族群中地位突出，特别是与中央王朝、笮的联系最为密切。中央王朝进入邛域对邛的生活范围、生态资源、族群关系和贸易联系改变甚多。

（2）笮人的生活自然地理环境决定其游牧性，和放牧牦牛有着密切的

---

[1] 凉山彝族自治州博物馆、成都文物考古研究所：《老龙头墓地与盐源青铜器》，文物出版社，2009年，第192页。

联系。他们生活空间大致限制在高原草场的雅砻江流域、大渡河上中游流域、金沙江流域。这种天然的自然生态条件实际上也是一条西南地区的游牧与农耕的自然分界线，作为农耕文明高度发达的代表，中央王朝很难控制这些游牧地区及相关族群。根据"筰"文化考古典型代表的川西、滇西北地区石棺葬资料分析可知，筰是一个复杂的酋邦社会体系，社会结构内部等级差异明显。筰在西南地区乃至更大范围（东南亚、北方草原）文化交流中地位显著，其内部贸易交通路线十分复杂。

（3）"邛""筰"作为相互毗邻的两个民族，联系十分密切，有发达贸易交通路线。同时在各自的生态资源上互补性极强，如"筰"地的丰富盐矿资源和"邛"域的铜矿资源在生态上构成互补。

此外，从"邛""筰"二者的贸易交通路线为线索，梳理它们彼此之间以及各自与中央王朝的联系。"邛""筰"的贸易交通路线比较复杂，历史时期的西南少数民族地区的交通道路形成久远，在不同地域、不同文化相互交流上作用明显。以"邛""筰"、中央王朝为主体，涉及青衣、徙，形成了以南方丝绸之路西干道——"西夷道"为南北贯通的干线，另外北部有以雅砻江、大渡河、汉代零关道为三条纵向的河谷交通线，偏南有自僰道向西的一条东西横向交通线。

第三节　战国秦汉时期笮人迁徙及与牦牛的关系

　　战国秦汉时期笮人是一个以放牧为主、耕作为辅的族群，秦汉时期聚居在雅砻江流域，史籍所载地名有笮都、大筰、筰秦、定筰。牦牛是秦汉时期西南少数族群中的重要一支，史籍中关于牦牛的记载往往都和笮联系在一起。战国秦汉时期牦牛和笮在活动地域范围上重合，文献记载也有很强的相似性，特别是同时期同地域的考古发掘有着密切的共性，属于石棺葬文化系统。诸多资料显示，战国秦汉时期的牦牛和笮是同一族群。近年来盐源老龙头墓地的发掘，揭开了研究战国秦汉时期笮人活动的序幕。古笮人也是文献中记载的牦牛，他们从先秦时期古笮人的甘青河湟地区西从阿尼玛卿山与唐古拉山之间的三江上游，进入雅砻江、大渡河和金沙江以及澜沧江流域。或东向自阿尼玛卿山东侧，入岷江上游，经迭部—松潘—茂汶—理县，或经迭部—松潘西向经红原、黑水汇聚马尔康入大渡河上游，沿大渡河南下。他们在广阔的川西高原河谷地带不断地南迁，最终雅砻江中下游成为笮人中心区域。

一、战国秦汉时期西南笮人

（一）战国秦汉时期笮人

　　根据《史记·西南夷列传》记载："西南夷君长以什数……自巂以东北，君长以什数，徙、笮都最大；自笮以东北，君长以什数，冉駹最大。其俗或土著，或移徙，在蜀之西。"可知古代笮人的社会是"土著"，即定居耕作的生业方式，而"移徙"当作"随畜迁徙"解，也就是他们既有耕作也有放牧的生活方式。

1999年11月和2003年3月凉山州博物馆对盐源老龙头墓地进行两次抢救性发掘，发掘一批墓葬和祭祀坑，出土了大量具有鲜明区域特点和民族特色的文物，反映出它是西南地区的一种全新的考古学文化，学界目前认定盐源青铜文化主人是笮人。最先讨论盐源青铜文化族属的是童恩正先生，他认为："雅砻江流域则以石棺葬为主，陶器以双耳、单耳罐为其特征，铜剑为缠猴状茎三叉格类型，另有锯齿形长剑格的铜柄铁剑。在汉代与濮人同时居住于这一地区的另一支大的民族，即为笮人。"①林向先生认为："盐源盆地战国秦汉间的居民很可能是西南夷中的笮人。"②刘弘、唐亮著文认为："盐源青铜文化典型代表老龙头古墓葬与盐源青铜器应该与笮人密切相关。"③

《老龙头墓地与盐源青铜器》一书，系统地概括了笮人所属的川西石棺葬文化："以石棺葬为主的墓葬形式（包括少量土坑墓），葬式以仰身直肢葬为主，另有少量其他的葬式，墓葬中常用牲畜殉葬；出土器物以螺旋纹双大錾耳罐、山字格铜剑、山字格铜柄铁剑、曲柄铁剑、双圆柄首铜短剑、带柄铜镜、马具和各式铜泡钉为主要组合，以上特点构成了川西至滇西考古学文化遗存的主要特征。"据书中观点，老龙头墓地出土丰富的游牧人群使用器物和狩猎工具，但是农业及其生产工具匮乏。④对于盐源青铜文化年代的认定，学界大多数学者借助于老龙头墓地和盐源征集器物的研究，都认为盐源青铜文化年限约在战国至西汉时期。

综上文献和考古资料的分析来看，可以推知战国秦汉时期笮人是活跃在川西高原，以畜牧为主、耕作为辅的族群。

---

① 童恩正：《近年来中国西南民族地区战国秦汉时代的考古发现及其研究》，《考古学报》1980年第4期。

② 林向：《四川西南山地盐源盆地出土的战国秦汉青铜树》，《华夏考古》2001年第3期。

③ 刘弘、唐亮：《老龙头墓地和盐源青铜器》，《中国历史文物》2006年第6期。

④ 成都市文物考古研究所、凉山州博物馆：《老龙头墓地与盐源青铜器》，文物出版社，2009年。

（二）笮人与牦牛

笮和牦牛的关系在古代文献记载中也十分密切：《史记·西南夷列传》载："南越破后，乃以邛都为越巂郡，笮都为沈黎郡，冉駹为汶山郡，广汉西白马为武都郡。"及《后汉书·莋都夷传》载："元鼎六年，以为沈黎郡。至天汉四年，并蜀为西部，置两都尉：一居牦牛，主徼外夷；一居青衣，主汉人。"武帝元鼎六年置沈黎郡，治所在笮都县(今四川汉源东北)。后至天汉四年罢郡，置蜀郡西部都尉，其一治牦牛，主徼外羌人。其一治青衣，主汉人；汉灵帝时又改为汉嘉郡。"又《华阳国志·汉嘉郡》记载："辖汉嘉县、徙阳县、严道县、牦牛县。"

蒙默先生已指出秦汉时期沈黎郡治所笮都（县）——作为地名难见于东汉以后文献记载①，但是从沈黎郡到蜀郡西部两都尉再到汉嘉郡，可以看出牦牛县一直存在，而且是作为汉化之外的徼外夷。从以上文献中也能看出，牦牛部落是生活在原笮人所在地域内。

牦牛作为族群却不记于《史记·西南夷列传》，而仅是记地产之牦牛。这一现象出现并不是不可理解，抑或断言西南夷中没有牦牛族群。首先，司马迁时代牦牛作为西南夷一个部落是存在的，这在《后汉书·莋都夷传》有明确答案，太史公不会不知道这一点的。其次，司马迁知而不载牦牛部落的意图约有两种可能：一是牦牛种属于所记述的诸多西南夷族群中的一支，二是牦牛种就是某个所记述的西南夷族群，而且这两种认识在当时都应是熟知的常识②。

《西南夷列传》载："自巂以东北，君长以什数，徙、笮都最大。"张守节正义引《括地志》："笮州本西蜀徼外，曰猫羌（巂）。"③这里的猫和髦、牦音同，猫羌当是牦牛羌，也就是笮人。④民族地区的地名、水名往

---

① 蒙默：《试论汉代西南民族中的"夷"与"羌"》，《历史研究》1985年第1期。
② 按，李星星师曾给笔者介绍在不同母语的藏族语地脚话中"若一笮"发音指牦牛，在康方言中"涅一扎"也是牦牛意思。
③ 司马迁：《史记》，上海古籍出版社，2010年，第2265页。
④ 方国瑜、和志武：《纳西族渊源、迁徙和分布》，《民族研究》1979年第1期。

往反映出重要历史信息，雅砻江上游"扎曲河"和澜沧江上游的"扎曲河"在藏语中同音词的意思就是"牦牛江"，雅砻江的"雅砻"在民族语的发音就近似牦牛词音。雅砻江古称"若水"，和其上游"扎曲河"以及"筰"，其中"若—扎—筰"都是音近的，都是指牦牛。①

刘琳注牦牛县引《方舆纪要》卷七十三："牦牛城在黎州千户所（汉源之清溪）南"和《水经注·沫水》："沫水（大渡河）出广柔徼外，东南过牦牛县北，又东至越巂零道县（甘洛一带）。"②这与《史记》载："以筰都（今四川汉源东北）为沈黎郡"的筰都地理位置十分相近，大致是今汉源大树堡、九襄一带，既是牦牛县也是筰都县。

李绍明先生在《简论牦牛文化与牦牛经济》文中，引清代纪昀按《水经注·江水注》云："筰都即牦牛县，亦曰牦牛道，故城在今雅州府清溪县南部。"③这条史料也说明了筰都和牦牛关系十分密切。

段渝先生在《四川通史》（卷一　先秦）中也认为"筰都是牦牛羌的一支，当是牦牛种之白狗羌"，并认为筰是岷江上游白狗羌南下到大渡河流域的一支。④

综上对古代筰都和牦牛的几点分析，基本上可以得到一个认识：古代西南筰人和牦牛部落关系十分相近，几乎是同一古族群。

二、战国秦汉时期筰人的迁徙

牦牛、筰人是古代西南一支半耕半牧的族群，他们大致生活在高原牧场与高原河谷地带。这种"放牧为主，耕作为辅"的古代少数族群与外界的交

---

① 按，学界存在沈黎郡治所筰都的其他两种观点：1．任乃强先生《华阳国志校注补图注》中认为沈黎郡治所在大渡河上游之沈村；2．石硕先生《汉代的"筰都夷""牦牛徼外"与"徼外夷"——论汉代川西高原徼之划分及部落分部》，认为汉置沈黎郡的治所筰都定在青衣江宝兴、芦山一带，而非传统考据考证的汉源；本节取传统考证观点汉源说。
② 刘琳：《华阳国志校注》，巴蜀书社，1984年。
③ 李绍明：《藏彝走廊民族历史文化》，民族出版社，2008年。
④ 段渝：《四川通史》（卷一　先秦），四川人民出版社，2010年，第450页。

流主要依靠的是放牧型的生活方式。李星星先生在《粟（小米农业）经长江上游南传的途径与方式》文中描述了类似这样的族群有两个活动半径：即聚落半径和游牧活动半径。[1]李老师说的"第二半径"即游牧半径具有移动交流功能。牦牛部落作为高原地带的放牧与耕作结合的古代族群也同样存在着类似的"第二半径"，这个半径对牦牛部落与外界交流起着巨大作用。牦牛部落迁徙交流活动也一定是主要依靠放牧牦牛的方式。牦牛放牧半径不断地发生交流互动并移动，就带动整个族群的迁徙，或者为族群迁徙提供充足的准备条件。

（一）牦牛部落迁徙说

牦牛部落大致是从西北向南迁徙，在先秦时期持续不断地进行。有明确记载的是《后汉书·西羌传》记载："羌无弋爰剑者……至爰剑曾孙忍时，秦献公初立，欲复穆公之迹，兵临渭首，灭狄獂戎。其种人附落，而南出赐支河曲西数千里，与众羌绝远，不复交通……其后子孙分别，各自为种，任随所之。或为犛牛种，越巂羌是也……"这段文献记载可以得出在秦献公初立时征讨西戎，兵达渭首，即渭河上游。狄獂戎自"赐支河曲西数千里"南迁，赐支河是古代羌人所居住地区的一段黄河，在青海省海南藏族自治州境内。而赐支河以西数千里可能是阿尼玛卿山和巴颜喀拉山地区，也是雅砻江、金沙江、澜沧江的发源处。以上可见公元前384年左右（秦献公初立），在青海河湟地区有一股羌种迫于秦势力而南下，其中就有"犛牛"（即犛牛种，越巂羌）。

马长寿先生在《氐与羌》书中认为："先秦时代古羌人从河曲向外迁徙大致有三四次……直到关内秦国成为一个大国，阻止了西羌向东发展的道路，于是河湟的西羌不得不改变原有的游牧方式为农耕与畜牧并举，同时还

---

① 李星星：《粟（小米农业）经长江上游南传的途径与方式》，《中华文化论坛》2005年第4期。

有一部分自此向西南方向迁徙。"①可以想见，先秦时代的西羌迁徙早就存在，中原历史文献往往不能详尽，但这并不能推翻先秦时代氐羌持续不断向西南迁徙的事实。

民族地区的传说和宗教往往也能够反映出民族迁徙的历史。李星星著文《藏彝走廊的地理范围及古藏缅语族群活动的假说》言："现居川滇乃至南亚一带的藏缅语族各民族都有从北方迁来的传说。任乃强先生认为彝语支民族尤其彝族先民是来自怒江、澜沧江上游；方国瑜先生认为纳西、傈僳等彝语支民族先民是来自大渡河、岷江上游；李绍明先生认为大体纳西语西部方言族群先民是来自金沙江上游，而东部方言族群则是来自雅砻江上游；蒙默先生认为彝族先民是来自雅砻江上游。"②这些族群在追述自身历史时都有南迁的传说，在族群长期的迁徙历史中，最初记忆往往会因为历史湮灭、失忆、宗教信仰改变而模糊，但这些因素产生的差异不足以推翻族群南迁的历史。

石棉、冕宁、九龙三县交界的则尔山上周边民族有一个传说流传："则尔山上有个海子，被当地称为青海子。而且都传说世上的牦牛都是从青海子冒出来的，所有的藏民都是从这个青海子出来的。"③这个青海子和青海湖名称一致，从民族迁徙历史来看，很可能是牦牛部从青海湖南下迁徙达到过则尔山，所以将族群原来放牧的青海湖名字拿来命名这个海子，同时把青海子作为他们溯源历史的象征。这个传说才渐渐发生、发展、形成，可以为牦牛部南迁提供证据。这则青海子的传说资料更能验证牦牛部从青海河湟地区游牧南下的可能。在川西、滇西北高原，聚居的摩梭、纳木依、尔苏、木雅、柏木依等，都可能与古代笮人即牦牛有渊源关系或包含古笮人或牦牛遗裔。因此他们在文化中或可发现更多的依据，这还有待深入研究。

符合高原草场的放牧牦牛的海拔条件，在四川只有甘孜、阿坝、凉山三州范围。同时又要有耕作生产，只能聚集在高原河谷地带。始点是西北的青

---

① 马长寿：《氐与羌》，上海人民出版社，1984年。
② 李星星：《藏彝走廊的地理范围及古藏缅语族群活动的假说》，收入《藏彝走廊历史文化学术讨论会论文集》，成都，2003年。
③ 李星星：《以则尔山为中心的尔苏藏族社会》，《中华文化论坛》2011年第2期。

海河湟地区，目的处在笮人活动中心区雅砻江流域。这样考虑迁徙路线范围就大大缩小了，其余只要在符合条件的范围内找一些证据。

（二）雅砻江、大渡河流域牦牛（笮人）迁徙的遗痕

民族地区的地名、水名往往和民族迁徙的历史密切相关。在牦牛部活动的范围内，也留下他们的地名和水名。雅砻江上游"扎曲河"和澜沧江上游的"扎曲河"在藏语中同音词的意思就是"牦牛江"，说明在今青海玉树、海南藏族州原有牦牛部落生活过。另外在摩梭人中，称雅砻江的"雅砻"在民族语的发音就近似牦牛词音。雅砻江古称"若水"及其上游"扎曲河"以及"笮"，其中"若—扎—笮"都是音近的，都指的是牦牛。所以雅砻江也是牦牛江，可以推断牦牛部在雅砻江上游到中游都是广泛分布，也极可能顺江而下迁徙。路线约为：扎曲河—甘孜—道孚—雅江—九龙—木里—盐源—盐边。

大渡河上游也非常接近鲜水河（雅砻江上游），牦牛部极可能从雅砻江流域沿甘孜—炉霍—道孚—丹巴—泸定—汉源一线迁徙。这条路线上有力的证据是大渡河上游的东谷河东向与大金川河汇合丹巴后为大渡河。而东谷河又是牦牛河，有牦牛村名，邓廷良先生认为这条河是牦牛河、牦牛谷是牦牛的发源。[1]这足以证明牦牛部在大渡河流域迁徙留下的脚印，我们足以幸运的是还能够感受到这些脚印的存在。

川西高原的石棺葬的葬式主要有石板墓、石棺葬、土坑墓和石板卵石结合的墓葬。虽然川西地区的石棺葬式各异，但是这一地区石棺葬出土的器物具有很多共性，属于同一个文化类型。四川巴塘、雅江的石板墓出土陶器代表有：双大耳罐、单耳罐、陶簋、陶杯；铜器有：无格扁茎青铜剑、短铜刀、铜环、铜手镯。甘孜吉里龙古墓葬出土陶器代表有：单耳罐、双耳罐、陶簋；铜器有：铜刀、铜柄铁刀、铜泡和铜环。新龙谷日石棺葬出土陶器代表有：双耳陶罐、单耳陶罐、无耳陶罐和单耳杯；出土铜器有：山字格扁茎

---

① 邓廷良：《西南丝路之考察札记》，成都出版社，1990年。

铜剑、柳叶形铜矛、铜手镯等；另有骨器和3枚绿松石珠。在大渡河流域的丹巴、康定和汉源等地都有石棺葬出土。雅砻江下游的盐源老龙头墓地出土的陶器、青铜器和装饰品都和雅砻江上游诸地的石棺葬出土器物十分相似，属于同一文化类型。特别是在甘孜吉里龙古墓葬中发现有用狗、牛头殉葬和肢解的马殉葬，[①]这与盐源老龙头墓地出现的马肢骨葬俗一致。这些足以说明盐源盆地的古笮人牦牛部落和雅砻江上游族群关系十分密切，应该是同一族群在历史时期迁徙留下的痕迹。

战国秦汉时期雅砻江、大渡河流域出土的石棺葬文化和盐源盆地的青铜文化属于同一文化类型。这一广泛的区域都是《后汉书·南蛮西南夷传》所载的"牦牛徼外"，同时这一区域的地名、水名和民族语言都和牦牛有着渊源的关系。笔者认为雅砻江、大渡河流域范围在战国秦汉时期主要是牦牛部落，这一区域出土的考古器物主要是氐羌支系牦牛部落南迁的历史遗留。

（三）金沙江流域牦牛、笮人迁徙的遗痕

金沙江古称麽沙江，意为麽沙人居住的江。同时"麽沙"在民族语中也有牦牛的意思，指牦牛部落。金沙江流域居住着纳西族，方国瑜、和志武先生著文《纳西族渊源、迁徙和分布》认为："纳西族渊源于远古时期居住在我国西北河湟地带的羌人，向南迁徙至岷江上游，又西南至雅砻江流域，又西迁至金沙江上游东西地带。"[②]文中通过对民族语言和历史文献的分析，认为纳西族（麽些、麽沙夷）是川西高原的牦牛族群、笮人南下的一支。方先生所言自岷江上游又西南至雅砻江再西迁到金沙江上游的迁徙路线，需进一步谨慎来看。

金沙江流域考古在西藏贡觉县、云南德钦县和丽江金沙江河谷地区发现

---

① 以上分别参考《四川甘孜县吉里龙古墓葬》，《考古》1986年第1期；格勒：《新龙谷日的石棺葬及其族属问题》，《四川文物》1987年第3期；扎西次仁：《甘孜州石棺葬文化概述》，《康定民族师专学报》1990年第1期；《雅江的石板墓》，《考古》1981年第3期；《四川汉源大窑石棺葬清理报告》，《考古与文物》1983年第4期。

② 方国瑜、和志武：《纳西族渊源、迁徙和分布》，《民族研究》1979年第1期。

有石棺葬出土。这一地区的石棺葬出土的陶器以无耳、单耳、双耳陶罐为
典型；出土青铜器以柳叶形青铜矛、曲茎无格青铜短剑为典型；其他还出土
了石镞、铜镞、海贝、铜环、绿松石等器物。这些器物的特征都与甘青地区
的齐家文化陶器、岷江上游石棺葬联系密切。而这一地区的石棺葬青铜时代
约为春秋到两汉时期，说明在西汉之前笮人牦牛已经活跃在金沙江流域。这
与笮人牦牛活动时代吻合，但是和学界普遍认为的笮人在汉武帝天汉四年[①]
渡大渡河南下进入雅砻江流域不合。金沙江流域活跃的西北氐羌系族群可能
并非沿岷江—雅砻江—金沙江而来，很有可能是自三江上游顺金沙江南下。
木基元在《丽江金沙江河谷石棺葬初探》一文中，通过系统的类比分析，认
为这一地区古代族群来自西北的氐羌文化，随畜迁徙，不断南下，经德钦到
格子金沙江沿线，并到达丽江，与滇文化结合，形成了一个独特的文化族
系。[②]

　　以上可见古代笮人（牦牛）部落很有可能沿着《后汉书·西羌传》所载
的"西出赐支河数千里"的三江上游地区南迁。其中顺金沙江上游南下是一
条通道，在这条通道上也正好找到符合笮人（牦牛）南迁留下的考古、民族
语言遗迹。

（四）岷江上游、青衣江上游区域牦牛（笮人）迁徙的遗痕

　　《史记·西南夷列传》载："以邛都为越巂郡，笮都为沈黎郡，冉駹为
汶山郡，广汉西白马为武都郡。"汶山郡主要指的是今岷江上游地区，《汉
书·武帝纪》颜师古注引服虔曰："今蜀郡北部都尉所治本笮都地也。"又
蜀郡北都都尉就是指冉駹都尉，可知在岷江上游地区有笮人的活动。沈黎郡
主要指今大渡河中游、青衣江及雅砻江中上游地区。沈黎郡治所在笮都，据
考证在汉源清溪南到大树堡一带。沈黎郡在天汉四年废除而设置两部都尉，

①　段渝：《四川通史》（卷一　先秦），四川人民出版社，2010年，第450页。
②　木基元：《丽江金沙江河谷石棺葬初探》，《东南文化》1995年第2期。

其一治牦牛（今汉源九襄一带），另一治青衣（今雅安芦山县）。①废除沈黎郡而设置蜀郡两部都尉，是西汉王朝将治理西北疆域的政策用于西南。废郡为都尉是西汉王朝在西南势力收缩，具体实施是"一主汉人，一主徼外夷"的夷汉分治。那么主徼外夷的牦牛显然是原沈黎郡笮都夷，也是原沈黎郡的大部范围。同样，东汉时期在沈黎郡故地设置汉嘉郡，但是汉嘉郡的辖地要小于沈黎郡。原沈黎郡牦牛部族仍然大部分活跃在大渡河以西，雅砻江中上游，这些区域并不在汉嘉郡范围内。以上可知，牦牛（笮人）在岷江上游、青衣江上游都有活动的痕迹。

1973年冯汉骥、童恩正发表《岷江上游石棺葬》一文，开启了学界对岷江上游乃至整个西南地区的石棺葬研究。在茂县城关、茂县撮箕山、茂县牟托、茂县营盘山、理县佳山和马尔康县孔龙村都有大量的石棺葬发现。②这一区域的石棺葬出土典型陶器：有双耳罐、单耳罐、高颈罐、篦形器、单耳杯、碗、盂形器、纺轮、泥杯形器等；典型铜器：铜剑、铜柄铁剑、铜戈、铜钺等；装饰品：铜扣、铜泡饰、铜带钩、铜牌饰、金银项饰和琉璃珠等。③岷江上游石棺葬文化的族属讨论中童恩正、林向、沈仲常、李复华、李绍明诸位先生都认为和西北氐羌人有关。④段渝先生也认为：川西高原岷江上游的石棺葬是氐族文化，雅砻江、金沙江和大渡河流域石棺葬是羌族文化。⑤这些认识实为确论，笔者认为同时期活跃在这一区域的氐羌一支极有可能是笮人（牦牛）。

青衣江上游宝兴县瓦西沟、宝兴县陇东老杨村、宝兴县汉塔山都有石棺葬出土，但这一区域考古出土的器物和典型石棺葬文化面貌有明显的区别。如宝兴县汉塔山战国土坑墓出土的陶器：罐有30件，另有釜、碗、盏、杯

① 任乃强：《华阳国志校注补图注》，上海古籍出版社，1987年，第200页。
② 冯汉骥、童恩正：《岷江上游石棺葬》，《考古学报》1973年第2期。
③ 罗二虎：《20世纪西南地区石棺葬发现研究的回顾与思考》，《中华文化论坛》2005年第4期。
④ 罗二虎：《20世纪西南地区石棺葬发现研究的回顾与思考》，《中华文化论坛》2005年第4期。
⑤ 段渝：《四川通史》（卷一 先秦），四川人民出版社，2010年，第443页。

等，单耳罐只有2件；随葬出土铜器253件，山字格无格铜剑、铜刀、铜矛和铜镞（双翼、三翼）。①罗二虎先生在青衣江上游的考古出土文化分析中，认为在春秋至战国前期，宝兴的石棺葬文化几乎完全未受到来自四川内地文化的影响，而这种影响大约是在战国后期才出现的。青衣江上游应该是在两种文化的边缘地带，存在着两种文化的相互影响和交流。②这也十分符合秦汉时期笮人（牦牛）和东部汉人分居的实际情况，也可以说青衣江上游是牦牛和汉人接触最频繁的地区，是夷汉两种文化交汇密集区。也能验证笮人（牦牛）生活在青衣江以西，大渡河中游、雅砻江中上游广泛地区。

结　语

青藏高原东麓考古发现很多石棺葬，这地区南北走向的横断山脉，以及纵贯其间的怒江、澜沧江、金沙江、雅砻江、岷江等多条水系所形成一条上接甘青地区、中经藏东和川西高原、南抵滇西北高原的南北狭长走廊地带。③川西高原的石棺葬发现地点有雅江、巴塘、甘孜吉龙里、炉霍卡莎湖、新龙、丹巴中路乡、道孚、康定。④雅砻江中下游石棺葬发现地点有：汉源、木里、盐源老龙头墓地、盐边渔门。金沙江流域石棺葬地点有西藏贡觉、四川巴塘、云南（丽江、中甸、华坪、永胜）。⑤岷江上游石棺葬地点有汶茂（城关、撮其山、牟托、营盘山）、理县佳山、马尔康孔龙村；青衣江上游石棺葬地点有宝兴县⑥。笔者认为这一地区共同的考古学文化特征（西南石棺葬文化）以及民族语言、传说的遗留，联系上历史文献中的牦牛

①　四川省文管会、雅安地区文管所、宝兴县文管所：《四川宝兴汉塔山战国土坑积石墓发掘报告》，《考古学报》1999年第3期。

②　罗二虎：《试论青衣江上游的石棺葬文化》，《四川大学学报》1999年第3期。

③　罗二虎：《20世纪西南地区石棺葬发现研究的回顾与思考》，《中华文化论坛》2005年第4期。

④　扎西次仁：《甘孜州石棺葬文化概述》，《康定民族师专学报》1990第1期。

⑤　木基元：《丽江金沙江河谷石棺葬初探》，《东南文化》1995年第2期。

⑥　四川省文管会、雅安地区文管所、宝兴县文管所：《四川宝兴汉塔山战国土坑积石墓发掘报告》，《考古学报》1999年第3期。

河笮人记载，大致与牦牛、笮人南下迁徙留下的痕迹物证相对应。

综合以上文献材料、民族学材料和考古诸多材料的分析，可以得出古代笮人、牦牛从西北往南迁徙大致有四条路线。三线的起点都是青海河湟地区（三江上游），其一：入雅砻江上游扎曲河，然后进入四川西北高原经石渠—甘孜—新龙—雅江，南下进入雅砻江流域（九龙、木里、盐源、盐边、攀枝花）；其二：入雅砻江上游扎曲河，经甘孜—炉霍—道孚东入牦牛河谷进大渡河—丹巴—康定—石棉—汉源；其三：入通天河—金沙江或扎曲河—澜沧江，南下到云南西北部、四川西南；其四：青海河湟地区东向到自阿尼玛卿山东侧经迭部—松潘—茂县—汶川—理县—马尔康入金川河进入大渡河流域，或自松潘向西到黑水、红原进入大渡河流域上游脚木足河，再入大渡河南下。

第四节　汉武帝经略"西南夷"年际考述

汉武帝开辟西南夷在《史记》中的《西南夷列传》《司马相如列传》《大宛列传》中各有记载，覆案《史记》《汉书》相关记载，梳理武帝一朝数次经略"西南夷"的过程。可知汉武帝一朝共有三次大规模经略"西南夷"的活动，第一次时间为建元六年至元朔三年，以唐蒙治牂柯道、司马相如略西夷为主要事迹，其中司马相如"略西夷"年际为元光元年、二年间；第二次是元狩元年至二年，以张骞出四道求通身毒、大夏为主要事迹；第三次是元鼎五年至元封六年，以建四郡及益州郡为主要事迹。

汉武帝一生开疆拓土，北扫匈奴、南盖夷越，对于中华民族多元一体的形成建树颇高。对于西南地区的整合也是颇用心思，武帝一朝数次开辟西南夷，经历了开而废、废而又开的曲折。最终于元鼎六年设置了四郡，标志着中央王朝在西南地区行政建制的成熟，后世以降也都大体沿袭。

汉武帝开辟西南夷在《史记》中的《西南夷列传》《司马相如列传》《大宛列传》中都零散记载，导致学人对于汉武帝一朝数开西南夷的过程不甚明了，抑或只截取部分文献说明相关问题。对于这一问题的不求其解，会给探讨秦汉时期西南地区历史演进带来不少困扰。有意者往往深受隔膜之苦，今笔者覆案《史记》《汉书》相关记载，梳理武帝一朝数开"西南夷"具体过程，以求教丁方家。

对于相关记载的文献，有必要做一个简单概述。按理《史记·武帝本纪》应该是最能直接反映汉武帝数开西南夷的具体过程，但因《五帝本纪》是《史记》中为数不多的佚失篇，由后人抄录武帝巡游刻石补录而成，这样的文本使得我们很难依此去准确认识武帝一朝数开西南夷具体时间。而《西南夷列传》《司马相如列传》《大宛列传》虽然都有零散提及，初读起来难免有不系统、繁复冗杂之感。《汉书·南蛮西南夷列传》又因袭《史记·西南夷列传》，故不能为我们提供直接的答案。唯有仔细斟酌《史记》中各相关传记文本、《汉兴以来将相名臣年表》和《汉书》相关的传记文本，可以梳理出汉武帝一朝数开西南夷具体过程。

汉武帝的年号共有建元、元光、元朔、元狩、元鼎、元封，此上各年号以六年纪年。元封之后的年号，和太初历颁布相关，根据辛德勇先生的解释在"以七年为元年"（相当于元封七年）时，颁布太初历，定年号为太初。依次为太初、天汉、太始、征和、后元，除后元二年武帝崩外，其他各年号四年纪年。梳理汉武帝一朝年号系年，为我们理解汉武帝年间历次经略"西南夷"活动的年际提供一个年系。

关于"开西南夷"中的"开"字的涵义对于理解"开西南夷"理解很重要。首先《说文解字》中记"闢，开也"，段玉裁注解为"引申为凡开拓之称"，是古代假借字。因而开、闢当为一字，后来连用为"开闢"指的是政治上的开疆拓土建立行政建制。"开"有开辟、开道、开国之意。如春秋时期秦穆公"益国十二、开地千里"，汉武帝时期的司马相如"略定西夷""为置一都尉，十余县"以及元鼎六年在西南夷设置四郡都是属于"开辟"西南夷之意。

另外"开"字延伸为开道（此道指的是开通道路）、开通、开化，都是有文化交流的意思，这一层涵义中不太强调政治、军事等方面的行动，更多是交通、交流。《说文》记"開，张也"，段玉裁注曰："张者施弓弦也，门之开如弓之张。闭如弓之弛。"另外"閉""闇""關"都是指门关闭的样子，和开形成反义字；而"通，达也"也成为"开"的近义字，连用为"开通"。在汉代文献中记载张骞开西域、求道西夷西时都曾用"博望侯开外国道以尊贵""骞所遣使通大夏""求大夏道始通滇国"，可以看到"开……道""通"和司马迁称张骞的"凿空"之举都是同义。因而可以确定在汉代开道、开通、开化的涵义已经形成，并且用于对西域、西南夷政策中，故本节的"开"西南夷另所指的就是元狩年间张骞求身毒道、通大夏道路的活动。

读《西南夷列传》可知汉武帝一朝有三次大规模经略"西南夷"的记载，每次记载都代表西汉王朝对"西南夷"经略活动的一个高峰，并在治理"西南夷"的进程上逐次推进。

一、司马相如开"西南夷"年际考述

《史记·西南夷列传》载：

> 建元六年，大行王恢击东越，东越杀王郢以报。恢因兵威使番阳令唐蒙风指晓南越。南越食蒙蜀枸酱，蒙问所从来，曰："道西北牂柯，牂柯江广数里，出番禺城下。"蒙归至长安，问蜀贾人，贾人曰："独蜀出枸酱，多持窃出市夜郎……"蒙乃上许说上……上许之。乃拜蒙为郎中将，将千人，食重万余人，从巴蜀笮关入，遂见夜郎侯多同。蒙厚赐，喻以威德，约为置吏，使其子为令。夜郎旁小邑皆贪汉缯帛，以为汉道险，终不能有也，乃且听蒙约。还报，乃以为犍为郡。发巴蜀卒治道，自僰道指牂柯江。蜀人司马相如亦言西夷邛、笮可置郡。使相如以郎中将往喻，皆如南夷，为置一都尉，十余县，属蜀。[①]

这一次开辟西南夷的具体时间应该可以定在建元六年，事因是中央派军镇压东越，途径南越。随军的唐蒙在南越吃到了蜀地产的枸酱，问及当地人而得知，有一条水路连接蜀、南越。唐蒙以此向武帝建言开辟此道，武帝因而拜唐蒙为郎中将，行此事。故有《史记》所记唐蒙在巴蜀之地征卒开辟"南夷—牂柯道"。

《司马相如传》有载："相如还报。唐蒙已略同夜郎，因通西南夷道，发巴、蜀、广汉卒，作者数万人。治道二岁，道不成，士卒多物故，费以巨万计。蜀民及汉用事者多言其不便。"[②]在"相如还报"之前"会唐蒙始

---

① 司马迁：《史记》，中华书局，1959年，第2944页。
② 司马迁：《史记》，中华书局，1959年，第3046页。

略通夜郎西僰中"，而且稍前唐蒙在治牂牁道时，用法兴杀过度，而引起了巴蜀民大惊的局面。故汉武帝派司马相如往喻西南夷，发《谕告巴蜀檄》，问责唐蒙，如此才有"相如还报"。故可以明了唐蒙开南夷道在前，司马相如喻巴蜀在后，且司马相如抵达西南夷时，唐蒙已经稍通南越、夜郎。"西夷"重汉缯帛愿意归汉，故而武帝又拜司马相如为中郎将往喻"西夷"，故而设置蜀郡都尉十数县。

由此推测，唐蒙此次大规模开辟牂牁道的活动会持续多久呢？《西南夷列传》载："当是时，巴蜀四郡通西南夷道，戍转相饷。数岁，道不通，士罢饿离湿死者甚众；西南夷又数反，发兵兴击，耗费无功。"[1]前文所引"治道二岁"与此处所提及的"数岁"都反映了唐蒙治道的年限，但是二者当各有所指，"治道二岁"明载于《司马相如列传》指的是自唐蒙拜中郎将治牂牁道始，至汉武帝拜司马相如为郎中将往再喻西夷止，共两年的时间，故称"二岁"。而"数岁，道不通"见载于《西南夷列传》是司马迁描述西夷设置数十县后，西南夷整体的局势，其"数年"当指自建元六年始至罢西夷前的多年时间。

相如在西夷设立了数十县，但仍然没有从实质上化解汉与西南夷之间僵持的关系，司马相如略定西夷，大部分因素是西夷贪恋汉物所致，并非西南夷真心臣服于汉王朝。"西南夷又数反，发兵兴击，耗费无功"，又遇上北边匈奴边事告急，见载"是时方筑朔方以据河逐胡"，武帝权衡了南北形势，最终听从御史大夫公孙弘谏言，"罢西夷，独置南夷夜郎两县一都尉"。此处记载，对于断定罢西夷的时间很重要，学人常常受裴骃《集解》的影响，《集解》引徐广言"元光六年，南夷始置邮亭"，认为"罢西夷"当在此年。但是细察之，此乃误也。"罢西夷"是公孙弘在御史大夫任上时的谏言，而根据《汉兴以来将相名臣年表》载公孙弘于元朔三年提为御史大夫，元朔五年为丞相。故"罢西夷"的时间绝不能以为元光六年，那时公孙弘还未在御史大夫任上。那么《集解》引此言何意？笔者以为元光六年"始治邮亭"反映了唐蒙在治道"数岁"的艰难过程中达成的一项重要成果，故

---

[1]　司马迁：《史记》，中华书局，1959年，第2995页。

史载之。如此推算汉武帝罢西夷时间当在元朔三年、四年间无疑。推之《汉书·武帝本纪》所载元朔三年"秋，罢西南夷"①更加可以确定罢西南夷时间在元朔三年。

抑或有举《汉书·武帝纪》记载元光五年"夏，发巴蜀治南夷道"，推证司马相如出使西夷年限在元光五年至六年间。余不以为意，同上推理，元光五年发巴蜀（卒）治南夷道，从时限上并不超过唐蒙治南夷牂牁道的时限（建元六年至元朔三年左右）。本就很好理解，并不需要强行将此处记载同司马相如出使西夷年际直接联系起来。若只看到唐蒙治道的困扰局面引起相如略西夷，那么该年可以是元朔三年前、建元六年后之间的任何一年。但从《西南夷列传》与《司马相如列传》记载的"治道二岁""数岁"，仔细分析此两处语意，才是破解相如拜中郎将及其出使西夷之年际的重要参考。

如果上述推理不误，那么司马相如拜中郎将略定西夷的时间，是在唐蒙拜郎中将（建元六年）的后两年有余，故大致是元光元年到二年。而上罢西夷时间在元朔三年。也就是说自建元六年至元朔三年左右（约十年），汉武帝在西南夷的经略经历了由首开、渐而废的过程。

二、元狩年间张骞通"蜀身毒道"

《史记·西南夷列传》载：

及元狩元年，博望侯张骞使大夏来，言居大夏时见蜀布、邛竹杖，使问所从来，曰"从东南身毒国，可数千里，得蜀贾人市"。或闻邛西可二千里有身毒国。骞因盛言大夏在汉西南，慕中国，患匈奴隔其道，诚通蜀，身毒国道便近，有利无害。于是天子乃令王然于、柏始昌、吕越人等，使间出西夷西，指求身毒国。③

---

① 班固：《汉书》，中华书局，1962年，第171页。
② 司马迁：《史记》，中华书局，1959年，第2995—2996页。

又《史记·大宛列传》载：

> 天子欣然，以骞言为然，乃令骞因蜀犍为发间使，四道并出：出駹，出冄，出徙，出邛、僰，皆各行一二千里。其北方闭氐、筰，南方闭嶲、昆明。昆明之属无君长，善寇盗，辄杀略汉使，终莫得通。[1]

"及元狩元年"表明自元朔三年至元狩元年三四年间西南夷诸事都是废置不议的。这一次是因为张骞从西域行使而归，向武帝建言，开通自蜀求通往身毒的道路，并筹划与身毒、大夏联合攻击匈奴的计划。

此次汉朝使者出四道是张骞、王然于、柏始昌、吕越人等四人为使者，分四路求道。四道走向分别是"出駹""出冄""出徙（邛）""出邛、僰"四道。考虑到从汉武帝下诏到四路汉使各行一二千里的里程计，加上西南山地阻隔，约年有余。故汉使出"四道"的具体年际，应当是在元狩元年至二年间，至迟于元狩二年，四道皆闭不通。

关于张骞是否亲率汉使出四道的问题，学界几乎避而不谈。任乃强先生于1987年著文认为张骞、王然于、柏始昌、吕越人等并未亲自随使出征。《史记》对司马相如出使西夷的记载："天子以为然，乃拜相如为中郎将，建节往使，副使王然于、壶充国、吕越人驰四乘之传。"再看《史记》记载元狩年间张骞等出使活动是"天子欣然，以骞言为然，乃令骞因蜀犍为发间使，四道并出"及"于是天子乃令王然于、柏始昌、吕越人等，使间出西夷西，指求身毒国"。从《史记》对于司马相如出使西夷与张骞出使西夷的两次记载，其文本格式基本相似，都是"天子……令（建节往使）……相如（骞）……副使王、壶、吕等（王、柏、吕等）……驰传（使出）"。类比中司马相如亲自出使西夷，可以推论张骞也当是亲自率使求"身毒道"。

在文献内证上，还有一点也可以说明此问题，引述如下：从基本文献中对张骞活动的记载来仔细对比，是有可能找到证明张骞亲率使者出四道的证据。如《大宛列传》载"汉拜骞为太中大夫"，张骞是因"凿空"之壮举被

---

[1] 司马迁：《史记》，中华书局，1959年，第3166页。

封为太中大夫，据《史记集解》引徐广言约是元朔三年。《大宛列传》载：
"骞以校尉从大将军击匈奴，知水草处，军得以不乏，乃封骞为博望侯。是
岁为元朔六年也。其明年，骞为卫尉，与李将军俱出右北平击匈奴。匈奴围
李将军，军失亡多；而骞后期当斩，赎为庶人。"[①]此处"其明年"实际上
指的是元狩二年，并非元狩元年，见《汉兴以来将相名臣年表》载"元狩二
年，冠军侯霍去病为骠骑将军，击胡，至祁连；……博望侯张骞，郎中令李
广为将军，出右北平"。可以确定元朔三年至元朔六年间张骞随大将军卫青
出击匈奴有功，故在元朔六年封爵博望侯。元狩二年又随李广协同骠骑将军
霍去病往击匈奴。在元朔六年至元狩元年这一两年时间内，司马迁没有提及
张骞的活动。而发汉使出四道的年际恰好是"元狩元年至二年"，又加上前
文分析的求"身毒"道是张骞首倡。所以张骞极有可能就是在元狩元年率汉
使出四道，一年余时间内出四道皆闭，故而又随李广、霍去病出击匈奴。

　　此次对"西南夷"的开道活动时间虽然较短，结果也不成功，大体上反
映出汉武帝此时对"西南夷"的策略仍然以"罢西夷"为主导。虽然在元狩
二年倡议这项政策的丞相公孙弘刚去世，但国家治理政策并未有大的变化。
而且约在此时期卫青、李广、霍去病等在西域对匈奴连战告捷，如此可辅证
当时汉武帝对"西南夷"经略，实依据附于征伐匈奴的政治目的。此次求
"身毒道"主要是因为张骞的倡导，其中重要的目的是经"身毒"联手"大
夏"来打击匈奴。

三、"西南夷"四郡格局确定

《史记·西南夷列传》还记载：

　　及至南越反，上使驰义侯因犍为发南夷兵。且兰君恐远行，旁国虏其老
弱，乃与其众反，杀使者及犍为太守。汉乃发巴蜀罪人尝击南越者八校尉击
破之。会越已破，汉八校尉不下，即引兵还，行诛头兰。头兰，常隔滇道者

---

① 司马迁：《史记》，中华书局，1959年，第3167页。

也。巳平头兰，遂平南夷为牂牁郡。夜郎侯始倚南越，南越巳灭，会还诛反者，夜郎遂入朝。上以为夜郎王。

南越破后，及汉诛且兰、邛君，并杀笮侯，冉駹皆振恐，请臣置吏。乃以邛都为越巂郡，笮都为沈黎郡，冉駹为汶山郡，广汉西白马为武都郡。[1]

"南越反"之年在"元鼎五年三月"，因为南越相吕嘉政变，杀了南越王及汉朝使者。故汉武帝于是年派路博德出豫章而破南越，随着对南越的胜利进军，大军直扫东越。驰义侯也引兵威慑西南夷，并诛杀诸多西南夷酋首，最终于元鼎六年设置了越巂郡、沈黎郡、汶山郡、武都郡。此四郡的建制，汉中央王朝对西南夷的控制基本完成，汉武帝以降历代对西南夷的控制都沿袭此四郡建制。

汉代设置四郡以后，随之又兴起一波求大夏道的尝试，见《大宛列传》载：

是时汉既灭越，而蜀、西南夷皆震，请吏入朝。于是置益州、越巂、牂牁、沈黎、汶山郡，欲地接以前通大夏。乃遣使柏始昌、吕越人等岁十余辈，出此初郡抵大夏，皆复闭昆明，为所杀，夺币财，终莫能通至大夏焉。于是汉发三辅罪人，因巴蜀士数万人，遣两将军郭昌、卫广等往击昆明之遮汉使者，斩首虏数万人而去。其后遣使，昆明复为寇，竟莫能得通。而北道酒泉抵大夏，使者既多，而外国益压汉币，不贵其物。[2]

又《汉书·武帝纪》记元封二年秋："又遣郭将军郭昌、中郎将卫广发巴蜀兵平西南夷未服者，以为益州郡。"又元封六年冬："益州、昆明反，赦京师亡命令从军，遣拔胡将军郭昌将以击之。"[3]

以上可知，在元鼎六年设置四郡之后，汉武帝想趁势一举恢复元狩年间求身毒道通大夏的事业，于是在元封二年、四年发动两次对西南夷的军事活

---

① 司马迁：《史记》，中华书局，1959年，第2995—2996页。
② 司马迁：《史记》，中华书局，1959年，第3170—3171页。
③ 班固：《汉书》，中华书局，1962年，第194、198页。

动。这两次活动虽然都已汉军得胜而归，但是仍然没有完成求通大夏道路的事业，西南夷如昆明等仍然没有完全服从汉中央王朝统治。

结　语

由此可知，汉武帝一朝第三次开西南夷的起止时间为元鼎五年至元封六年，共约七年时间，距上一次求"身毒道"约八年。这一次开西南夷，并且能够在西南夷地区建立较为稳固的四郡建制，这一次的成功可能有一点出乎汉武帝意料之外。究其因当是历史大势所趋，自元光六年起至元狩四年卫青、李广、霍去病等对北边匈奴战争上的胜利，基本解决了匈奴对汉王朝的威胁后。汉中央王朝也在决策层面上逐渐由不太重视转向重视南越、西南夷。如自元鼎五年开始的南越反而发兵往击，汉大军的大举压境，横扫了南越、东越、西南夷，这是历史的大势所趋。尽管如此，西汉王朝对于西南夷的控制仍然没有预想那么好，"昆明"等族群还是抵抗汉使通"身毒""大夏"的主要力量，随后至西汉后期中央王朝对于西南夷的经略也有渐守的趋势。

附：汉武帝一朝开"西南夷"活动简表

次序	武帝纪年	主要事迹	公元纪年
第一次	建元六年	拜唐蒙为中郎将，治南夷牂牁道。	前135年
	元光元年、二年间	拜相如为中郎将，略西夷，设数十县。	前134年、前133年
	元朔三年	御史大夫公孙弘议罢西南夷。	前126年
间期	元朔三年、四年——元狩元年（约三年）		
第二次	元狩元年	张骞率四路汉使出四道，求身毒国道。	前122年
	元狩二年	四道皆闭。	前121年
间期	元狩二年——元鼎五年（约十年）		

续表

次序	武帝纪年	主要事迹	公元纪年
第三次	元鼎五年	发兵击南越，并击东越。	前112年
	元鼎六年	兵威震西南夷，设置四郡。	前111年
	元封二年	发兵平西南夷未服者，设益州郡。	前109年
	元封六年	拔胡将军郭昌将以击益州、昆明。	前105年

第二章

政治扩张与贸易发展：古代南方丝绸之路研究

第一节　汉代南方丝绸之路的求通
——以"西夷西道"为中心

传世正史文献对汉武帝时期使者出"西夷西"四道的记载，内容大多近同，具体分述上存在一些差异，甚至不少记述之间有所抵牾。如出"四道"与五地、"出邛、僰"与"出徙、邛"、"出僰"与"出西夷西"、"出莋"与"闭筰"等。这些文献"讹误"的地方并非全都是错漏，不少地方反而是真实历史信息的反映。在西汉开发西南夷的时代背景下，结合"西夷西"道路与古代民族通道、汉代诸多官方政令、汉夷关系等方面的综合考察，汉武帝元狩年间求通"蜀身毒道"的"出西夷西"的四道是"出駹""出冉""出徙（邛）""出邛、僰"四道。

汉武帝元狩年间派遣张骞指求蜀身毒道被认为是古代南方丝绸之路官方记录的肇始，《史记》里相关记述历来被研究"蜀身毒道"或"南方丝绸之路"的学者所重视。根据学者对20世纪南方丝绸之路研究状况的梳理，可知"南方丝绸之路"这一专题研究，自20世纪以来便方兴未艾，云集了一大批研究者如夏光南、冯承钧、岑仲勉、饶宗颐、桑秀云、严耕望等[1]，改革开放后跟进的地方学者也有任乃强、方国瑜、童恩正、李绍明、张毅（汶江）、江玉祥、霍巍、段渝、罗二虎、黎小龙、蓝勇、刘弘等[2]。上述前贤对"南方丝绸之路"前赴后继地进行研究，在宏观上和深度上都取得令人瞩目的成就。然就已有的成果看，专文对汉武帝元狩年间求"蜀身毒道"所出

---

① 罗群、朱强：《20世纪以来"南方丝绸之路"研究述评》，《长安大学学报》2015年第3期。
② 李绍明：《近30年来的南方丝绸之路研究》，《中华文化论坛》2009年第1期。

"四道"的具体走向探讨甚少，且论之不详；如较早涉及这一问题的有方国瑜、夏光南、任乃强等先生。方国瑜《云南与印度缅甸之古代交通》一文特别述及"汉武帝求通蜀身毒道"内容，他吸收了法国汉学家伯希和的观点，认为"蜀身毒道"应是滇蜀通印度的缅甸高原陆道，并且结合文献和古代西南夷民族分析，认为"皆闭昆明"走向为"蜀通身毒之道即自蜀经滇池、洱海、哀牢诸地"。①夏光南《中印缅道交通史》系统地记载了中、印、缅之间，特别是滇西保山、德宏边区同印度、缅甸之间，从古代直到抗战时期在政治、经济、文化方面的来往和联系。②任乃强《中西陆上古商道——蜀布之路》一文是晚近以来学界最早对求通"蜀身毒道"所出"四道"走向做较详尽梳理的成果。③近来学者涉及"出四道"走向问题研究的有段渝、王子今、陈保亚等先生。段渝《古代中印交通与中国丝绸西传》系统梳理了滇越道、僰道（五尺道）和牦牛道（灵关道）的走向问题，并且对西汉通西域之前的南方丝绸之路情况进行了梳理。④王子今《汉武帝"西夷西"道路与向家坝汉文化遗存》结合新近发掘的四川向家坝遗址发掘材料，探讨了汉武帝时期"西夷西"道路对于中国古代交通史的重要意义。⑤陈保亚《论滇僰古道的形成及其文化传播地位——茶马古道早期形态研究》系统地梳理了古代云南、四川和东南亚交通的情况，其中对汉武帝遣使张骞"出四道"通"身毒"的具体走向有所论及。⑥

　　以上诸家对于"蜀身毒道"的研究都从各自的角度作了较深的推进，对于"出四道"的走向有所述及，但都没有将传世文献做严格的比勘，其中不少文献中的"讹误"处仍有待廓清。就目前的文献材料来看，厘清"四道"走向及其历史背景，对于古代南方丝绸之路研究及古代西南民族

---

① 方国瑜：《方国瑜文集》第4册，云南教育出版社，2001年，第343页。
② 夏光南：《中印缅道交通史》，中华书局，1948年。
③ 任乃强：《中西陆上古商道——蜀布之路》，《文史杂志》1987年第1期。
④ 段渝：《古代中印交通与中国丝绸西传》，《天府新论》2014年第1期。
⑤ 王子今：《汉武帝"西夷西"道路与向家坝汉文化遗存》，《四川文物》2014年第5期。
⑥ 陈保亚：《论滇僰古道的形成及其文化传播地位——茶马古道早期形态研究》，《思想战线》2006年第2期。

关系研究都有所裨益。

一、"蜀身毒道"与汉武帝时期开发"西南夷"

《史记·大宛列传》载：

天子欣然，以骞言为然，乃令骞因蜀犍为发间使，四道并出：出駹，出冄，出徙，出邛、僰，皆各行一二千里。其北方闭氐、筰，南方闭巂、昆明。[1]

《汉书·张骞传》载：

天子欣欣以骞言为然。乃令因蜀犍为发间使，四道并出：出駹，出莋，出徙、邛，出僰，皆各行一二千里。其北方闭氐、莋，南方闭巂、昆明。昆明之属无君长，善寇盗，辄杀略汉使，终莫得通。[2]

以上两处记载都是汉武帝元狩年间以张骞为首的四道使者，自蜀、犍为二郡出发向西、南，寻求通"身毒道"（或言"西夷西道"）。这是中央王朝第一次派官方使者探求南方对外交通道路，这在当时应是一件非常具有开拓性的事业。虽然此次通身毒道并未成功，但此次经历为开拓经"西南夷"的对外交通线路，做出了当时历史环境下的尝试，也使得中央王朝深入地了解"西南夷"社会。由于诸多原因，传世文献对此次出使活动的记载不够详细。如《史记》一书对此次出使虽多次提及，但言之疏略，没有为后世留下更多的信息。后世史书多因袭《史记》，唯《华阳国志》对此稍有补充。综合传世正史文献对此次出使活动的记载来看，内容人多相同，然仍存在些差异之处，不同记载之间甚有相抵牾处。就以《史记》《汉书》比较，便

---

[1]　司马迁：《史记》，中华书局，2014年，第3844页。
[2]　班固：《汉书》，中华书局，1962年，第2690页。

有出"四道"与五地、"出邛、筰"与"出徙、邛"、"出筰"与"出西夷西"、"出莋"与"闭笮"等差异。对于这些疑窦，切不可忽略，唯有廓清讹误与史实，才能充分认识求通"蜀身毒道"所出"四道"的历史面目。

首先，有必要梳理汉武帝时期对"西南夷"地区的三次大规模经略活动。西汉武帝一朝对于"西南夷"的第一次征伐是从建元六年至元光二年间，建元六年始派大军征伐东越并遣唐蒙风晓南越，后拜唐蒙为郎中将开辟自蜀通南越的"南夷—牂牁道"，费时有年。随后于元光二年遣使司马相如往喻西夷，设置了数十郡县。①此次经略活动成果是汉王朝在"西南夷"设置了犍为郡、蜀郡都尉等十余县。第二次是元狩年间求通"蜀身毒道"活动。事因唐蒙在元光年间开辟南夷道，给"西南夷"带来了极大骚动，元朔二年在御史大夫公孙弘力谏下，武帝始下令"罢西夷，独置南夷夜郎两县一都尉，稍令犍为自葆就"。武帝罢"西南夷"约四年后，元狩元年张骞自西域回汉廷，向武帝建言开"蜀身毒道"而再次经略"西南夷"。第三次是在元鼎五年至六年，因南越相吕嘉叛乱中央王朝，汉武帝"使驰义侯因犍为发南夷兵"打击南越。平定南越后，汉诛且兰、邛君，并杀筰侯，威震"西南夷"，于元鼎六年设置了四郡，就西南全局而言，元鼎六年共设置了七个"初郡"②，为后来历代王朝治理"西南夷"地区奠定了基础。

武帝一朝对"西南夷"的数次征伐客观上促进了"西南夷"地区与内地的融合。从"西南夷"地区考古发掘出许多汉代瓦当、墓葬和城址，也可以反映出秦汉中央王朝在"西南夷"地区的治理情况③。汉武帝的三次开辟活动，其中元狩年间求"蜀身毒道"活动相较于另外两次活动，有其鲜明特

---

① 龚伟：《汉武帝经略"西南夷"年际考述》，《中华文化论坛》2016年第11期。

② 按，"初郡"一词首见《史记·平准书》："汉连兵三岁，诛羌，灭南越，番禺以西至蜀南置初郡十七。"裴骃《史记集解》引徐广曰："南越为九郡。"骃案："晋灼曰：'元鼎六年，定越地，以为南海、苍梧、郁林、合浦、交趾、九真、日南、珠崖、儋耳郡；定西南夷，以为武都、牂牁、越巂、沈黎、汶山郡，及《地理志》《西南夷传》所置犍为、零陵、益州，凡十七也。'"笔者按，十七郡中除了南海九郡和零陵郡外，涉西南夷的"初郡"凡七。

③ 刘弘、邓海春、姜先杰：《试析汉王朝政治整合西南夷过程中郡县的特征——以越巂郡为例》，《四川文物》2015年第3期；韦莉果：《四川地区出土汉代瓦当的类型与年代》，《四川文物》2013年第5期。

征。如此次"开辟"有着明确的目标、明确的路径指导、详细的谋划布局等，这些特征对于研究西汉时期西南对外交通史意义重大。

汉武帝元狩年间发四道求通"西夷西"道路，俱载于《史记》《汉书》二书，学界多引用来讨论古代西南的丝绸之路。学者们较保守的估计至少在汉代，蜀地就有商路通达印缅，多名之"蜀身毒道""蜀布之路""西南丝绸之路""南方丝绸之路"①。这一民间商路流通的年代上限，学界持有多种意见；随着晚近西南三星堆遗址、金沙遗址等重大考古发掘，学界渐渐接受自蜀经西南夷地区抵达南亚、中亚、西亚等地区的贸易道路早至商代中晚期就开通的观点②。然早期南方丝绸之路的民间商路性质与西汉官方极力要开通的"蜀身毒道"不能全然等同，西汉时期求通的"蜀身毒道"是官道性质。本节关注的求通"蜀身毒道"所出"西夷西"四道的活动，其学术意义不仅在于它是首次官方记载的南方丝绸之路，更重要的意义是自此始南方丝绸之路开始从民间商路转向官方贸易道路③。

二、"发间使"与"使间出"述议

《史记》中有两处对元狩年间发四路汉使的记述，对比两处记载的差异，可以发现更多文本背后的历史信息。

天子欣然，以骞言为然，乃令骞因蜀犍为发间使，四道并出：出駹，出冉，出徙，出邛、僰，皆各行一二千里。于是天子乃令王然于、柏始昌、吕

---

① "蜀身毒道"称法取自于《史记》等文献；"蜀布之路"由任乃强先生提出；"西南丝绸之路"提法以学者江玉祥先生为代表；"南方丝绸之路"提法以童恩正、林向、段渝等先生为代表。

② 段渝：《中国西南早期对外交通——先秦两汉的南方丝绸之路》，《历史研究》2009年第1期。

③ 战国时期秦早就设置蜀郡及西南夷郡县，对南方丝绸之路的开通也有贡献，但总体还没有上升到官道控制层面上，如《华阳国志·蜀志》可以看出秦对蜀及西南夷的治理也多是因袭古蜀之风，于商路性质的早期"南方丝绸之路"并未大规模使用武力征伐，将其纳入到官道控制层面。

越人等，使间出西夷西，指求身毒国。①

"发间使，四道并出"与"使间出西夷西"都是记载元狩年间汉使者寻求"身毒道"的事件。这里的"间使"与"间道"，学界的理解存有不同的意见。任乃强先生认为，"间使"不是朝廷的正派的使者，可能是当地的商人队伍；同样地，任先生将"使间出"理解为使者没有走官道，而是走商人行商的小道。②任先生对西南民族、地理研究尤为精深，他立足于多年的田野经验，从民族学的田野知识出发对"发间使""使间出"作出解释，其观点不无可取之处。然而，此处的"间使"与"间道"或可作他解。

从文献本身来看，"发间使，四道并出"与"使间出西夷西"两处记载十分吻合。"发间使"应是"使间出"之意，"间使"也应当与当地的蜀商人有所关系。任先生认为"间使"是汉使者扮着商人出使的，其意甚合理；但是任氏以为张骞、王然于、柏始昌、吕越人等并未亲自随使出征。③此似可细究，或可证其一二。

其一，比较以上两处文献记载来看，其一处明言"乃令骞因蜀犍为发间使，四道并出"，另一处明言"天子乃令王然于、柏始昌、吕越人等，使间出西夷西"，更加可以确定"间使"就是间四道而出的汉朝廷的使者，他们应是张骞、王然于、柏始昌、吕越人等。此四人中，王然于、吕越人早已于元光六年随司马相如出使过西夷地区。应当说，这四人都是很有经验的使者，因而他们成为元狩元年的"身毒道"各路使者，也算合情合理。

其二，元狩年间，"天子欣然，以骞言为然，乃令骞因蜀犍为发间使"，首先表明了张骞是此次官方出使的首领。张骞在此之前，已经出使了西域，历经了十三载，携胡妻室及副使归汉，行经匈奴、大宛、乌孙、康居、大月氏、安息、条支、大夏等国，史称张骞出使西域为"凿空"之壮举。从张骞的自荐和汉武帝"欣然以为然"的态度都可以看出，张骞对自己

---

① 司马迁：《史记》，中华书局，2014年，第3844、3630页。
② 任乃强：《中西陆上古商道——蜀布之路》，《文史杂志》1987年第1期。
③ 任乃强：《中西陆上古商道——蜀布之路》，《文史杂志》1987年第1期。

求通"蜀身毒道"十分自信。这种自信想必与其"凿空"的经历密切有关。因而，他亲自带领分四路使者行使"西夷西"地区，本就十分合理。

其三，《史记》对司马相如出使西夷的记载云："天子以为然，乃拜相如为中郎将，建节往使，副使王然于、壶充国、吕越人驰四乘之传。"①再看《史记》记载元狩年间张骞等出使活动是"天子欣然，以骞言为然，乃令骞因蜀犍为发间使，四道并出"以及"于是天子乃令王然于、柏始昌、吕越人等，使间出西夷西，指求身毒国"。②从《史记》对于司马相如出使西夷与张骞出使西夷的两次记载可以发现，其文本格式基本相似，都是"天子……令（建节往使）……相如（骞）……副使王、壶、吕等（王、柏、吕等）……驰传（使出）"，只是两处文本背景处理上有详略的差异。这种差异，实际上是司马迁介绍张骞与司马相如的差异，如张骞早已因"凿空"壮举被封为太中大夫③，已具备出任使者资格，故略言之；而司马相如位卑，彼时没有出任使者资格，只有升封为中郎将，才能建节出使。在相似的文本叙述结构下，司马相如亲自出使西夷，已是确定的事实；那么，元狩年间张骞等四路汉使也应该是亲自出使过西夷地区。

三、五地与四道："出邛、僰"道考述

《史记·大宛列传》载："天子欣然，乃令骞因蜀犍为发间使，四道并出：出駹，出冉，出徙，出邛、僰，皆各行一二千里。其北方闭氐、筰，南方闭巂、昆明。"从这里的记载明显可以看出，駹、冉、徙、邛、僰是汉朝使者出"四道"所经的地点。

文献记载的是出四道，而司马迁所列举的四道所出的地点有五处，如中华书局本《史记》的句读是"出駹，出冉，出徙，出邛、僰"。这里的四道和五地，该作何理解呢？首先需要理解的就是"出邛、僰"走向。《史记

---

① 司马迁：《史记》，中华书局，2014年，第3693页。
② 司马迁：《史记》，中华书局，2014年，第3844、3630页。
③ 司马迁：《史记》，中华书局，2014年，第3836页。

正义》认为："出邛、僰"中，"邛，今邛州；僰，今雅州；皆在戎州西南也。"①根据两《唐书》记载，唐代雅州就是汉代的严道县，今雅安一带。自古以来，学界都将僰道地点定在今宜宾，那么僰道同唐人所说的雅州之僰有何关系？笔者试解决此问题。首先，笔者对历代文献中出现的"僰"进行了梳理。大体上，历代史籍中相关僰的记载有如下几类。

第一类，"邛僰"连称，指地名。如《汉书·地理志》载："犍为郡，武帝建元六年开……县十二：僰道，莽曰僰治。"僰道，属犍为郡，是犍为郡治所在。根据《汉书·百官公卿表》"县有蛮夷曰道"记载来看，"僰道"就是僰人所积聚之地，它是在划归汉朝中央郡县建制后改为"僰道"的。故后世史家对"僰道"注解多为："犍为郡治所，故僰侯国。"僰道犍为郡治所，一般指的就是今宜宾地区。又文献所记，"散币于邛僰以集之"（《史记·平准书》）②及"乃令骞因蜀犍为发间使，四道并出：出駹，出冉，出徙，出邛、僰"（《史记·大宛列传》）③。这些"僰"，都指的是地名，和"僰道"一词相似。

第二类，僰作为族名。这类情况在历代史籍中记载零散。如班固《汉书》所载"靡节西征，羌僰东驰。是以遐方疏俗，殊邻绝党之域"，"今胡虏未灭诛，蛮僰未绝焚，江湖海泽麻沸，盗贼未尽破殄"④；《通志·四夷传》所载"黑僰濮"⑤等。以上所载"羌僰""蛮僰""黑僰濮"，都是称僰之族属。《汉书》所言"羌僰"，《史记集解》引徐广言："僰，羌之别种也。"如此解释似乎前后呼应。然而，将羌与僰联系起来说是东汉以降的说法，西汉以前并非如此。"蛮僰"之说，是针对"胡虏"而言，是少数民族的泛谓。"僰濮"连称，则有把"僰"定为濮系族群之意。僰为濮系说，在《华阳国志》中表现尤为明显，认为僰、濮同音，即为同一族属。另如，

---

① 司马迁：《史记》，中华书局，2014年，第3845页。
② 司马迁：《史记》，中华书局，2014年，第1716页。
③ 司马迁：《史记》，中华书局，2014年，第3844页。
④ 班固：《汉书》，中华书局，1962年，第3561、4136页。
⑤ 郑樵：《通志》，中华书局，1987年，第197页。

徐中舒先生也认为，居于棘围之中，所以称之为僰人，属百濮。①段渝先生也著文主张僰是濮属，并列举了先秦至汉初将"僰、羌"区别看待的诸多文献记载。②僰人考古所显示出独特的悬棺葬文化，与氐羌民族的石棺葬、土坑葬差异十分明显，当属不同族系。另外，诸多文献所载的"僰（道）"多是指犍为郡之僰道。从文本来看，无论是《史记·西南夷列传》《华阳国志》《通志·四夷传》都是把僰放在南方少数族群中去介绍的，这与北方的氐羌民族所溯源的方位就存在较大的差异。《史记正义》引徐广言"僰，羌之别种"，反映了大约汉晋之后部分僰人向西迁徙、与当地的西夷氐羌民族相融合的史实。故在唐代沿袭汉晋说法，认为"僰"是"羌之别种"。如段渝先生所指出的那样，至少在秦汉时期，僰与羌是区别而言的。

第三类关于"僰"的记载，是指僰的方位，如"西僰""滇僰""（南）僰"。如《史记》所载："相如为郎数岁，唐蒙使略通夜郎西僰中……南夷之君，西僰之长，常效贡职……且夫邛、筰、西僰之与中国并也，历年兹多，不可记已。"③这里的"西僰"，是相对于"南夷"而言的，是在司马相如略定西夷的范围之内。所以，"西僰"意为近"西夷"的"僰"，又位于汉、蜀以西，故常称"西僰"。《史记》所载："南御滇僰，僰僮，西近邛筰，筰马、牦牛，然四塞，栈道千里，无所不通，唯褒斜绾毂其口，以所多易所鲜。"④其中的"滇僰"，是连称，意为滇与僰地域相近。滇在汉代的西南少数族群系统中属于南夷，故"滇僰"应该是与南夷"滇"接壤僰人。班固《汉书》又载："莽……及北狄胡虏逆舆（洎）南僰虏若豆、孟迁。"⑤这里的"南僰"，指的是僰位于长安之南，相对于"北狄胡虏"而言，也是泛称。

另外，关于"僰"的记载，就是"僰僮""僰婢""僰虏"一类。这些记载都表明古代僰人多向外输出他们的奴婢之类，在全国的市场上十分受欢

---

①　徐中舒：《论巴蜀文化》，四川人民出版社，1981年，第97页。

②　段渝：《四川通史》（卷一　先秦），四川人民出版社，2010年，第435页。

③　司马迁：《史记》，中华书局，2014年，第3689页。

④　司马迁：《史记》，中华书局，2014年，第3958页。

⑤　班固：《汉书》，中华书局，1962年，第4181页。

迎。这些不是本文分析重点，此不赘述。

总之，僰人属百濮，在先秦时期就被蜀王所征服，如《华阳国志》载："保子帝攻青衣，雄张獠、僰。"[1]又如杜宇王朝初期，便以"汶山为畜牧，南中为园苑"[2]，两处相比较可知，"僰"在先秦时为南中大国。后来，秦辟"西南夷"，服僰侯，设立僰道县；汉代属犍为郡，汉代将僰明确区别于与南夷族群而划为西夷族群类。

僰道在汉朝治理南夷族群中有着重要的枢纽作用，从僰道向南分别有五尺道通滇、牂牁道通南越。"僰"属西夷一说，除了"西僰"之称的依据外，还依据《华阳国志》所载的"武帝初，欲开南中，令蜀通僰、青衣道。建元中，僰道令通之，费工无成……以道不通，执令，将斩之"[3]，说明建元年间唐蒙发巴蜀卒治南夷道时"僰"的地位显著，自僰通南越的牂牁道是唐蒙经略南夷的重要目标。然而，治道二岁，历经磨难，却没有成功，僰道令也因此被送斩成都，但是汉王朝却在开辟自僰道通南越的道路过程中不无意外地认识到了自僰道可通西夷的道路。这一点从考古学也可找到依据。四川凉山州近三十年的考古发掘显示，至少从商周时期开始，从僰道向西经马湖江、卑水、安上抵达邛都及往西入定筰的被称为"卑水—定筰道"的线路，就已经初步形成。秦汉王朝在开辟"西南夷"过程中很快就掌握了自僰道通西夷的大道，并逐渐发展为官道。

汉王朝发现僰与西夷之间联系的重要作用，似乎有些偶然的因素。从文献中得知，大致是因唐蒙治道费工无成后，司马相如受旨而风晓巴蜀返，命向武帝禀报情况，方才引起汉王朝重视西僰之道。随后武帝遣相如建节往使西夷，略定数十县。但是，《史记》却明确地将僰与南夷相区别。其中的原因，似是汉代人知道自僰道通西夷交通线非常重要。同时，僰和西夷族群关系相近，更为密切，故称西僰，以与南夷相别。秦汉时期，从僰道向西通"邛、筰"就是走马湖江、卑水直达邛都一线交通就十分通畅。有学者曾撰

---

① 任乃强：《华阳国志校补图注》，上海古籍出版社，1987年，第122页。
② 任乃强：《华阳国志校补图注》，上海古籍出版社，1987年，第118页。
③ 任乃强：《华阳国志校补图注》，上海古籍出版社，1987年，第172页。

文指出，这条线是秦汉王朝通西夷的主要路线，比西边的牦牛道、西夷道更加顺达。①

　　从以上对僰的分析，汉武帝元狩年间遣汉使所出的四道之中的"出邛、僰"当是一道，非分"出邛""出僰"两道。同时，《史记正义》所言"僰，今雅州"可能是对史记正文的误解。综合以上对僰的分析可知，史家多认为，自秦汉以来，僰是僰道县；汉代以来，僰是犍为郡的重要辖县，更是郡治长期的所在地；汉武帝元狩年间，"出邛、僰"一道，是自成都以南犍为郡的僰道出发，向西经马湖江、卑水、安上至邛都，向西经笮都、青衣、严道进入笮人腹地而受其抵制。秦汉时期，中央王朝对这条线路上的重要县、郡都加强了控制，如近年来在陕西西安出土的古代四川地区的秦封泥印章中，就有"成都丞印""青袁禁印""卢山禁丞"等②。根据学者对其解读，秦王朝对蜀郡及"西南夷"地区的青衣、卢山都加强政治控制。从考古出土印章显示的地域来看，至少可以说明自邛都往西，"出邛（僰）……闭（氏）笮"是能够说得通的。另外，自邛都向南经台登（邓）、抵达古昆明，受到昆明族群抵制，这也就是符合文献所载的"因蜀犍为……出邛、僰……（各）行一二千里，其南方皆闭巂、昆明"的情况。

四、西夷西："出徙、出驒、出冉"道述议

　　《汉书》记载元狩年间四道所出是"出駹，出莋，出徙、邛，出僰"，此处"出莋"与《史记》所载的"闭笮"当必有一误。《史记》所载"其北方闭氏、笮，南方闭巂、昆明"，表明笮（莋）是抵制汉使者通身毒国的。"闭莋"就不可能"出莋"，先秦至汉晋时期"莋"是西夷中实力较强的族群，与汉王朝的关系一直起伏不定。汉使者求身毒道为笮所闭，是完全符合当时笮与汉王朝族群关系的。故《汉书》所记之"出莋"，当是误记；相比

---

① 龚伟：《战国至汉晋时期"邛、笮"及同中央王朝关系研究》，硕士论文，四川省社会科学院，2015年，第68页。

② 高子期：《秦封泥中的川渝史料》，《四川文物》2013年第3期。

而言，《史记》中的相关记载则更近史实。

（一）"出徙"与"出徙、邛"覆议

1．"出徙"考述

《史记》"自僰以东北，徙、筰都最大"①，"司马长卿便略定西夷，邛，筰、冉、駹、斯榆之君皆请为内臣"②。其中的"斯榆"和"徙"是同一族群。唐张守节《史记正义》曰："徙音斯，《地理志》云徙县也。"裴骃《史记集解》引徐广曰："徙在汉嘉。""徙"在汉嘉，据《续汉书·郡国志》言："汉嘉，故青衣。"③青衣即是今青衣江一带。徙音斯，今雅安天全始阳镇和徙（斯榆）关系密切，故推断徙大致在今青衣江天全县一带。

《史记》"以筰都为沈黎郡"，"筰都"是今汉源一带。又同传载："自僰以东北，徙、筰都最大"，可见"筰都"在"徙"以西以南。有学者指出在先秦时期"筰"和牦牛（夷）是相似度极强的古族群，很可能就是同一族群。而先秦时期的"筰"的活跃范围也包括雅砻江、大渡河上中游。④

汉武帝元狩二年发间使，从"徙"出发（向西南）行了一二千里遭到"筰"人的阻滞，即是文献所记"其北方闭（氐）筰"之意。又《华阳国志·蜀志》载"张若因取筰及江南地"，若文献无误，张若夺取过筰，秦自然也能通徙，因为先秦时筰与徙是相连的两族群⑤。同样在陕西西安出土的秦封泥印章中有"徙我丞印"，高子期将"徙我"解释为急读为"徙"，"徙我丞印"即是"徙丞印"，更加有力地证明秦在"徙"设置过县。又《史记》载"司马长卿略定西夷，邛、筰、冉、駹、斯榆之君皆请为内臣"。以上推理可知，秦汉时期中央王朝完全有能力通达"徙"之地。汉朝

① 司马迁：《史记》，中华书局，2014年，第3626页。
② 司马迁：《史记》，中华书局，2014年，第3692页。
③ 司马彪：《续汉书·郡国志》，《后汉书》，中华书局，1965年，第3515页。
④ 龚伟：《试论战国秦汉时期牦牛与筰人的关系》，《中华文化论坛》2014年第7期。
⑤ 据《史记·西南夷列传》："自僰以东北，徙、筰都最大。"可知徙和筰是相接壤的两族群。

使者从蜀郡成都出发，向西南行到达"徙"（雅安天全一带），这条道路在秦汉时期都是能通达的，只是汉使者越过"徙"向西前行被"筰"人所闭。

2．"出徙"与"出邛"

"出徙、邛"和"出邛、僰"道有极其相似的方向。前面已经分析了"出邛、僰"是从犍为出发，经僰道向西抵达邛都，在经邛都或向西为筰所闭或向南为昆明所闭。"出徙"也是向西为筰所闭，两道最终都是闭于筰。那么两道之间存在何种关系？从文献上对邛和徙之间的道路联系做一番梳理，发现自邛都往北至严道（今雅安）向西经青衣、徙，越大渡河可抵达筰。西夷道（牦牛道）指从古蜀（成都）经临邛（雅安）、严道（荥经）、越邛筰山到筰都，自筰都往南经阑县、零关道、抵达邛都。或"到汉源后，过飞越岭、化林坪至沈村，渡大渡河，经磨西，至木雅草原（今康定县新都桥、塔公一带，当时是牦牛王部中心）"①。在唐代，自今汉源往西如入藏的这条古道也是川茶入藏的干道"黎州路"。牦牛王部落与筰都有着密切的联系，自木雅草原可南达定筰（盐源）。这条古道连接着古蜀、邛（临邛、邛都）和筰（筰都、定筰）。也就是说，邛、严道、徙、筰之间的民间商道一直是比较畅通的。汉使自蜀郡出发，进入青衣江，经过"徙"再西南向走到"筰都"（汉源一带）或到"筰都"控制的大渡河中游、雅砻江中上游就被"筰"阻滞。这就是"出徙"为筰所闭的路线。此条道路与另一路线"出邛、僰"为"筰"或"昆明"所闭存在者密切联系，除了都是被"筰"闭道外，两道在自邛都向西的道路多是重合的。这也就是《汉书》将"出徙"写成"出徙、邛"的原因所在，反映出一定的历史事实。

"出徙"道和"出徙、邛"道的两处记载都是渊源有自，反映出西汉西南古代交通的变迁情况。其中《史记》所记的"出徙"道是要表达从蜀郡成都出发，向南经临邛、严道（雅安），向西走青衣之"灵关道"，经过徙（斯榆）、青衣，西出为"筰"所闭。而《汉书》所记的"出徙、邛"道，

---

① 任新建：《"茶马古道"与松潘》，四川省社科院民族宗教研究所、松潘县政府编《松潘历史文化研究文集》，四川人民出版社，2014年，第185页。

表达的是自蜀郡经过"徙"南向经越嶲之"零关"道抵达邛都。总之"出邛、僰""出徙"与"出徙、邛""出僰"诸道都是各有源自，彼此在道路上都存在着交叉、重合部分，现在读到它们不能因字面上的差异而厚此薄彼，更重要的是梳理出文本间差异处所隐含古代西南交通道路变迁的史实。如《史记》所载的"出邛、僰"道和"出徙"道与司马相如通西夷关系极大，司马相如曾"略定西夷，邛、筰、冉、駹、徙榆之君皆请为内臣。除边关，关益斥，西至沫、若水，南至牂牁为徼，通零关道，桥孙水以通邛都"①，"西夷邛、筰可置郡……为置一都尉十余县，属蜀"②。由司马相如的行迹可知邛都、徙（榆）之间道路相通较便，故《史记》之"出邛、僰""出徙"就是沿着司马相如的行迹分两路出使的，其中"出徙"道更有可能是越过沫、若水向西遇到筰人抵制。

"出邛、僰"道如前分析则是从犍为郡僰道出发，向西通往邛都。《汉书》将《史记》记述的"出邛、僰""出徙"调整为"出徙、邛""出僰"，其意以为"出邛、僰"当分为两途"出邛"与"出僰"，而"出邛"与"出徙"就是邛、徙间的道路相通情况可以并为"出徙、邛"一道。实际上《汉书》所做的调整反映了经过西汉多次经略西夷之后，在西夷地区不断的实民开边，使得西夷早期的交通情况发生不少的改变。其中最大的变化就是自蜀郡通往邛都的官道发生改变，即西夷道（牦牛道）由区域性民间商道的性质渐变为由官方控制的官道。这一点在司马相如的行迹中有明显的体现，到元鼎六年在邛都设置越嶲郡、沈黎郡，可见西汉对西夷的控制越来越强③。

（二）"出駹"与"出冉"

《史记》"以冉駹为汶山郡"，《集解》引应劭曰："今蜀郡岷

---

① 司马迁：《史记》，中华书局，2014年，第3692页。
② 司马迁：《史记》，中华书局，2014年，第3628页。
③ 沈黎郡后虽被废，但是越嶲郡一直是为汉控制，西夷之邛都地位也越加提升，通往邛都的西夷道在西汉经营下，成为重要的官道。

江"①,"駹"和"冉"都是在今岷江上游。李绍明先生撰文指出：
"冉、駹的得名是和冉山、駹水有关……冉山在今茂州附近（汶川、茂县）……駹水很有可能是今杂谷脑河（理县附近），认为'杂谷脑河为駹水'。"②"冉駹"在史籍中多是连称，两地相近且族群都属于氐类，汉武帝元鼎六年在冉駹地区设置汶山郡。《华阳国志·蜀志》载："汶山郡……汶山县，郡治。……瀸水、駹水出焉。故冉駹界邑居也"，可知冉、駹共同生活在瀸水、駹水附近。段渝先生指出駹水可能是今黑水③，任乃强先生认为瀸水和今大渡河部位全合④，两家所指都是在大渡河上游地区。瀸水与駹水是冉、駹的分界河流，駹居駹水是无疑的，瀸水在駹水西北，很有可能就是冉生活的区域。又根据《史记·西南夷列传》对"西南夷"族群记述自西（南）向东（北）的次序来看："自筰以东北，……冉駹最大"可知冉在駹之西，瀸水也在駹水之西，故可推断瀸水约是冉的主要活动区域。又任乃强先生在《蜀布之路》一文中言："出駹"道走向是从駹水河谷（今杂谷河）西进的⑤。

　　冉駹所在地大致就是今岷江上、中游地区，这一地区自古便是古代羌人的居地，自成都青城沿岷江水道向上可抵达羌人地区，经此也可继续北上能入西北甘、青地区。这一古道在沿线的考古发现中早有证实，并有专门研究，如陈良伟先生《丝绸之路河南道》便专门辟章节对"河南道的早期开发""岷江支道""河源支道"有论述⑥。然历代文献所述之岷江古道之走

---

① 司马迁：《史记》，中华书局，2014年，第3631页。
② 李绍明：《关于羌族古代史的几个问题》，《历史研究》1963年第5期。
③ 段渝：《四川通史》（卷一　先秦），四川人民出版社，2010年，第446页。
④ 任乃强：《华阳国志校补图注》，上海古籍出版社，1987年，第191页。
⑤ 任乃强：《蜀布之路》，《文史杂志》1987年第1期。
⑥ 如陈良伟先生提到："考古资料证实在岷江上游经茂汶和汶川再往云贵高原，均分布有文化内涵颇为接近的石棺葬文化。这种文化的上限追溯至战国时期，下限当在东汉中期前后。"并且他梳理出来的丝绸之路河南道中两条之道道：湟水南向经隆务河通往川西的通道（后来的隆务河支道和岷江支道组合的前身）、岷州南向洮河往汉中通道（洮河支道和白龙江支道的组合前身）。从考古资料看出的川西北向西、南与云贵高原的文化联系，实为《史记》《汉书》所述"出駹""出冉"二道的基础背景。

第三章　政治扩张与贸易发展：古代南方丝绸之路研究

165

向与岷江源争论相关，"江源"所出一说出西蜀徼外，一说出临洮。清人李元所著《蜀水经》中，专门对"江源"进行过梳理论述。从历代文献来看，《禹贡》《山海经》《汉书》《水经注》都认为"江源"即"岷江源"发源于徼外古羌地，郦道元更是指实为"岷山即渎山也。水曰渎水矣，又谓之汶阜山在徼外，江水所导也"①。另外，《沙州记》、张守节《史记正义》、《江源记》及《蜀水考》多支持"江源"出自临洮有之。如李元所云："江源自临洮而来不诬也，今由黄胜关六十里至两河口，由两河口西行八十里为出寯，由两河口北行九十里为狼架岭，而狼架岭遥接洮州，实无大源皆溪涧众流会合而成。"②很显然，支持江源出自西蜀徼外之西羌之地多在唐以前，而唐以后诸家渐渐转向认为江源是出自临洮。《蜀水经》引述："范致能、陆务观云：'江源出西戎不可穷诘，盖以唐人言江源自松州甘松岭始'③……近人引《江源记》云：'岷山发源于临洮木塔山'……为此说者，盖因《隋书》岷山在临洮郡临洮县，《括地志》'岷山在岷山溢乐县，见有一水自木塔山来入江者'遂以为江水发源彼中。"④从前贤总结的来看，隋唐时期对江源的认知开始由西源说转向东源说，其大致是与唐吐蕃的古道繁荣有关，"唐宋以前地入吐蕃，竟以江源为疑案"，唐宋时期与吐蕃的通道多不走岷江道而是走甘青唐蕃大道。今或可察江源所出正源定在西蜀徼外，不过东流也有小支流。

除此以外，在岷江上游地区先秦至两汉时期便是羌人所聚居，如《后汉书·西羌传》："羌无弋爰剑者，秦厉公时为秦所拘执，以为奴隶。……既出，又与劓女遇于野，遂成夫妇。女耻其状，被发覆面，羌人因以为俗，遂俱亡入三河间。……至爰剑曾孙忍时，秦献公初立，欲复穆公之迹，兵临

---

① 郦道元：《水经注》，商务印书馆，1933年，第571页。
② 李元：《蜀水经》，巴蜀书社，1985年，第38页。
③ 按，其实《蜀水经》所引述范成大、陆游的话，约出自胡渭《禹贡锥指》卷十四下之《附论江源》："范成大《吴船录》曰：'江源自西戎来，由岷山涧壑中出，而合于都江。今世所云止自中国言耳。'和陆游《入蜀记》曰：'尝登岷山，欲穷江源而不可得。盖自蜀境之西，大山广谷，嵚崎起伏，西南走蛮箐中，皆岷山也。则江所从来远矣。'"
④ 李元：《蜀水经》，巴蜀书社，1985年，第36—37页。

渭首，灭狄豲戎。忍季父卬畏秦之威，将其种人附落而南，出赐支河曲西数千里，与众羌绝远，不复交通。其后子孙分别，各自为种，任随所之。或为髦牛种，越巂羌是也；或为白马种，广汉羌是也；或为参狼种，武都羌是也。忍及弟舞独留湟中，并多娶妻妇。"①文献中所涉及的地名如"三河间""赐支河曲"都是指的是与岷江上游所出的西蜀徼外之地相近。及"越巂羌""广汉羌""武都羌"即是《史记》所云："自冉駹以东北，君长以十数，白马最大，皆氐类也。"可见"皆氐类也"说明"氐"是对"在蜀之西"众多游牧族群的泛称谓。而此"出駹，出冉……其北方闭氐、筰"之走向即与"北方闭氐、筰"之"广汉羌""武都羌"相合。故"出駹"与"出冉"道当是自蜀郡成都出发，沿岷江道抵达"广汉羌、武都羌"所聚居之西蜀徼外之地，被困不能成行。

这一古道的具体走向，传世文献也有描述。如曹学佺《蜀中广记》卷三十一载："《志》曰：'江发源于临洮之木塔山，至山顶分东西流者，即岷江也。由草地甘松岭，八百里至漳腊，其水渐大。漳腊由经镰刀湾达松潘，于下水关，入红花屯，达叠溪至穆肃堡，黑水从南合之入深沟，经茂州南至于威、汶，转银岭合草坡河至蚕崖入灌口。"②若将"江发源于临洮大塔山"引以蒋廷锡《尚书地理今释》来理解："江水源出今松潘卫北西蕃界源有三支，正支自狼架岭南流；东支自弓杠口至漳腊营，合正支；西支自杀虎塘至黄胜关，合正支。南经茂州、威州、汶川县以至灌县离堆。"③则江水西源之说较明朗。此两书都是唐以后著作，对于岷江源的认识难出"出临洮"之局限，然已开始对东、西二源有合并之势说。若仅讨论秦汉时期岷江源，还当以西源说为妥。以上两书所载来看，后人对岷江古道的走向已经较详尽论述。覆按《史记》"出駹，出冉……其北方闭氐、筰"可明了此二道大致走向是：自成都灌口沿岷江水道北上，经汶县、茂县、叠溪、黑水县进入駹、冉之氐羌区域。

---

① 范晔：《后汉书》，中华书局，1965年，第2875—2876页。
② 曹学佺：《蜀中广记》卷三十一，上海古籍出版社，1986年。
③ 蒋廷锡：《尚书地理今释》，阮元编《皇清经解》卷二百七。

结　语

张骞自西域回汉后，主张开通蜀滇通往身毒的道路，在《史记》中有明确的记述。或许囿于史书体裁等原因，历代文献对"身毒道"的记载比较零散，而且文献在流传的过程中不断产生"讹变"。如前文所重点关注的"间使"与"间出"、"四道"与五地、"出邛、僰"与"出徙、邛"、"出僰"与"出西夷西"、"出莋"与"闭筰"等多处。这些启人疑窦之处并不是简单的错误，反而一定程度上是史实的体现，我们因此对文本背后的历史信息更应予以关注。历代史家对于"蜀身毒道"或"南方丝绸之路"的关注一直不减，也大都绕不开汉武帝元狩年间遣张骞求通"蜀身毒道"这一史举。从历史地理学角度曾也有数家做过较多的梳理，然对于文献记载的本身考辨往往不足，对于文献"讹变"之处的历史隐含信息也似没有深究。本节从文献比勘角度出发，梳理西汉首开"蜀身毒道"的经历，并对"西夷西"道路的走向进行覆议。依据正史所传文献，并对文献相抵牾的地方尽量做出辨析，结合前贤之作和考古材料等，以深挖"西夷西"道的历史信息。综合以上考述，汉武帝元狩年间求通"蜀身毒道"的"出四道"是"出駹""出冉""出徙（邛）""出邛、僰"四道。

第二节　郡县初立：
"邛都夷"社会发展与南方丝绸之路的关系

　　"西南夷"社会发展进程受中原王朝国家进程的影响，自商代中期古蜀国开始，至战国时期的古蜀开明王朝、秦、西汉都对"西南夷"不断地推行国家化管理。"邛都夷"在西南夷中具有独特的位置，在地理位置、交通位置和与国家政权关系三方面都有典型的特征。"邛都夷"迈入先进文化与南方丝绸之路的关系密切，南丝路在交通、贸易、文化交流和族群关系等方面有着重要纽带作用。基于南丝路的视野考察先进文化在"邛都夷"推行郡县制度的历史过程及特点，对于深入理解"西南夷"纳入郡县体系历史过程实有价值。

　　"西南夷"①社会的发展最剧烈时期当时在秦、汉时期②，即秦、汉政权在这一地区逐渐设立郡县制度。这一时期的"西南夷"社会转型发展，可以看作是"西南夷"社会跨越式迈向国家化进程。学者认为在汉文化强劲影响下，"西南夷"自身文明演进进程被打断，成为中国文明重要的亚文明区之一。③这层关系昭示着"西南夷"虽作为相对独立的地理单元和文化区，其社会发展仍与中原王朝的国家进程息息相关。20世纪以来在考古学、古史、

---

① 关于"西南夷"本节主要是指《史记·西南夷列传》所言"西南夷"，指的是不包含巴蜀在内的"西南夷"族群及其区域。按照学人的解释，"西南夷"一词概念在先秦至汉晋时期有几次变化，大致如秦灭巴蜀前的"西南夷"包含巴蜀，秦灭巴蜀后至西汉的"西南夷"指"巴蜀西南外蛮夷"。

② 秦汉时期，指战国秦国至汉王朝时期。

③ 段渝：《西南酋邦与中国早期文明》，商务印书馆，2015年，第7页。

文化人类学等领域对于中国早期国家起源及进程有过不同程度的讨论。[1]目下共识有：一、中国早期国家指夏、商、周三代时期[2]，二、早期国家进程是指古代社会向成熟国家迈进的历程。当一个地区较早进入到成熟国家时期，其拥有对这一地区的"合法化"权力，并利用这种权力对周边地区产生重要影响。也就是先进国家对后进文化人群发展的路向有改变作用[3]。"西南夷"是处在中国早期国家发展中的边缘地区，文化上粗显落后，不可避免地要受到邻近的古蜀及中原王朝的影响。这层关系，可借用谢维扬先生对中国国家进程多元化中少数民族（地区）的社会发展的阐述："中原帝国或国家以殖民模式或浅层控制模式，将国家制度扩布到更广泛地区。""迄至汉朝，中国境内的国家化进程主要还是以中原汉族王朝运用武力……使之纳入到中原国家的进程范围。"[4]

　　"西南夷"地区的国家化进程指"西南夷"社会自身的国家化发展。关于这一层涵义的研究，段渝先生《西南酋邦社会与中国早期文明》一书可谓有着精深的研究，对于"西南夷"文明自身发展道路做了详尽而又丰富的论述，落实到本节具体讨论的"邛都夷"其自商代中期至战国前期已经步入简单酋邦社会。[5]一般而言，"西南夷"独自国家化进程并没有最终完成，受到古蜀及秦、汉先进国家政权的强力干预，到秦灭蜀后"西南夷"渐被纳入到中原国家化进程范围。这是本节重点探讨的部分，其年代早可追溯至古蜀早期国家时期，降至战国晚期，先进国家政权在整个"西南夷"地区开启了

---

[1]　早期国家的研究有三种取向：一派是从考古入手去寻找中国早期国家及文明起源，这一研究路径可追溯至中国现代考古学的兴起；一派是马克思主义史学角度，按照阶级斗争的方法去寻找中国国家产生的源起；还有一派产生于改革开放后，突破马克思主义史学理论，积极吸收文化人类学和考古学知识来探寻中国早期国家及文明情况。

[2]　"夏代"是否被纳入中国早期国家研究范畴，仍有学者持异议，如何兹全认为中国早期国家只可谈到盘庚迁殷时，参见何兹全《中国的早期文明和国家起源》，《中国史研究》1995年第2期，第4页。

[3]　关于中国早期国家研究中一些概念问题的理解及应用，谢维扬先生著文专门探讨过，参见谢维扬《中国早期国家研究中一些概念意义的理解问题》，《中原文化研究》2013年第4期，第8页。

[4]　谢维扬：《中国早期国家》，浙江人民出版社，1995年，第507—509页。

[5]　段渝：《西南酋邦与中国早期文明》，商务印书馆，2015年，第199页。

新一轮的国家化进程。至秦汉时期，国家政权在"西南夷"推行"大一统"的政策，其表现之一即设立边郡制度，将边缘地区纳入新国家政权的控制范围。

一、南方丝绸之路交通体系及相关

先秦时期西南地区的交通体系主要指"南方丝绸之路"（下文称"南丝路"），南丝路是从古蜀经"西南夷"通往滇、缅、印诸地的古代商贸交通线路。按照《史记·西南夷列传》的记述，南丝路实际上有两条。一是"西夷道"，从成都经雅安（临邛）、荥经（严道）、汉源、越西至西昌、云南。二是"南夷道"，从成都南下乐山、宜宾（僰道）沿五尺道入滇（入滇后分两路，一路南下经红河入中南半岛，一路西向与西夷道相汇一道抵达缅、印）；或沿五尺道经黔西北，南下黔中、由牂牁江入南越。

晚近学术界将"南方丝绸之路"的走向划分为东、中、西三条干线，东线就是文献所载的"南夷道"入南越一线（沿五尺道入牂牁江，可前往黔中、南越）；中线就是文献所载"南夷道"入滇一线（沿五尺道入滇后，渡红河进入中南半岛）；西线就是文献所载的"西夷道"入缅、印一线。[1]南丝路的年代最早可追溯至商代中晚期，如段渝先生已撰文系统地将三星堆文明中的青铜器物、海贝、象牙等文化集结与南亚、中亚文明梳理比较，指出在商代古蜀便与南亚和近东文明存在密切的交流[2]。商代中期以降，南丝路便一直起着沟通西南地区不同族群间互相交流、贸易的作用。

自三星堆文化二期到秦灭巴蜀时，古蜀国历经鱼凫时期、杜宇时期、开明时期，这是古蜀的早期国家时期。古蜀早期国家与中原早期国家之间联系不断，古蜀国对"西南夷"地区的控制和管理也代有承袭。降至战国晚期、秦汉之际，古蜀王国被并入秦王朝，古蜀与"西南夷"被纳入新的大一统国

---

[1]　段渝、刘弘：《论三星堆与南方丝绸之路青铜文化的关系》，《学术探索》2011年第4期，第115页。

[2]　段渝：《论商代长江上游川西平原青铜文化与华北和世界文明的关系》，《东南文化》1993年第2期，第1—20页。

家政权中。对"西南夷"而言，还要适应从古蜀王国管理区转变为大一统国家政权的边缘区。秦汉国家政权开始在"西南夷"推行国家化管理的边郡制度。这就使原本复杂的"西南夷"关系愈加复杂，特别是面对新的国家政权管理，有的能够与国家政权很好地融合，有的在这一过程中表现出顽强的抵制策略。这也就是司马相如所说的"流风犹微"现象：

（而）夷狄殊俗之国，辽绝异党之地，舟舆不通，人迹罕至，政教未加，流风犹微。内之则犯义侵礼于边境，外之则邪行横作，放杀其上。[①]

这里的"辽绝异党之地，舟舆不通，人迹罕至"反映汉政权与"西南夷"的交通阻隔、艰险，由此影响"西南夷"边郡的治理。

"邛都夷"在"西南夷"中的位置特殊，大致"邛都夷"处于蜀与"西夷""南夷"的过渡地带，"邛都夷"以西为"西夷"诸族，自"邛都夷"而南可通"滇"。由此可见，南方丝绸之路的交通体系中，"邛都夷"处于"西夷道"必经路段，且自"邛都夷"往东可通"僰道"，从而形成南方丝绸之路重要的一条东西向支线。"邛都夷"是"西南夷"中较早加入边郡制体系，完成跳跃式迈入国家组织中。可知"邛都夷"在"西南夷"中具有特殊地位，以"邛都夷"为主体考察其迈入国家组织的进程及其特点，有助于深入理解同期"西南夷"转向郡县体系的历史过程。

二、"邛都夷"社会跨越发展中的交通要素

（一）"邛都夷"与南方丝绸之路的关系

南丝路是蜀郡通往域外的重要交通贸易路线，其"西夷道"就是从古蜀南下至邛都（西昌）继而至滇，也可西至笮、昆明。"邛都夷"是南丝路西线的重要枢纽中心，"邛都夷"对南丝路的开通和维持主要有如下三点突出贡献：

---

① 司马迁：《史记》，中华书局，2014年，第3697页。

（1）"邛都夷"为（对）南丝路开通与维持提供必备的人力资源。如有学者认为，"西南夷"既是南丝路最初的开辟者也是主要的受益者。^①根据大石墓考古反映的历史情况，可知早在战国时期，邛人就已经在安宁河河谷地区形成聚邑中心。而蜀郡通往"邛都夷"的"西夷道"（或称"牦牛道"）的交通道路更已通达。如《华阳国志·蜀志》记载：

> 严道县……秦开邛来道，置邮传，属临邛。^②
> 临邛县，本有邛民。秦始皇徙上郡民实之。^③

由此可见，战国时期临邛、严道之间的交通状况已十分发达。秦灭蜀后，秦在"西南夷"施行"开邛来道，置邮传"。文献所言"开邛来道"应指从蜀郡越"邛来山"抵达"邛都夷""筰都"的交通路线。对此，《华阳国志·佚文》说：

> （严道县）道至险，有长岭、若栋、八渡之难，杨母阁之峻。……邛来山本名邛筰……山岩阻峻，回曲九折，乃至山上。^④

对这则史料，任乃强先生据《水经注》增补为"道通邛筰，至险……"^⑤若任氏不误，则"邛、筰"之间虽有天然的交通屏障，但两族群之间仍交流互动不断。以上史实说明早在秦灭巴蜀之前，"邛民"就早已形成一个适宜自身的交通网络。

（2）"邛都夷"有丰富的物产资源，为南丝路贸易做出积极的贡献。贸易交流是南丝路最重要的一个功能。就风格而言，安宁河河谷大石墓考古出土许多小件饰品（西郊M1、轱辘桥M1、阿荣M3等）与盐源盆地小件饰品

① 霍巍：《"西南夷"与南方丝绸之路》，《中华文化论坛》2008年第2期，第117页。
② 任乃强：《华阳国志校补图注》，上海古籍出版社，1987年，第198页。
③ 任乃强：《华阳国志校补图注》，上海古籍出版社，1987年，第157页。
④ 刘琳：《华阳国志校注》，巴蜀书社，1984年，第965页。
⑤ 任乃强：《华阳国志校补图注》，上海古籍出版社，1987年，第199页。

（老龙头墓地M6、M11）相似。两地墓葬中都出土绿松石珠、玛瑙珠，和滇文化区考古出土的琉璃珠、绿松石珠（江川李家山M22、M24，晋宁石寨山M7、M13等）相似。对此，张增祺先生研究之后，认为这些东西很有可能是从古代西亚地区输入。[①]这就告诉我们，"邛都夷"在战国时期就和滇、域外有双向贸易关系。《史记·大宛列传》记载：

> （张）骞曰："臣在大夏时，见邛竹杖、蜀布"……大夏国人曰："吾贾人往市之身毒。身毒在大夏东南可数千里……其人民乘象以战。其国临大水焉。"[②]

学界对"邛竹杖"尚有不同的观点。如李绍明先生认为，"邛竹杖"应是"邛人"所居地方产出的竹杖，不必拘泥于某一特定地区。张骞在大夏所见的"邛竹杖"不能确定其产地是今邛崃山（大相岭）或小凉山地区[③]；任乃强先生认为，"邛竹杖"是由热带常绿棕榈科省藤所制。生长在我国海南岛及云南南部。自周秦之世，邛竹杖行销"西南夷"地区，又自邛国输入蜀巴，远达中原。古人以其似竹，而来自邛来，称为"邛竹杖"；但邛、蜀并无此物，随商贾漫称之为邛竹杖而已[④]。虽然二者观点不同，但对于"邛商"在输送贸易物品中的纽带作用的看法相近。不可否认，"邛竹杖"一定与"邛民"有关系，这种关系也可指实"邛民（商）"善于利用南丝路进行贸易活动，将"竹杖"一物远销内外。这同邛人大石墓中所出土了来自西亚域外的绿松石珠、玛瑙珠等物现象也吻合。

（3）"邛都夷"对南方丝绸之路的维持、管理有重要贡献。《史记·西南夷列传》载：

---

① 张增祺：《战国至西汉时期滇池区域发现的西亚文物》，《思想战线》1982年第2期，第85页。
② 司马迁：《史记》，中华书局，2014年，第3843页。
③ 李绍明：《说邛与邛竹杖》，《四川文物》2002年第1期，第24页。
④ 任乃强：《华阳国志校补图注》，上海古籍出版社，1987年，第327页。

秦时常頞略通五尺道，诸此国颇置吏焉。十余岁，秦灭。及汉兴，皆弃此国而开蜀故徼。

秦灭后“（诸此国）皆弃此国”当指“西南夷”都不愿和汉国家政权交往，关闭了原来通蜀郡的关隘。由此推知，原来“西夷”族群在各自的交通路线上都有设关隘，以管理维护的交通贸易。如汉武帝元狩初年遣汉使者求通“身毒道”时，“西夷”族群的表现：

天子欣然，以骞言为然，乃令骞因蜀犍为发间使，四道并出：出駹，出冉，出徙，出邛、僰，皆各行一二千里。其北方闭氐、筰，南方闭嶲、昆明。①

这一次通“身毒道”的失败，实由“氐、筰、昆明”等族群把控这交通路线的重要关隘，不放行汉使者所致。

“邛都夷”域在设置越巂郡前，对于域内的交通贸易也常设险隘关口。如《华阳国志》载：

（严道县）道至险，有长岭、若栋、八渡之难，杨母阁之峻。……邛来山本名邛筰……山岩阻峻，回曲九折，乃至山上。②

这里涉及的“长岭、若栋、八渡、杨母阁”就是蜀郡通往“邛都夷”的重要关隘，在秦灭巴蜀后之设越巂郡前实由“邛都夷”掌控管理。

① 司马迁：《史记》，中华书局，2014年，第3844页。
② 刘琳：《华阳国志校注》，巴蜀书社，1984年，第965页。

（二）"邛都夷"迈入国家组织进程中的交通情况

战国至西汉前期是"邛都夷"迈入国家组织进程的重要时期，"邛都夷"在《史记·西南夷列传》中是一个"皆魋结，耕田，有邑聚"的族群，西汉武帝派军征伐南越时，并杀邛、筰君长。西汉前期"邛都夷"还有君长，反映其社会组织状态还是一个较原始的部落族群。从安宁河流域大石墓葬发掘材料来看，邛人的社会组织也远未达到国家（文明）水平。而战国至西汉前期这段时期内，"邛都夷"历经古蜀王国、秦、汉三个国家政权，直到西汉武帝元鼎六年在"邛都"设置越巂郡，表明"邛都夷"在外界势力的干预下跳跃式迈入先进文化国家组织中。

古蜀杜宇、开明王朝时期，开明王三世保子字对南夷有大规模的征伐，"保子帝攻青衣，雄张獠、僰"。杜宇王朝古蜀国疆域为"以褒斜为前门，熊耳、灵关为后户，江、绵、潜、洛为池泽，峨眉为城郭，以汶山为畜牧，南中为园苑"。其中"熊耳、灵关"就是西汉越巂郡范围，也就是战国时期"邛都夷"的范围。而这些范围一般都认为是古蜀杜宇王朝时期的王国疆域，说明古蜀开明王朝对"邛都夷"的控制已经非常深入，也有学者通过"蜀曰邛"讨论古蜀与邛的关系，认为"邛都夷"可能就是原蜀国居民重要构成之一。[1]

秦灭蜀后，秦对"西南夷"地区治理多有承袭古蜀的经验。但是秦不仅仅是因袭不改，在一定程度上还将秦国成熟的郡县制度适当地向"西南夷"地区推行。如《司马相如列传》载"相如曰：'邛、筰、冉、駹者近蜀，道亦易通，秦时尝通为郡县'"[2]及《西南夷列传》载"秦时常頞略通五尺道，诸此国颇置吏焉"[3]。秦对"西南夷"地区推行国家治理是很成功的，并没有使用大规模的武力征伐，并且很好地维持了国家政权和"西南夷"之间的关系。因为政策的适宜，使得秦在"西南夷"推行国家化管理的郡县制

---

① 石硕：《古蜀国的邛人及其相关问题探讨》，《中华文化论坛》2008年第4期。
② 司马迁：《史记》，中华书局，2014年，第3692页。
③ 司马迁：《史记》，中华书局，2014年，第3627页。

度，也就几乎遇不到太大的阻力。

汉兴后，虽然继承了秦朝许多国家制度，但在郡县制度上反而走了一个迂回的郡国并行道路。加之国家政权一直注重关中地区，故对地处巴蜀之外"西南夷"地区情况相当陌生；甚至连秦时期在这一地区设置郡县都不太知晓，反而要询问生活在蜀地的司马相如等人。西汉武帝时期国家权力逐渐向四极扩充，实行大一统政策；加之西北匈奴之患和南方赵越之患，西汉对"西南夷"开始逐渐重视起来。这一时期，国家政权更多是以武力征伐来拓展控制势力范围，故而造成"西南夷"与西汉之间复杂而紧张的关系。西汉武帝数次征伐西南夷，大致是从起初尝试恢复秦设置之郡县，到初步设置"西南夷"边郡，再到最终建立西南七郡的初步规模。其中元鼎六年，在巴蜀外"邛都夷"设置了越巂郡，标志"邛都夷"正式被纳入到西汉国家机制内。

越巂郡建郡之前"邛都夷"的交通贸易基本上由国家政权"浅层控制"①，"邛都夷"自身有一定掌控权；汉武帝设置越巂郡之后，才渐被汉国家政权完全掌控。在汉文化强劲干预下，"邛都夷"的交通逐渐被纳入到官方用道上，或因地理阻或因文化隔阂，"邛都夷"的准官道交通很不稳定，但对整个秦汉政权来说，这已是打通"西南夷"实质性的一步。这一时期"邛都夷"交通发达，四个方向上都可以辐射西南夷地区。

（1）"邛都"往北通往蜀郡的交通路线，是"邛都夷"与蜀的交通要道。大致自临邛，经徙县（始阳）、严道（荥经）、杨母阁、翻越"邛来山"至阑县、台登达邛都（西昌）。这条线也是南方丝绸之路"西夷道"的一部分，到达邛都后，继续往南。沿安宁河谷地带南下经会无县、三逢县，或自会无县至大莋，渡金沙江进入滇西北地区。这条路线是南丝路干线"西夷道"的一部分，以"邛都"为中心连接蜀和滇。

---

① "浅层控制"采于谢维扬先生："浅层控制模式……在基本不改变当地土著固有的前国家制度的情况下，使这些地区在不同程度上处于中原王朝或国家的控制。"（收入氏著《中国早期国家》，浙江人民出版社，1995年，第498页）。实际上在西汉"越巂郡"建立之前，"邛都夷"与秦、汉国家政权的关系大致处于这种"浅层控制"关系，期间"邛都夷"的交通贸易自然也是受秦、汉国家政权的"浅层控制"。

（2）"邛都"往东的路线是一条水路、陆路相间接的路线，也是南丝路的一条支线，这条支道连接南丝路东线干道"南夷道"。从"邛都"往东经安上（昭觉）、美姑、马湖县，自马湖走水路（金沙江）抵达"僰道"，"僰道"就是东线"五尺道"的重要枢纽。"邛都"往东这条路线也是秦、汉国家政权控制最稳固的要道。如汉末"西夷道闭绝"，这条路线便成了通往越巂郡（"邛都夷"）的要道；三国时期诸葛亮南征南中就是走这条路线。

（3）"邛都"往西是"邛都夷"与"笮"之间的重要交通要道。西向支线大致自邛都向西渡雅砻江至定笮（盐源），这条道路也是重要的一条盐道，在明代形成了著名的闰盐道。或邛都南下至会无向西渡雅砻江至大莋（攀枝花一带），进入"笮"范围。会无县古代有丰富的铜矿资源，是笮（大莋）势力范围，汉武帝设置越巂郡后，将会无县从"笮"范围纳入新的越巂郡（邛）范围。会无县的隶属变化，反映了国家政权在"邛都夷"推进国家化过程中，改变了"西南夷"族群间关系。

（4）西向北支线也是"邛、笮"之间的要道，西向北支线这条路线至迟在汉代就已经形成，在汉代称为"牦牛道"。"牦牛道"指从古蜀（成都）经临邛（雅安）、严道（荥经）、越邛笮山到笮都，自笮都往南经阑县、零关道、抵达邛都。或"到汉源后，过飞越岭、化林坪至沈村，渡大渡河，经磨西，至木雅草原（今康定县新都桥、塔公一带，当时是牦牛王部中心）"①。在唐代自今汉源往西如入藏的这条古道也是川茶入藏的干道"黎州路"。牦牛王部落与笮都有着密切的联系，自木雅草原可南达定莋（盐源）。这条古道连接着古蜀、邛（临邛、邛都）和笮（笮都、定莋）。在古蜀王国时期，这条沿线重要据点"临邛""严道"都是受蜀国控制的，在这一地区发现大量战国至汉代的古蜀青铜兵器和巴蜀印章，可以印证古蜀国对这一地区的国家化管理，加速了民族地区的国家化进程。

总之，"邛都夷"迈入国家组织的进程，是以"邛都"设置越巂郡为标

---

① 任新建：《"茶马古道"与松潘》，四川省社科院民族宗教研究所、松潘县政府编《松潘历史文化研究文集》，四川人民出版社，2014年，第185页。

志。设郡前的邛交通线路及功能代有承袭，如新国家政权会利用"邛都夷"自身及古蜀国家治理的经验，对"西夷道"沿线的维持和治理相当用心，并取得了不错的效果。如司马相如在"西夷"设置一都尉十余县，为而后的越巂郡设置做好铺垫。设置越巂郡后，新国家政权可以利用"西夷道"对沿线的丰富资源进行攫取，并改变了相应族群关系。如汉政权将"会无县"从"筰"势力范围划入越巂郡，对"会无县"的铜矿资源及"定筰"的盐资源都设法占有。

三、"临邛"对"邛都夷"社会发展进程的影响

"临邛"历来因其重要的地理位置，及其丰富的物产资源而成为南丝路门户和贸易枢纽。无论是古蜀王国，还是秦、汉政权，他们都非常重视这座南丝路的枢纽门户。"西南夷"能被纳入国家政权管理中，"临邛"发挥了重要作用。

《华阳国志·蜀志》记载：

> 临邛……从布濮水来合（火）文井江。有火井……井有二水，取井火煮之，一斛水得五斗盐。……有古石山，有石矿，大如蒜子。火合烧之，成流支铁，甚刚。……汉文帝时以铁铜（山）赐侍郎邓通。[1]

古代临邛有丰富的盐矿、铁矿、铜资源。同书又载："临邛县，本有邛民。秦始皇徙上郡民实之。""本有邛民"说明在秦灭蜀之前，邛人在这一地区生活过的。秦灭蜀后很快就控制了临邛，张仪在临邛很快就筑造城池。

《华阳国志·蜀志》载：

> 临邛城，周回六里，高五丈。造作下仓，上皆有屋。而（任乃强先生政

---

① 任乃强：《华阳国志校补图注》，上海古籍出版社，1987年，第157页。

为"门"——引者注）置观楼射兰。①

秦国家政权如此重视"临邛"，除了交通位置的重要性外，其丰富的矿藏资源更是国家政权所看重的。

"临邛"的地理位置也很重要。"临邛"任乃强先生解释为"临近邛笮山"②，邛笮山就是今大相岭（又称泥巴山）。"临邛"以北是成都平原；临邛正好处在成都平原与川西山地的地理分界线上。"临邛"以西南是"笮"活动区域；以南临近"邛都夷"；以北就是古蜀、秦汉蜀郡。《华阳国志·蜀志》记载："临邛县，本有邛民。"古代临邛县，大致包括今蒲江、邛崃、大邑等地。秦灭巴蜀之前的"临邛"曾是邛人活动的北界。"邛都夷""笮都夷"与蜀郡三者在"临邛"交汇，形成一个古代西南地区贸易枢纽。

"临邛"在秦灭蜀之前和"邛都夷"的关系极密切，随后被秦汉设置的蜀郡纳入，"临邛"和"邛都夷"的联系也一直不断，"临邛"作为"邛都夷"北部的重要交通出口，连接着"邛都夷"与蜀之间的贸易交流。古蜀与秦、汉政权对"邛都夷"的"流风"政治活动具体如何，可以从"临邛"地位变化中窥知一二。

安宁河流域大石墓葬反映了古代"邛都夷"生活状况，其早期出土器物中包含了北方草原青铜文化、川西青铜文化、滇西和滇文化等文化因素。但却极少见到有巴蜀文化因素，这是一种奇异的文化现象。反映出这一时期"邛都夷"与古蜀文化之间的交流少，这种现象，应当是蜀与邛之间竞争关系所致。《华阳国志·蜀志》："保子帝攻青衣，雄张獠、僰"，保子帝是开明三世，青衣指的是今青衣江流域的芦山县、宝兴县、泸定县与金川县③。可见保子帝时蜀有一股强势南下的军事活动；"临邛"很有可能就是在开明王朝时期已经被蜀占据，邛也极有可能就是在开明王朝时期南退，不

① 任乃强：《华阳国志校补图注》，上海古籍出版社，1987年，第128页。
② 任乃强：《华阳国志校补图注》，上海古籍出版社，1987年，第160页。
③ 任乃强：《华阳国志校补图注》，上海古籍出版社，1987年，第124页。

在邛笮山以北活动了。

如《华阳国志》佚文：

> 邛笮山，邛人、笮人界也，邛人自蜀入，度此山，道甚险，南人毒之曰
> "邛来"。①

邛人由邛笮山以北退至以南，与开明时期蜀向南有强行的军事活动有关。邛人退入"邛笮山"以南后，与蜀的交流就少了。一方面蜀占据了"临邛"，掌握了原来邛人的盐、铁、铜等资源；另一方面蜀人把"邛都夷"人逼离到"邛笮山"以南，蜀、邛相仇，交流自然稀疏。

秦灭蜀后，张仪筑"临邛"城，秦、汉国家政权历来重视"临邛"重要地位。如秦灭蜀后，希冀自南向东对楚实行战略包抄，而打通"西南夷"必须先要控制"临邛"。汉替秦后，汉王朝也极力在"西南夷"地区开疆辟土，自蜀南下"西南夷"地区必经"临邛"。秦汉时期安宁河流域考古出土发现越来越多的中原文化因素，如大石墓拉克四合M8出土铁指环、"四铢半两"钱和印章等，据学者研究将这一时期断为西汉末期②。秦汉国家政权在西南夷地区反复经营，"西南夷"与国家政权之间的联系越加密切，使南丝路的战略地位越来越重要，作为南丝路的重要门户"临邛"其地位自不待言。

结　语

中国早期国家进程中，"西南夷"一直都是处在边缘位置，其自身走向文明社会的道路也不可避免受到中原或邻近地区先进文化的影响。事实也证明"西南夷"社会发展始终与中原王朝息息相关。秦、汉国家政权在"西

---

① 刘琳：《华阳国志校注》，巴蜀书社，1984年，第965页。
② 左志强：《安宁河流域大石墓遗存分期研究刍议》，《安宁河流域古文化调查与研究》，科学出版社，2012年，第403页。

南夷"地区推行边郡制度是早期国家化向外扩充的重要历史阶段,见诸"西南夷"地区,"南方丝绸之路"在这一历史阶段中有着重要纽带作用。战国至西汉前期"西南夷"渐被纳入先进国家组织,这一历史进程中"邛都夷"如其他少数族群一样,在不同阶段与新国家政权的关系起伏不定,这种反复变化的边区关系可用司马相如言"政教未加、流风犹微"来概括之。"邛都夷"在"西南夷"区位重要,且在南方丝绸之路的交通中地位特殊,使得"邛都夷"在迈入先进文化的进程中表现出一些特点。如"邛都夷"因在战国至秦汉时期对南丝路的维持、治理的经验,使得"邛都夷"与先进文化的接触中占得先机。并且"邛都夷"交通是在整个"南丝路"交通体系下形成了东、南、西、北四个方向上辐射交通网,如此能很好替先进文化联络"西夷""南夷"地区。相应地"邛都夷"在"西南夷"转向郡县体系的国家组织进程中,成为重要的前方基地,其政治和经济地位愈加显著。

第三节　贸易延续：论南方丝绸之路与茶马古道的关系
——以"邛人故地"为中心

　　"南方丝绸之路"与"茶马古道"都是20世纪80年代至90年代初由学术界逐渐推出的两个新学术命题。在学术研究史的轨迹上双方存在着差异，在具体研究过程中双方产生着密切的联系。以二者在川、藏重合的区域"邛人故地"为视角来审视双方的具体联系，是推进双方研究的有益举措。秦汉时代南丝路中贸易市场、边疆民族联系和道路系统都是唐宋时期 "茶马古道"兴盛的基础背景，随着贸易功能的不断增强，以及区域物产资源的优胜劣汰，在市场贸易背景下茶叶逐渐成为这一区域最主要的大宗贸易商品。这一标志性的发展实际上反映了唐宋时期兴盛的茶马古道对秦汉时代的南丝路有突破性继承和发展。

一、"南方丝绸之路"与"茶马古道"学术史述略

（一）"南方丝绸之路"学术史述略

　　南方丝绸之路作为一个学术命题提出于20世纪80年代，这一学术命题的提出实际上和当时社会需要关系极大，如李绍明先生介绍道："1987年中共中央第13号文件，号召重开'南、北丝绸之路'。四川省内学术界形成了成、渝为中心联系滇、黔两省共三支队伍，进行南方丝绸之路考察的活动。"[①]早在1987年之前，四川学术界便有学者对"南方丝绸之路"学术

---

① 李绍明：《近三十年来南方丝绸之路研究状况》，《中华文化论坛》2009年第1期。

概念进行研究。1984年童恩正先生谈道，"从成都地区经云南、缅甸、印度、巴基斯坦到达中亚的商道，即以后所称的'南方丝绸之路'或'滇缅道'"①，随即负责立项国家社科基金项目"古代南方丝绸之路综合考察"研究。1981年李绍明先生组织"六江流域民族调查"将"南方丝绸之路"纳入到六江流域民族调查中主要古代交通路线考察。在童恩正、李绍明两位先生的引导下，"南方丝绸之路"成为1985—1990年代初西南学术界研究的热点课题，并形成了一系列成果②。早期"南方丝绸之路"的研究主要依托于西南地区考古学界和民族学界③，参加这一时期研究的学者群主要学术背景是历史学、考古学和民族学领域的专家④。这使得"南丝路"学术命题的研究具备多学科交流、合作，学术内涵丰富等特点。这一时期的南丝路研究，基本上厘清了国内南方丝绸之路的主要干道情况，及其沿线的历史、民族、文化等情况。

20世纪90年代中后期随着三星堆遗址的重大考古发现，大大地丰富了南方丝绸之路的内涵，并开拓南丝路研究的视野。如段渝先生撰文对三星堆青铜文明中的诸多文化因素进行详细的比较研究，推论出商代长江上游三星堆青铜文明中的青铜雕像和黄金面饰、金杖、青铜树等文化丛同西亚、古埃及、爱琴海文明、古印度文明构成一种文化传统，这种文化间传播交流的路径就是沿着南方丝绸之路来往的。⑤这类研究充实了古代巴蜀文明借"南方

① 童恩正：《略谈秦汉时代成都地区的对外贸易》，《成都文物》1989年第2期。
② 早期南方丝绸之路研究的主要成果有《南方丝绸之路文化论》论文集（1990）、《中国西南的古代交通与文化》论文集（1993）、《南方丝绸之路》科教电视片、蓝勇《南方丝绸之路》（1992）、邓廷良《西南丝绸之路考察札记》（1990）、《丝路文化——西南卷》（1995）、江玉祥主编《古代西南丝绸之路研究》第2辑（1990）等。
③ 最早召开"南丝路"学术会议的是：1990年由川、滇两省14家（县、市）博物馆在西昌举办"西南丝绸之路学术研讨会"，此次会议主要讨论了南方丝绸之路，并有论文集《南方丝绸之路文化论》问世。
④ 参与南方丝绸之路早期考察并建设这一学术命题的主要学者有任乃强、童恩正、李绍明、张毅（汶江）、江玉祥、段渝、霍巍、罗二虎、黎小龙、蓝勇、刘弘等。
⑤ 段渝：《论商代长江上游川西平原青铜文化与华北和世界文明的关系》，《东南文化》1993年第2期；段渝：《古代巴蜀与南亚和近东的经济文化交流》，《社会科学研究》1993年第3期。

丝绸之路"同外域文明的交流史实。

进入到21世纪，四川及西南考古界不断挖出重大遗址，其中以金沙遗址、十二桥遗址为重要代表，更加丰富了古蜀文明，同时也为研究古蜀对外交流情况提供丰富材料。学术界在这一时期更多是自觉性的突破，在丰富的考古资料基础之上，南方丝绸之路的研究再次出现繁荣局势，如不断的大型学术会议、会展、重大课题的召开和立项。[①]这一时期的南方丝绸之路研究在前两个时期的研究基础上，充分利用许多重要考古资料，使得"南丝路"研究具备极强的学术自觉性。新时期学术界不断地加深对南方丝绸之路的认识。南丝路研究也与西北丝路、草原丝路和海上丝绸之路相联合，开始从区域转向整体视野的研究路径。

从20世纪80年代逐渐在四川学术界倡导起来的"南方丝绸之路"学术命题，在西南考古界、民族学界的学术群体共同沟通、交流、考察、合作推动下，逐渐形成了一个比较清晰的学术命题。在90年代，以三星堆遗址为重大发现的基础上，历史学者与考古学者共同推进早期古蜀文明研究，并且拓展了南方丝绸之路的历史、内涵研究。随着考古重要遗址的不断发掘，并且在西南学术群体的不断交流沟通基础上，南方丝绸之路研究获得了充分的积淀，逐渐形成从国内走向国外，从区域走向整体研究的阶段。

（二）"茶马古道"学术史概述

最早对"茶马古道"的学术命题进行学术探讨的是陈保亚先生，他撰文提出"滇川藏三角地带的纵横交错的茶马古道"，并且介绍到关于茶马古道的早期考察是1988—1991年间由木霁弘、陈保亚、秦臻、李旭、徐涌涛、李林六位对川、滇、藏三角地带的茶马古道做了三个月的步行调查。陈氏提出

---

① 重要学术会议有三星堆与南方丝绸之路青铜文化学术研讨会（2007），川、滇两省20多家文博单位联合举办三星堆与南方丝绸之路青铜文物展（2007），南方丝路与民族文化论坛（2008），三星堆与南方丝绸之路：中国西南与欧亚古代文明国际学术研讨会（2011）等；重要科研项目有段渝先生主持国家社科基金重大项目《南方丝绸之路与欧亚古代文明》（2010）等。

"茶马古道是亚洲大陆上庞大的、以茶叶为纽带的古道网络",在文章中陈氏主要梳理的是滇茶和川茶入藏的道路网络。[①]随后学界对于"茶马古道"的学术命题基本上都指向"茶马互市",茶马互市是始于隋唐、兴盛于宋、延至民国时期的西南商路贸易。

1994年向翔先生撰文认为:"川滇边三角地区长期以来确实存在过若干以'茶马互市'为主要内容的贸易中心,同时客观地存在着一个由马帮驿道组成的茶马古道网络。"[②]随后学界对于"茶马互市"的研究进一步推进,如格勒先生撰文认为:"茶马古道是以茶马互市为主要内容……历代中央王朝通过'茶马互市'和'茶马古道',更加巩固了西南边疆,维护了国家的统一。"[③]除此之外,陈保亚、木霁弘先生对"茶马互市"与"茶马古道"之间关系再有论文辨析,认为:"在茶马互市之前,西南地区的民族古道、盐运古道和马帮古道对茶马古道的最终形成具有决定性的意义。"并且将盐帮与马帮纳入到茶马古道内涵范畴。[④]陈保亚甚至进一步将丝绸之路、藏彝民族走廊和百越民族走廊都纳入到向茶马古道转型,成为茶马古道的一部分[⑤]。这一学术研究路径下,学界基本上分滇、川、甘青三大地域分别有学者对当地所存在的茶马古道进行推进研究。其中达成不少共识,但是对茶马古道线路还是略有分歧[⑥]。另一方面茶马古道与南方丝绸之路之间关系研究,学界也尝试有所推动,如2008年在四川邛崃召开的"南方丝路与民族文化论坛"发表《"南方丝路"和"茶马古道"文化遗产保护倡议书》。

---

① 陈保亚:《茶马古道的历史地位》,《思想战线》1992年第1期。

② 向翔:《茶马古道与滇藏文化交流》,《云南民族学院学报(哲学社会科学版)》1994年第3期。

③ 格勒:《"茶马古道"的历史作用和现实意义初探》,《中国藏学》2002年第3期。

④ 木霁弘:《茶叶传播与茶马古道》,《中国社会科学报》2014年12月5日;陈保亚:《茶马古道的历史地位》,《思想战线》1992年第1期。

⑤ 参见陈保亚论文:《论丝绸之路向茶马古道的转型——从词与物的传播说起》,《云南民族大学学报(哲学社会科学版)》2011年第5期;《百越走廊及其向茶马古道的转型——从词与物的传播说起》,《思想战线》2012年第6期。

⑥ 主要分歧点在于是否将甘青入藏的唐蕃大道纳入茶马古道道路系统中,一般川、藏、甘青学者都主张将其纳入茶马古道范畴,石硕先生认为从茶马古道的内涵考虑,不宜将甘青入藏的唐蕃大道纳入进来。

随着“茶马古道”学术命题的树立，其现实应用推广也迅速袭来。1996年云南省第三批省级风景名胜区，其中就有“思茅茶马古道”。2001年人民日报海外版刊文《西部旅游绝品开发与保护》中提到跨行政区域的大产品培育，如滇川茶马古道等开发。2002年在政府和社会倡导川滇藏茶马古道旅游下，三省共同推出“中国香格里拉生态旅游区”。学术界也有学者撰文倡议依托“茶马古道”沿线旅游资源，建立藏、川、滇“大三角”旅游经济圈。①

从20世纪90年代初提出“茶马古道”的学术命题起，学术界对于茶马古道的学术建树主要在于将存在于川滇藏地区的贸易古道与历史时期的“茶马互市”联系起来，推进了古代西南交通史、民族史和边疆史等领域的研究。究其本质，茶马古道学术命题是以“川滇藏大三角区域的贸易交通网”为起点，关注的是大宗贸易商品茶叶为主的贸易，其学术的最基础背景无疑是唐宋时期兴盛的“茶马互市”。若脱离这些而无限地扩充其学术内涵，不仅与丝绸之路的概念产生更大程度上的重合，也是更大程度上的混淆，这样显然是不利于弘扬“茶马古道”学术命题价值。

二、“邛人故地”在南方丝绸之路及茶马古道中的历史地位

（一）“邛人故地”的历史空间

邛人是先秦时期的巴蜀以外的西南夷之一，到秦汉时期邛人以邛都为中心形成聚居的生活区。

《史记·西南夷列传》载：“西南夷君长以什数，夜郎最大；其西靡莫属以什数，滇最大；自滇以北君长以什数，邛都最大；此皆魋结，耕田，有邑聚。…… 自嶲以东北，君长以什数，徙、筰都最大……此皆巴蜀西南外

① 罗莉：《依托“茶马古道”黄金旅游线建立藏、川、滇“大三角”藏区旅游经济圈》，《西南民族学院学报（哲学社会科学版）》2003年第2期。

蛮夷也。"[1]根据近来安宁河流域考古的系统发现，安宁河流域的大石墓葬被学界认为是古代邛人的墓葬形式，也因而将安宁河流域划定为古代邛人文化区。但是有学者研究指出，邛人至迟在战国时期便在向南迁徙，越过邛笮山（今大相岭）到达安宁河流域。如《华阳国志》佚文载："邛崃山（大相岭），本名邛笮山，邛人、笮人界也""邛人自蜀入，度此山，甚险难，南人毒之，故名邛崃"。[2]而且在秦汉时代，蜀郡和越巂郡都有不少和邛人有关系的地名，如临邛、邛水、严道等，而这些地名在《汉书·地理志》有详述：

> 蜀郡……县十五……临邛，仆千水东至武阳入江，过郡二，行五百一十里。有铁官、盐官。
>
> 江原，都水首受江，南至武阳入江。莽曰邛原。
>
> 严道，邛来山，邛水所出，东入青衣。
>
> 青衣，禹贡蒙山谿大渡水东南至南安入溾。
>
> 越巂郡……邛都，南山出铜。有邛池泽……灵关道，台登，孙水南至会无入若，行七百五十里。[3]

其中邛崃山指今大相岭，临邛今邛崃及其西南地域，严道今雅安附近，青衣约在今汉源县北。加之邛都今西昌，其以北的灵关道、孙水约今冕宁县。若以邛笮山为界，其北诸多属蜀郡中与"邛人"有关系的地域，都可以视作"邛人"南迁之前的故地，即本节所指的"邛人故地"。"邛人故地"看作是自成都平原而南，大相岭以北的大部分地区，依两汉史志，至少可以将临邛县、严道、青衣[4]看作是"邛人故地"主要区域。

汉晋时期，郡县制度在西南夷地区推行更加深入，新增不少新的县名。其中大致属于"邛人故地"的有《后汉书·郡国志》所载之"蜀郡：……临

---

① 司马迁：《史记》，中华书局，2014年，第3625页。
② 刘琳：《华阳国志校注》，巴蜀书社，1984年，第966页。
③ 班固：《汉书》，中华书局，1962年，第1598—1600页。
④ 按，古代"青衣"应当看作是邛人和笮人的交界处，其和邛人的关系更为密切。

邛、江原（莽称邛原）；越巂郡：邛都南山出铜。遂久、灵关道。……蜀郡属国：汉嘉（故青衣）、严道、徙。"①

隋唐时期，州郡渐渐代替郡县，"邛人故地"的地域大致有《隋书·地理志六》所载之"临邛郡（旧置雅州）。统县九……严道、名山、卢山、依政、临邛（旧置临邛郡，开皇初废。有火井）、蒲江、蒲溪、沈黎（后周置黎州，寻并县废。开皇中置县。仁寿末置登州，大业初州废）、汉源。"②及《新唐书·地理志六》："邛州临邛郡。……雅州卢山郡，下都督府。本临邛郡，天宝元年更名。县五：严道、卢山、名山、百丈、荥经。"③这些县域。

（二）"邛人故地"在南方丝绸之路中的历史地位

南方丝绸之路的主要线路是从古蜀出发经"西南夷"通往滇、缅、印诸地的古代商贸交通线路。晚近学术界将"南方丝绸之路"的走向划分为东、中、西三条干线，东线就是文献所载的"南夷道"入南越一线（沿五尺道入牂牁江，可前往黔中、南越）；中线就是文献所载"南夷道"入滇一线（沿五尺道入滇后，渡红河进入中南半岛）；西线就是文献所载的"西夷道"入缅、印一线。④或有依据《史记·西南夷列传》的记述，"南丝路"实际上有两条。一是"西夷道"，从成都经雅安（临邛）、荥经（严道）、汉源、越西至西昌、云南。二是"南夷道"，从成都南下乐山、宜宾（僰道）沿五尺道入滇（入滇后分两路，一路南下经红河入中南半岛，一路西向与西夷道相

---

① 司马彪：《续汉书志》，收入范晔《后汉书》，中华书局，2000年，第3509—3511、3515页。

② 魏征：《隋书》，中华书局，2011年，第827页。

③ 欧阳修、宋祁：《新唐书》，中华书局，2013年，第1082—1083页。

④ 南方丝绸之路线路问题，早在20世纪40年代至70年代，就有很多学者研究过，主要是从历史地理角度对道路进行过梳理，其中较著名的有方国瑜、夏光南、桑秀云、饶宗颐、严耕望、任乃强等。20世纪80年代中晚期，在李绍明、童恩正领导下对南方丝绸之路进行考察，并梳理出主要干道走向。随后学术界继续推进南丝绸研究，段渝师的长期研究更推进南丝路国内段和国外段的走向，使得南丝路的干道及对外交通的走向渐渐清晰起来。

汇一道抵达缅、印）；或沿五尺道经黔西北，南下黔中、由牂牁江入南越。

在南方丝绸之路中"邛人故地"就是南方丝绸之路西线主要的一段路程，并且也是古代民族交往的通道。若以临邛为中心来看，其交通位置非常重要，"临邛"在秦灭蜀之前和"邛"的关系本为一体，随后被秦汉设置的蜀郡纳入建制范围之内。但是"临邛"和"邛"的联系一直延续，临邛作为邛北部的重要交通出口。连接着邛与蜀及后来的秦汉蜀郡之间的文化交流。南方丝绸之路的西干线"牦牛道"第一段就是从成都经"临邛"至"邛都"这一段。

"邛人故地"的存在，对于梳理古代蜀人和邛人历史关系十分有益，这也可以说明"南丝路"与古代西南民族变迁关系密切。安宁河流域大石墓葬反映了古代"邛都夷"的生活状况，其早期出土器物中包含了北方草原青铜文化、川西北青铜文化、滇西和滇文化等文化因素，但却极少见到有巴蜀文化因素。这是一种奇异的文化现象，反映出这一时期"邛都夷"与古蜀文化之间的交流少，指示着这一时期蜀与邛之间竞争关系。

《华阳国志·蜀志》"保子帝攻青衣，雄张獠、僰"，保子帝是开明三世，"青衣"指的是今青衣江流域的芦山县、宝兴县、泸定县域金川县[1]。可见保子帝时蜀有一些强势南下的军事活动；"临邛"很有可能就是在开明王朝时期就已经被蜀占据，"邛"也极有可能就是在开明王朝时期南退到邛筰山以南活动了。

如《华阳国志》佚文载："邛崃山本名邛筰山，故邛人、筰人界也""邛人自蜀入，度此山，道甚险，南人毒之，故名邛崃"。[2]邛人由邛筰山以北退至以南，与开明时期蜀向南有强行的军事活动有关。邛人退入"邛筰山"以南后，与蜀的交流就少了。一方面蜀占据了"临邛"，掌握了原来邛人的盐、铁、铜等资源；另一方面蜀人把"邛都夷"人逼离到"邛筰山"以南，蜀、邛相仇，交流自然稀疏。

秦灭蜀后，张仪筑"临邛"城，秦、汉国家政权历来重视"临邛"重要

---

① 任乃强：《华阳国志校补图注》，上海古籍出版社，1987年，第124页。
② 刘琳：《华阳国志校注》，巴蜀书社，1984年，第965—966页。

地位。如秦灭蜀后，希冀自西南向东对楚实行战略包抄，而打通"西南夷"必须先要占据"临邛"。汉替秦后，汉王朝也极力在"西南夷"地区开疆辟土，自蜀南下"西夷"地区必经"临邛"。秦汉时期安宁河流域考古出土发现越来越多的中原文化因素，如拉克四合大石墓M8出土铁指环、"四铢半两"钱和印章等，学者将这一时期断为西汉末期①。秦、汉国家政权在西南夷地区反复经营，"西南夷"与国家政权之间的联系越加密切，使南丝路的战略地位越来越重要，作为南丝路的重要门户"临邛"其地位自不待言。

（三）"邛人故地"在茶马古道中的历史地位

茶马古道的形成与唐时期兴起的"茶马互市"有密切的联系，在早期茶马互市中主要市场在西北，以西山道（自成都经岷山道抵达茂州、松州、叠州、洮州进入青、藏地区）向吐蕃输出茶叶等中原货物，又称川甘青道。其实古代四川汉夷之间贸易历史悠久，若就以物和马而论，"笮马"早在汉代便就是西夷重要的商品销往内地市场，其他如西南夷地区的"邛竹杖"蜀地的"蜀布"都是时兴的重要贸易品。而至迟在唐代就有茶叶贡物，如《新唐书·地理志六》载："雅州卢山郡，下都督府。本临邛郡，天宝元年更名。土贡：麸金、茶、石菖蒲、落雁木。"②

一般意义上学界将茶马古道分为三个干道，即滇藏道、川藏道和甘青道（唐蕃大道）③。石硕先生梳理道："滇藏道起自云南西部洱海一带产茶区，经丽江、中甸、德钦、芒康、察雅至昌都，再由昌都通往卫藏地区。川藏道则以今四川雅安一带产茶区为起点，首先进入康定，自康定起，川藏道又分成南、北两条支线：北线是从康定向北，经道孚、炉霍、甘孜、德格、江达、抵达昌都（即今川藏公路的北线），再由昌都通往卫藏地区；南线则

---

① 左志强：《安宁河流域大石墓遗存分期研究刍议》，《安宁河流域古文化调查与研究》，科学出版社，2012年，第403页。
② 欧阳修、宋祁：《新唐书》，中华书局，1975年，第1083页。
③ 按，石硕先生认为茶马古道为两道，分南北两个方向，南方即是滇藏道，北方即是川藏道，而不主张将青藏道纳入。

是从康定向南，经雅江、理塘、巴塘、芒康、左贡至昌都（即今川藏公路的南线），再由昌都通向卫藏地区。"①甘青道实际上就是唐与吐蕃联系的主要道路，文成公主入吐蕃便是走此道，学界普遍认为西藏饮茶成风与文成公主将茶叶及饮茶之俗引入吐蕃有关。其中涉及本节主要讨论区域的"邛人故地"就是川藏茶马古道。

唐时期，川藏茶马互市便已初成，但其在唐代茶马交易中其并不占主要地位。唐代的政治重心在关中地区，长安与吐蕃的联系自然是选择走甘青入藏为便。吐蕃吞并吐谷浑国后，唐与吐蕃在开元十九年："吐蕃又请交马于赤岭，互市于甘松岭。宰相裴光庭曰：'甘松中国阻，不如许赤岭。'乃听以赤岭为界，表以大碑，刻约其上。"②赤岭就是今青海湟源县之日月山，这一时期的茶马古道或可看作是唐与吐蕃贸易往来的道路，并在双方边境渐渐形成互市的市场。而唐与吐蕃的边境贸易在西南地区自有其渊源，其中"邛人故地"之临邛自古便是西南一大贸易中心，秦汉时犹盛。唐中期与吐蕃关系僵化，经韦皋经略西南后，蜀地与南诏的驿站重开，西南的贸易市场继续维持。

宋代政治势力衰微，北有金、西夏及后来的元为大患，金的不断南下导致宋王朝的南迁。南迁之后的宋王朝北患不绝，南宋朝廷既已失去北方黄河流域，更加稀缺战马资源。而四川与吐蕃接近，川蕃贸易的重要性被极大地重视起来，此间"茶马互市"便兴盛起来。如《宋会要辑稿》载："熙宁七年十月十四日，太子中舍三司干当公事经画成都府利州路茶货李杞等奏，与马成都府路转运司同共相度到于雅州名山县、蜀州永康县、邛州在城等处置场买茶，般往秦凤路、熙河路出卖博马。"③随着茶马互市对宋与吐蕃边境关系的影响日盛，川茶互市的重要枢纽雅州的政治、经济地位逐渐提高。宋朝廷不仅将雅州所产的川茶设定为专茶，指定与吐蕃互市蕃马，不能另作他用。见《华阳国志》记载："元封四年七月十二日，诏：雅州名山茶今专

① 石硕：《茶马古道及其历史文化价值》，《西藏研究》2002年第4期。
② 欧阳修、宋祁：《新唐书》，中华书局，1975年，第6085页。
③ 刘建丽、汤开建辑校：《宋代吐蕃史料集》（二），四川民族出版社，1989年，第32—33页。

用博马。"①南宋朝廷不仅渐渐加强对川茶互市的管理，而且在财政上对川茶的税收管理严格，如《藏族史料集》载："（建炎二年）十一月，是月，四川茶马赵开罢官买卖茶，给引通商如政和法。三年十月辛丑，张浚以同主管川、陕茶马，赵开为随军转运使，专总四川财赋。"②

川藏茶马互市的往来交通要道也几乎涵盖"邛人故地"的所有区域，文献所载："于雅州名山县、蜀州永康县、邛州在城等处置场买茶，般往秦凤路、熙河路出卖博马。""（建中靖国元年十二月十一日）行下雅州、在城并名山、百丈、庐山县茶场收买应副……唯收市黎州博马茶别无赏罚……"③可见黎州是蕃马市场，而雅州是茶榷市场，一般都是雅州选购好茶往运黎州市马，再将黎州之马运入内地。可见川藏茶马之路最频繁的贸易往来就是黎州和雅州之间的商路。据《新唐书·地理志》记述雅州就是原来的临邛郡，黎州就是汉源、飞越、嶲州之阳山，这些地点都是秦汉时代的"邛人故地"主要区域。

三、"邛人故地"物产资源变迁及对贸易的影响

（一）秦汉时代"邛人故地"的物产与贸易

秦汉时代物产资源主要有盐矿和铜矿，如《华阳国志·蜀志》载："临邛县，有火井……以竹筒盛其光藏之，可拽行终日不灭。井有二水，取井火煮之，一斛水得五斗盐。"任乃强注解为：火井煮盐能多得者，当是火井出于盐井，其人分别引出，因其火煮之。④"邛"域范围内的严道、邛都、零关道、会无县，《华阳国志·蜀志》载："严道县……有铜山，文帝赐邓通铸钱处也""邛都县，南山出铜""零关道，有铜山"。⑤1976年在西昌

---

① 任乃强：《华阳国志校补图注》，上海古籍出版社，1987年，第29页。
② 陈燮章、索文清、陈乃文辑：《藏族史料集》（二），四川民族出版社，1983年，第24页。
③ 任乃强：《华阳国志校补图注》，上海古籍出版社，1987年，第49—50页。
④ 刘琳：《华阳国志校注》，巴蜀书社，1984年，第209页。
⑤ 任乃强：《华阳国志校补图注》，上海古籍出版社，1987年。

县石嘉乡考古出土了"货泉"钱范5件，小铜锤2件，铜锭17件。①其后在黄联关镇也征集到一件东汉初期的铜质五铢钱范与一件铜锭。②1987年在黄联关镇东坪村发现一处大型汉代冶铜铸币遗址，1988年在西昌东坪发掘一处汉代铸币遗址。③据研究以上都是在西汉至东汉时期的冶铜遗址，都是被中央王朝占据的重要资源。《史记》载："文帝赐邓通蜀严道铜山，得自铸钱，'邓氏钱'布天下。"④其后，中央王朝占据的这一区域囊括了丰富的铜矿资源。

"邛人故地"除了有重要的铜矿、盐矿资源外，在这一区域还流通着许多商品，如"邛竹杖""蜀布"等。如《史记·大宛列传》载："（张）骞曰：'臣在大夏时，见邛竹杖、蜀布'……大夏国人曰：'吾贾人往市之身毒。身毒在大夏东南可数千里……其人民乘象以战。其国临大水焉。'"⑤这些物品直接或间接地与"邛人"有关系，蜀商或邛商将巴蜀物产销往西南乃至境外的途中，"邛人故地"这一区域自然形成了汇集各类商品的贸易枢纽。在考古发现中，往往也能得到一些佐证，如在安宁河河谷大石墓考古出土许多小件饰品（西郊M1、轱辘桥M1、阿荣M3等）在风格上和盐源盆地小件饰品（老龙头墓地M6、M11）十分相似。两地墓葬中都出土绿松石珠、玛瑙珠，和滇文化区考古出土的琉璃珠、绿松石珠（江川李家山M22、M24，晋宁石寨山M7、M13等）十分相似。据张增祺先生对这些绿松石珠和玛瑙珠研究，认为他们很有可能是从古代西亚地区输入⑥，也进而辅以说明"邛人故地"确实与域外等广大区域发生过贸易联系。

---

① 西昌地区博物馆：《四川西昌发现的货泉钱范和铜锭》，《考古》1977年第4期。
② 凉山彝族自治州博物馆：《四川西昌首次发现东汉五铢钱范》，《考古》1986年第12期。
③ 刘弘：《丛山峻岭中的绿洲——安宁河谷文化遗存调查研究》，巴蜀书社，2009年。
④ 司马迁：《史记》，中华书局，2014年，第3878页。
⑤ 司马迁：《史记》，中华书局，2014年，第3843页。
⑥ 张增祺：《西南地区"大石墓"及其族属问题》，《考古》1987年第3期。

（二）隋唐宋时期"邛人故地"的物产与贸易

"邛人故地"源自秦汉时代就有的西南贸易市场的历史背景下，进入隋唐时期，其贸易市场功能并未消失，但是物产资源与前一个时代有着继承和新的变化。如《新唐书·地理志六》载："邛州临邛郡，上。武德元年析雅州置，显庆二年徙治临邛。土贡：葛、丝布、酒杓……雅州卢山郡，下都督府。本临邛郡，天宝元年更名。土贡：麸金、茶、石菖蒲、落雁木……黎州洪源郡，下都督府。大足元年以雅州之汉源、飞越，巂州之阳山置。神龙三年州废，县还故属。开元四年复置。土贡：升麻、椒、麝香、牛黄。"[①]可知其中主要的物产有丝布、葛、酒杓、升麻、椒、麝香、牛黄、麸金、茶、石菖蒲、落雁木。与秦汉时代的盐、铜、蜀布、邛竹杖相比，增加不少新的商品，其中椒、麝香、茶实属新时代的产品。

雅州是隋唐时期"邛人故地"的中心，其出之茶渐渐成为这一地区的主要贸易产品。若就茶的起源来看，雅州蒙顶山茶被视作为中国重要的茶产源地之一。而茶的贸易在隋唐时期就形成以雅州为中心，据《太平御览》中《云南记》曰："名山县出茶，有山曰蒙山，联延数十里，在县西南。按《拾道志》《尚书》所谓蔡蒙旅平者，蒙山也，在雅州。凡蜀茶尽出此。"[②]可见雅州不仅是茶发源地，而且雅州之蒙山茶品质的优良被视为蜀茶之首。隋唐时期雅州之蜀茶在与吐蕃的互市中渐渐成为重要的产品，由此茶叶渐渐上升为大宗贸易产品。

随后的宋代时期，茶马互市在西南成为重要的边疆政策，川茶作为有宋一代重要的大宗产品，与吐蕃进行着各类物品的交换。雅州之蜀茶在整个茶马互市中占据的比重越来越重，如宋胡仔《苕溪渔隐丛话》称："唐茶品虽多，亦以蜀茶为重。"[③]宋代朝廷甚至明确规定雅州川茶作为官方指定物品用于互市蕃马，"（大观二年十月七日）诏：川茶有数品，惟雅州名山茶为

---

① 欧阳修、宋祁：《新唐书》，中华书局，1975年，第1082—1084页。
② 李昉等：《太平御览》卷867《饮食部》，四部丛刊三编景宋本。
③ 胡仔：《苕溪渔隐丛话前集》卷46，乾隆刻本。

羌人贵重，可令熙河兰湟路以名山茶易马，恪遵神考之训，不得他用"①。

即便如此，雅州川茶作为大宗贸易产品的功能并未减弱，而西南许多物品的交换都要以川茶为衡量标尺。见诸史籍的就有："雅州名山茶今专为博马，候年额马数足方许杂卖。""（咸平六年正月十二日）度支使梁鼎上言：'陕西沿边所折中粮草率皆抬高价例，倍给公钱……茶一斤止易粟米一斗五升五合五勺……而茶一斤止易草一束五分……'"②这里还提及盐与米、草的交易标准，但茶叶作为米和草等物品交易标准是事实。另有"又言蕃部无钱，止以米及银、绢杂物卖钱买茶，乞许以茶易银、米等物，立限半年易钱。"③此处更加明言茶叶在蕃部地区可以充当标准物价的作用。

宋代以后的茶马互市中，"邛人故地"中雅州的蜀茶成为重要大宗贸易品，既有政治势力的影响，但是更多的是雅茶作为这一区域上佳的物产，其自身的品质和社会的需求都是重要因素。唐代的名山茶就非常出名，如李肇《唐国史补》载："剑南有蒙顶石花，或小方，或散芽，号为第一。"④到宋代，汉与蕃之间的茶市大兴，主要因素在于蕃人的饮食结构中存在着对茶叶的需求，如《宋名臣奏议》："上钦宗论彗星：……盖青唐之马最良，而蕃食肉酥，必得蜀茶而后生。"⑤今天从生物学上分析，蕃人生活在高原地区，饮食以肉、油、奶和青稞等为主，缺少蔬菜补充维生素。而大量的油脂食物缺少蔬菜必然导致蕃人的不健康，随着唐代逐渐在上层兴起的饮茶之风，移风易俗饮茶逐渐在青藏高原地区流行起来，其中重要的原因是茶叶中有维生素，对蕃人的饮食结构起到调节作用。在川茶诸多品类中，因为名山茶的上佳品质被市场广泛接受，如《宋大诏令集·马政》载："川茶博马御笔 大观□年□月□日：川茶有数品，而唯雅州名山茶为外人贵重……"⑥

① 李肇：《唐国史补》卷下，上海古籍出版社，1979年，第60页。
② 任乃强：《华阳国志校补图注》，上海古籍出版社，1987年，第94页。
③ 任乃强：《华阳国志校补图注》，上海古籍出版社，1987年，第96页。
④ 李肇：《唐国史补》卷下，丛书集成初编，中华书局，1991年。
⑤ 陈燮章、索文清、陈乃文辑：《藏族史料集》（二），四川民族出版社，1983年，第405页。
⑥ 司义祖整理：《宋大诏令集》，中华书局，1962年，第655页。

从秦汉时代到唐宋时期，"邛人故地"物产资源发生了较大的变迁，物产资源上的变迁对南方丝绸之路的贸易交流产生较大的影响。唐宋时期相较于秦汉时代，最大的变化就是茶叶商品的兴盛，茶叶逐渐成为"邛人故地"贸易中的大宗商品。大宗商品的出现首先是这一地区贸易不断发展的结果。

秦汉时代南方丝绸之路上虽然进行着大量的巴蜀物产与"西南夷"及域外物产贸易交流，但是这种贸易交流大抵还处于物品交易阶段，或是通过土贡方式进行交易。直到唐宋时期茶叶成为这一地区的大宗贸易商品之后，以"邛人故地"为中心的雅州、黎州两地成为西南地区贸易的枢纽区域。这样贸易交流不仅在地域范围上有所扩充，在物产种类量上也有极大地丰富，通过大宗贸易品茶叶可以对更多的物产进行交易，这对于区域经济贸易、文化交流，提供了极大的便利。茶叶成为大宗贸易商品带来三个重要结果：首先茶马互市的兴盛，从而对茶马古道的繁荣发展起到促进作用。其次官方政权设置茶马司，以加强对大宗贸易商品的控制、管理。再次就是边疆关系开始出现新的变化，即由武力控制方式转向贸易控制为主的方式。回顾秦汉时代，由于缺少大宗贸易商品，官方政权很难去控制南方丝绸之路上的民族，只能通过武力征伐设置郡县，进行政治管理。这种武力征伐关系下的边疆关系显然会随着中央政权力量的强弱变化而产生多次的波动。

结　语

"南方丝绸之路"与"茶马古道"都与古代西南地区贸易交通有关，二者都是晚近以来形成的新学术概念，都是被赋予极强学术价值的当代学术课题。对于二者之间的关系，学术界讨论得不多，许多人往往都将二者等而观之，以致对两大学术命题产生混淆。其实南丝路与茶马古道无论在学术内涵、学术目标、学术价值上都存在着较大的差别。其中最显著的差异就是历史时期的不对等。南丝路所包含的历史时期更绵长、久远，上起商代中晚期；而茶马古道一般认为是源自隋唐，兴盛于宋、明、清时期的"茶马互市"。在学术内涵方面，南丝路是指中国古代早期对外交流贸易的交通道路，其与西北丝绸之路、海上丝绸之路、草原丝绸之路共同构成中国丝绸之路的整体布局。南丝路的学术研究内容十分广泛，包括历史时期西南对外交流的许多贸易产品，及沿线的民族物质文化、精神文化等，其中涉及的学科有历史学、民族学、考古学、艺术等。茶马古道学术内涵以历史时期的"茶马互市"为主体，其包含内容体量和涉及学科范围都较南丝路小。虽然南丝路与茶马古道存在着以上显著的差异，但是二者之间无疑存在着明显的继承关系。"邛人故地"作为二者重合的地理单元区，以此为视角来观察南丝路与茶马古道之间的联系是本节主线。经过梳理比较，唐宋时期兴盛的茶马互市是对秦汉时代的南丝路很好的继承、发展。秦汉时代南丝路的贸易、边疆民族联系和道路系统都是唐宋时期"茶马古道"兴盛的基础背景，随着贸易功能的不断增强，以及区域物产资源的优胜劣汰，在遵循市场贸易背景下发展出来以茶叶为主要代表的大宗贸易商品。茶叶成为大宗贸易商品之后，川、滇、藏之间的贸易交流达到一个新的高度，随着区域贸易交流的愈加方便，大宗贸易商品与白银货币之间的更替，当是茶马古道今后研究需要特别注重的一个方向。

第四章

预流与新学：三星堆考古新发现
与巴蜀文化研究的持续深入

第一节　三星堆文化研究的学术理路与新启迪

一、考古发现与古蜀文明的探索

在近代历史学研究不断取得新发展的进程中，考古作为一门新学自来就参与其中并为史学的转型和发展做出重要贡献。以罗振玉、王国维开启的甲骨学为例，其上承金石、训诂和史学之传统，下开殷墟考古发现。在此基础之上，王国维利用甲骨卜辞、青铜器金文等地下出土材料，结合传世文献史料，以"二重证据"法推进中国古史诸多问题的研究，由此开启了中国史学研究的新范式。近代史学转型的背景下，古蜀历史的再发现与华西大学博物馆在四川地区从事的考古发掘活动也有密切关系。1929—1933年在广汉太平场真武宫燕道诚宅所出土了大量玉石器，华西大学考古方面的戴谦和、葛维汉、林名均较早介入到真武宫出土文物的收集与考古发掘活动，形成了《四川古代石器》《汉州发掘初步报告》《广汉古代遗物之发现及其发掘》等成果①。这些初步的研究成果首次以考古发现的材料证实殷周以前古代四川的历史文化。此外，广汉真武宫附近的考古发现也指引了后来四川大学考古学专业与四川省文物考古研究所在这一地区的田野考古活动，为三星堆考古的重大发现埋下伏笔。

1986年四川省文物考古研究所与四川大学联合在广汉三星堆遗址发现两

---

① 参见：戴谦和《四川古代石器》，《华西边疆研究学会杂志》第4卷，1934年；葛维汉《汉州发掘初步报告》，《华西边疆研究学会杂志》第6卷，1936年；林名均《广汉古代遗物之发现及其发掘》，《说文月刊》第3卷第7期，1942年。

个器物坑，出土了大量商周时期的青铜器，在海内外产生了巨大的影响，此为古蜀文明的研究注入了全新的活力。李学勤先生曾指出："三星堆遗址的发现和研究，是中国考古学史的重要篇章。传统的看法是，四川古属西南夷，没有什么足以称道的文化，而且蜀道艰难，与中原华夏隔绝不通。尽管汉代扬雄的《蜀王本纪》还有佚文存留，晋人常璩的《华阳国志》更设专篇记述，但由于其间多杂以神话传说，被不少学者斥为不可凭信，四川古史成为一片空白。三星堆遗址的发现，好像一缕曙光，逐渐将这迷茫荒昧的黑暗照亮了。"[1]以学术贡献论，无论如何评价三星堆遗址考古发现的价值都不为过，有幸的是近人在重大考古发现的刺激下，逐步提出了许多重要命题，如考古与历史学方面着力探索三星堆文化的来源问题、三星堆青铜雕像的文化内涵问题、三星堆文化的黄金制品内涵问题、三星堆文化的宗教信仰问题、三星堆文化与中原文化关系问题，乃至三星堆文化所反映的古蜀人的族属、地域和迁徙，古蜀的政治、经济和社会形态，古蜀文明起源与形成，古蜀文化交流与传播，巴蜀文字和符号等等[2]。伴随着三星堆"祭祀坑"的发现，数代学人陆续对上述重要问题发表过独成一派的新说，这些新观点被同期及后来学者广泛引用，从而奠定了此一时期三星堆文化研究的基础。在这一研究总体进程中，段渝先生的研究几乎涉及以上所举各个方面。从这一意义上说，段渝教授新著《发现三星堆》（下文统一简称《发现》）既是对其三星堆文化研究主要论说的一次集中总结，也是对考古新发现背景下三星堆文化再研究的重要指引。

纵观《发现》一书，共分为八章，依次为："文明的重现""神权政体与文明""神权政体的运作系统""古蜀城市文明""古蜀文明与夏商文明和长江中游文明""商代中国黄金制品的南北系统""古蜀文明与欧亚古文明""南方丝绸之路：古代中印交通与中国丝绸西传"。细读之下，可以发现全书章节的设置有如下几条主线：一是以古代文明的演进为线索，系统考察三星堆青铜文化所反映出商时期古代蜀国的文明演进道路、机制和特色。

---

[1] 李学勤：《三星堆研究》第1辑，总序，天地出版社，2006年。
[2] 段渝：《三星堆与巴蜀文化研究七十年》，《中华文化论坛》2003年第3期。

在此方面，段教授着重提出古蜀文明的神权政体说、古蜀神权政体的运作机制、古蜀城市文明的演进特征。二是以三星堆考古所呈现出极具特色的古蜀文明为主体，并将其与夏商文明和欧亚古文明进行广泛的比较研究。这一方面，段教授着重探讨了古蜀文明与它们之间的异同，要以城市文明源起与功能、王权的表现形式和内涵、黄金制品的艺术与文化内涵、青铜文化艺术形式为专题进行深层次研究。三是从世界古文明间互动和交流为切入，以出土文物集结呈现出的"文化丛"为线索探讨了三星堆古蜀文明的世界意义。此方面，段教授重点阐述了南方丝绸之路、古蜀与南亚、古蜀与东南亚、古蜀与近东之间的文明互动问题。

　　段先生在三星堆文化与古蜀文明方面所取得的全方面研究成果已经得到学术界的高度认可，如林向先生曾评价道："（他）把巴蜀文化的研究推进到一个新阶段——从分析考古学文化的区系类型和物质文化的探索推进到对古代文明的政治结构与文化模式的研究新阶段。"[①]不过，在笔者看来段先生不仅将三星堆文化或巴蜀文化研究推进到一个新阶段，在他所取得的诸多出色成果背后所隐含作者苦心孤诣的学术研究理路，更应得到学界重视。

二、三星堆文化研究的学术理路

　　三星堆文化乃至巴蜀文化作为新的学术命题，其研究不断取得进步，其内涵亦日益扩充，并有望逐步成长为一个可供不同学科背景、不同文化背景的学人共同认可并研究的学科。其主要因素并不在于拥有不断被发现的新材料，而是数代研究者能从零碎的新材料基础上不断深化其内涵，并从中自觉性地发展出符合其内涵特征的学术理路。进一步说，一个久经学术研究验证并获得优秀成果的学术理路，对于提升三星堆文化与古蜀文明研究的理论水平而言，自然弥足珍贵。很显然，段渝先生在二星堆文化与古蜀文明研究方面已经显示出这样理论自觉。李学勤先生就曾评价道："（段渝教授）对长

---

① 林向：《巴蜀古代文明的酋邦制研究——〈政治结构与文化模式〉评介之一》，《中华文化论坛》2000年第2期。

江流域文明起源与发展演进问题研究工作，本身即具有理论的性质，这方面的工作必须将历史学、考古学等整合起来，把大量事实、材料提升到理论的水平。"①林向先生也曾高度评价段先生巴蜀文化研究的方法贡献："（段渝教授）着力于运用历史学、考古学、人类学等多学科的综合研究，尽可能全面地重现古代巴蜀社会的历史面貌。"②李先生所强调研究的理论水平与林先生点明的综合多学科的研究方法颇多相通，在前贤论述的基础之上，笔者仅就自身阅读段先生在三星堆文化与古蜀文明方面的著述，概要总结出自己对段先生三星堆文化研究学术理路的初步认识。笔者认为，段先生在三星堆文化研究学术理路方面最为重要的贡献有两点，分别是综合研究法和比较研究法（"文化丛"的比较研究）。

（一）综合研究法

根据前引李学勤与林向二位先生的评语，可以发现段先生在研究中自觉形成的"综合研究法"至少包括两个方面：一是研究的理论水平，二是多学科方法的综合。首先，我们来谈段先生在三星堆文化及古蜀文明研究方面的理论贡献，在《政治结构与文化模式——巴蜀古代文明研究》一书中，他已提出了四川盆地古代文明的向心结构、古蜀的酋邦社会、古蜀神权政体运作系统、古蜀城市体系的结构与网络等一系列开创性论说③。这些开拓性学说的提出正如林向先生认为那样是运用了国内外相关的学术理论模式分析研究得来④。具体而言，是借鉴了文化人类学、社会学、政治学、经济学诸学科的学术理论，加以消化并融入古蜀文明的研究中，从而取得卓尔不群的成就。实际上，这也反映段先生注重以理论思维和视野去破题的研究方法。他

① 李学勤：《政治结构与文化模式——古代巴蜀文明研究》序，学林出版社，1999年。
② 林向：《巴蜀古代文明的酋邦制研究——〈政治结构与文化模式〉评介之一》，《中华文化论坛》2000年第2期。
③ 段渝：《政治结构与文化模式——古代巴蜀文明研究》，学林出版社，1999年。
④ 林向：《巴蜀古代文明的酋邦制研究——〈政治结构与文化模式〉评介之一》，《中华文化论坛》2000年第2期。

曾在一篇文章中就以反问的方式论道：

> 很难设想，没有正确理论的指导并运用较好的方法，没有合乎逻辑的创造性思维，仅凭资料就能取得多大突破性进展。举例来说，假如没有中国文明多元起源论的创立、发展和应用，我们可能仅凭三星堆考古发现的材料，断言古蜀文明是一个自成体系的古代文明中心吗？又如，假如没有考古学文化理论及相应方法论的应用，我们除了对三星堆遗址、遗迹、遗存本身做传统考古研究外，还可能进一步深化认识，扩大领域，将其上升为古代文明研究吗？[①]

从以上论述中可以获知正确的理论指导与合乎逻辑的理论思维应是研究三星堆文化必备的研究素养之一。他曾说三星堆遗址出土的青铜器非常出名，但是为什么在商代中期就出现了这么大的青铜器物群，这些青铜器是如何制作出来的？这些问题是出土青铜器本身解答不了的，但如果留意政治学及经济学相关理论知识，就会发现青铜器的铸造背后实际上反映了一个巨大的政治集权机构和严密的社会分层系统已经形成，如此才能造出三星堆这些巨大的青铜树及青铜器物群。温故知新，如今想来，确值得仔细玩味。

其次，我们再谈段先生是如何具体地综合多学科方法去研究三星堆文化的。段先生曾对自己如何巧妙地融合历史学、考古学与文化人类学进行过专门的论述，这为深入了解其综合研究法提供了捷径。其言：

> 以今日史学的目标和宗旨来说，考古资料本身也不会提供古代人们思维、意识形态、法的观念、社会结构、功能体系等方面的成果，这些成果必须由考古学文化的研究给以提供。
>
> 对于像巴蜀古史这类文献缺乏然而考古资料较丰富的研究而言，文化人类学理论和方法不失为一个重要的研究工具。……文化人类学的所谓文化，

---

① 段渝：《古史研究的材料、理论和方法——以巴蜀古史研究为例》，《史学理论研究》1994年第4期。

含义广博，并不仅指思想文化，或物化形态上的文化，它还包括社会结构，制度等更深层次的领域，涉及人类行为的几乎所有方面。其内涵足以包括史学和考古学的若干范畴。

文化人类学的目的、理论和方法，使它必须从更广阔的角度和更高的层次去解释历史，从中发现人类文化的异同及其原因所在，从文化演变的过程中取阐释历史进步的动力、途径、方式和目标等等，能够更深入更广泛地体现历史学的目的。[①]

上引内容中不难发现段先生研究三星堆古蜀文明的理论方法主要以文化人类学的理论方法为核心，将其与考古学类型学、层位学方法的共性联系起来，从而以文化人类学的理论方法处理考古学诸多材料。此外，将文化人类学与历史学研究的宗旨和目标统一起来，从而利用文化人类学的研究视角去解决因缺少史料记载的古史诸问题。这样高明的处理手段可以达成以文化人类学为纽带将史学与考古学充分有效地结合起来。

借鉴于文化人类学的理论视野，段先生在《发现》一书中讨论了三星堆神权政体的结构与宗教王权的双重功能。作者以三星堆器物坑所出土的大量青铜人物雕像为对象，分析其文化来源及内涵是以蜀族为核心、拥有众多族类的统治集团。众多青铜人物雕像围绕青铜大立人，表现了以古蜀神权政治领袖为中心，聚合西南各族首领而举行的大型礼仪活动，充分展现出三星堆神权在跨地域政治社会中的双重功能[②]。又如，《发现》第三章所讨论三星堆古蜀国家的社会结构和权力结构时，段先生充分借鉴了文化人类学中"酋邦"理论深层内涵阐释了古蜀文明国家演进的特征，抓住了三星堆文化的社会分层、经济分层、资源再分配系统，充分利用考古材料将古蜀王国的宗教神权系统、制裁系统、军事系统和再分配系统建立起来，从而揭示了古蜀国政治权力内部的分级制体系，外与其他部族形成一个有中心、分层次的多元

---

① 段渝：《古史研究的材料、理论和方法——以巴蜀古史研究为例》，《史学理论研究》1994年第4期。

② 段渝：《发现三星堆》，中华书局，2021年，第43—46页。

一体国家结构形态①。毫无疑问，这些研究成果已突破了传统史学研究的范畴，既为古蜀文明的研究提供新的理论基础，也为古史研究增添了新方向。

《发现》一书收录的古蜀城市文明的聚合模式、功能结构、网络体系等新说无不体现出作者对综合研究法的深入运用。还需要注意的是，综合研究方法的生成是建立在作者能熟练运用考古学和历史学的方法去做专门研究的基础之上。比如《发现》书中设专章讨论商代中国黄金制品的南北系统，以北方考古出土的金箔、金臂钏、金耳饰和弓形金饰及三星堆出土的金杖、金面具、金果枝、金箔等器物为对象，将这些考古材料独立地进行分类分期并做比较研究，从而得出南北黄金制品的技术与功能方面差异。以上仅是笔者对段先生三星堆文化研究中注重综合研究方法认识之一隅，难免会挂一漏万。

（二）比较研究法

段先生在《发现》书中有明确提到比较研究法相关内容：

在任何文化交流和传播当中，必须考虑文化因素与传播速率、距离和传播手段、传播方式等关系的问题。……实际上，考古学上的类型学，就是本着这种原则来研究文化扩散和文化传播的。同样，这也是文化人类学和历史学上最一般的比较研究原则。所以，文化传播的比较研究，主要应观察其风格、特征、功能等大体，观察是否形成了文化丛或文化特质集结的连续性分布，而不是仅仅考虑其中的一、二细枝末节。②

由此可知，段先生将文化人类学与历史学上的比较研究方法与考古学类型学方法统一起来，在此基础上以考古器物所体现出的"文化丛"为对象，通过文化丛的风格、特征和功能为分析要素，进而考察它们的连续性分布现象。

---

① 段渝：《发现三星堆》，中华书局，2021年，第67—98页。
② 段渝：《发现三星堆》，中华书局，2021年，第263页。

不同于一般的比较研究，段先生所发挥出比较研究的内涵十分广泛，视野宏阔。概言之，以三星堆文化为主体，将其与商周时期古代中国境内的其他古文明进行横向比较。此一研究路径可称之为"观于内外"，在《发现》书第五章中作者将三星堆文化反映的古蜀文明与中原的夏商文明进行了比较研究。他在论证三星堆文化时期出现的二里头文化的陶盉、高柄陶豆和青铜牌饰等文化因素，认为其反映了夏时期古蜀与夏文化发生过文化联系，大致通过岷江上游和长江孔道发生交流。同时，他也注意到三星堆文化中的陶盉、高柄陶豆和青铜牌饰都不是二里头文化典型陶器和青铜器的组合，相较于三星堆文化自身陶器组合的功能体系，二里头文化陶器只是零散、个别的，在三星堆陶系中不占据主要位置。青铜器方面仅零星出现青铜牌饰而没有出现青铜爵、曲内戈等典型二里头文化铜器组合物。通过对陶器和青铜器的组合与器用功能体系的全方位比较，作者得出二里头文化因素在三星堆文化中没有形成"文化丛"（文化特质因素的集结）和功能体系，二者各自的主体文化面貌差异显著，二者是别为支系、独立发展的。在论及古蜀与商文明之间的文化交流时，作者通过三星堆文化出土的中原青铜礼容器（青铜尊、青铜罍和玉戈）和中原商文化出土的蜀式无胡青铜戈、柳叶形青铜剑的比较研究，提出商文明同古蜀文明之间是一种文化上的交互感应关系。总之夏商中原文明与古蜀文明之间是别为体系、独立发展而又交互感应的关系，它们共同构成这一时期中华文明多元一体的格局。

此外，他还注重将三星堆文化放置于世界古代文明演进史中考察，以文化特质集结而成的"文化丛"为研究对象，既具而微地对每类文化因素进行纵向的历史考察和横向比较分析，也注重对古文化体系的整体比较研究。这一研究路径可称之为"观于远近"，他的这一研究理路很早就得到前辈学者张正明先生的鼓励和支持，如1989年段先生从文化丛因素的比较研究视角讨论了三星堆青铜文化与近东古代文明和商代中国青铜文化的关系，提出三星堆青铜人物和动物雕像、青铜神树以及金杖、金面罩等文化因素与近东文明有关。①此文寄示张正明先生得到他的肯定性鼓励回信，信中言及作者（指段渝先生）对三星堆青铜文化做了时间上和空间上的"超范围"的考察，为解读三星堆文化谜题带来希望，这一类有根据的"超范围"比较研究现在还是罕见的，以后要多做些才好。②在《发现》一书中，作者更进一步地深化了这样的"超范围"比较研究。比如第七章"古蜀文明与欧亚古文明"中作者在三星堆青铜雕像群、金杖、青铜树和黄金面具等文化丛比较上，又创造性地提出古蜀文明的艺术形式，其以"情节式构图"、"英雄擒兽"母题、"占"、"眼睛"符号为特征，深入梳理了古蜀文明与西亚、中亚、南亚地区诸文明在艺术表现形式上的广泛联系。

需要注意的是，段先生主张的文化因素丛比较研究法在形式上与考古学的类型学方法虽然有相似之处，如都注重对考古出土的具体文化因素的异与同进行分析研究。但是二者之间存在着明显区别：如段先生利用文化因素的比较研究和分析，主要是为解决文化的交流与传播问题。而考古学者从田野实践中总结出来的类型学方法，主要是追求具而微地分类、分型、分式，以便更好地整理材料，然后再行有余力地分析具体文化因素本身的演变轨迹，并从中总结出分期的规律。这正反映出历史学与考古学在研究方法、理路上的差异，这种差异提醒我们应当充分尊重不同学科各自研究方法的特殊性与合理性。

三、新启迪：三星堆文化研究再出发

林向先生曾说过一部优秀著作的特质在于能向读者展示更多深入研究新阶段的出发点，此即强调一部优秀学术著作对学术研究具有新的启迪意义，

---

① 段渝：《古代中国西南的世界文明——论商代长江上游川西平原青铜文化与华北和世界古文明的关系》，中国先秦史第四届年会暨中国文明起源研讨会论文集，1989年11月，河南开封。全文以《论商代长江上游川西平原青铜文化与华北和世界古文明的关系》为题正式刊于《东南文化》1993年第2期。
② 张正明：《"大知观于远近"——读〈三星堆文化〉有感》，《中华文化论坛》1994年第4期。

《发现》一书显然具备这样的品质。笔者认为，段先生在《发现》一书中至少对如下两大问题作了新的提示，启迪后来的研究者。

（一）三星堆文化中三星堆政体与金沙政体的关系诸问题

根据最新三星堆考古遗址出土的文物信息，三星堆文化与原金沙—十二桥文化显然属于延续未断的同一个文化体。也就是说，三星堆文化时期同时存在三星堆城和成都十二桥文化都邑，而且十二桥文化的金沙遗址周围存在更为规模宏大的宫殿建筑遗址，显示出十二桥文化为一个政治中心。《发现》一书通过分析两个遗址共同崇尚的象牙祭祀现象，提出三星堆政体与金沙政体在文化上和政治上存在着较强的连续性，这种连续性包含了垂直关系和平面关系两个层面。[1]随后，又分析了金沙遗址中商周之际与西周后期的文化面貌差异，而提出商周之际的金沙政体族群是与三星堆文化相同的一个族群或亚族群，此时的金沙政体是在三星堆政体最高神权政治领袖蜀王之下的次级政体。[2]由此可供学界进一步讨论的是，商代中晚期古蜀国家的双城格局与当时国家政治结构有着什么样的关联。此外，商周之际到春秋早期，三星堆文化内部发生了一次变革，这一变革又导致古蜀国家都邑格局的哪些变化以及国家政治结构的深层变化，这些问题的解答都有待学者的进一步努力探索。

（二）三星堆文化与古蜀文明的精神文化体系问题

目前学界对于三星堆文化的宗教信仰研究，更多的是以出土文物的表面特征为主题，单纯地讨论古蜀的太阳崇拜、祖先崇拜、自然神灵崇拜等等。段先生则一贯主张将三星堆古蜀文明的宗教信仰与三星堆古蜀国家的政治权力联系起来。他在《发现》书中第二、三章集中阐述了三星堆考古文化所反

---

① 段渝：《发现三星堆》，中华书局，2021年，第56页。
② 段渝：《发现三星堆》，中华书局，2021年，第62页。

映的商代中晚期古蜀国家的神权政体，其特征为蜀王的政治权力与宗教神权合二为一，而古蜀国家权力的运行更多依赖于发达的宗教信仰体系。不仅如此，与古蜀宗教信仰体系密切相关的精神文化体系始终没有得到学界的重视，作者同样提示我们唯有将三星堆古蜀精神文化的诸多方面与古蜀政治意识形态联系起来，才有可能深入认识其内涵。[1]另外，段先生指出商周时期古蜀文明的青铜雕像、金杖图案、神坛等器物上盛行的绘画和雕刻艺术多呈现出连续、成组的人物和故事情节图案，所表达的是三星堆古蜀文明丰富而连续的精神世界，包括哲学思想、政治观念、意识形态等方面。这些研究问题的提出和研究方向的指引必将开启新一轮三星堆文化与古蜀文明研究的热点。

---

① 段渝：《发现三星堆》，中华书局，2021年，第267页。

第二节　三星堆考古新发现偶识

　　长久以来，中原中心史观主导下的传世文献记载下的古代巴蜀是一片不晓语言文字、没有礼仪的蛮夷之域。西汉以来，很多巴蜀旧传的文献都散佚了，巴蜀旧传的史传要么湮没在浩瀚的主流文献中，要么就变相地流入西南边远地区的高山峡谷之中，向来都难以为人们熟知。诸多种种造成晚近学界对巴蜀历史文化的认知相当有限，抗战时期以顾颉刚为代表的一派学者认为巴蜀可信的历史非常有限，只有蚕丛等为蜀王和巴、楚关系两个方面。[①]新中国成立后，随着四川地区的考古发现不断增多，学者多主张巴蜀的历史完全可以追溯到西周初期。1986年三星堆祭祀坑出土数以千计的重要文物，至少在三个方面推进学界对古蜀文明的认知水平：（1）根据碳-14测年三星堆一号坑的年代在距今3200年左右，说明商代晚期开始古蜀就有相当高度的文明。（2）一、二号坑出土的独具特色的青铜雕像群、青铜神树、金杖、黄金面具、海贝、象牙等文明要素所体现出来的是古蜀自古一个独立发展的文化体系。（3）三星堆高度发达的青铜文化反映出古蜀文明与中原（商周）乃至周边文化之间的互动关系由来已久。

　　2019年以来陆续发掘六个祭祀坑，目前新出土的重要文物中有一些属于新出现的文化要素，如丝绸痕迹、玉琮、金乌神鸟、大量象牙、黄金面具等文化要素，其中不少是与金沙遗址相近的。这就表明商周时期古蜀文明内在的连续性发展相当强烈，虽然这一时期可能存在着都城迁徙、王权更迭，但在精神文化层面并未呈现出剧变趋势。

　　总的说来，透过这次三星堆遗址六个坑出土的诸多新文化要素来看，至

---

① 顾颉刚：《古代巴蜀与中原的关系说及其批判》，《中国文化研究汇刊》1941年第1卷。

少可以帮助我们深入认识古蜀史传、古蜀文明演进过程等问题。随着此次三星堆考古发掘完成和相关考古报告出版，接下来的古蜀文明研究也一定会在更多方面取得突破。

一、三星堆三、四号坑丝绸痕迹发现的重要意义

新发现的三星堆遗址三、四号坑都发现了丝绸痕迹，考古专家郭建波说这是四川首次发现3000多年前的丝绸遗痕，至少可以说明3000多年前古蜀人已经开始使用丝绸。实际上，在此次公开报道之前，三星堆博物馆负责人曾将出土丝绸痕迹这一消息转告给段渝教授，并称道："段老多年前的预见高明！"随着1986年三星堆遗址一、二号坑的重大考古发现，大大地丰富了南方丝绸之路的内涵，全面拓展了南方丝绸之路研究的视野。1989年始段先生即系统撰文对三星堆青铜文明中的诸多文化因素进行详细的比较研究，推论出商代长江上游三星堆青铜文明中的青铜雕像和黄金面饰、金杖、青铜树等"文化丛"同古代西亚、埃及、爱琴海文明、印度古文明构成了同一文化传统，这种文化间传播交流的路径就是沿着南方丝绸之路来往的。[①]这一论述目前仍然是南方丝绸之路方面最为经典的观点。不得不说，受限于考古出土材料的影响，在这一经典论述中缺失了直接的物证——出土丝绸。也正因为巴蜀地区一直以来没有发现汉代以前的丝绸，学界普遍以《史记·大宛列传》中张骞通西域闻见蜀物为依据，对于先秦时期的南方丝绸之路的情况仍是将信将疑。我相信，三星堆三、四号坑新出的丝绸痕迹可以很好地为先秦时期南方丝绸之路研究提供直接的物证，从而提高整个学界对于南方丝绸之路的认知水平。除此之外，三、四号坑发现的丝绸痕迹遗物，对于进一步深入认识巴蜀历史文化很有意义。

三千年前的丝绸遗物为"支那"（丝之国）指成都的说法提供了新证

---

① 此一论述较早见段渝：《论商代长江上游川西平原青铜文化与华北和世界古文明的关系》，《中国先秦史学会第四届年会暨中国文明起源研讨会论文集》，开封，1989年；后刊于《东南文化》1993年第2期。此外，段先生在《浅谈南方丝绸之路》（载《光明日报》1993年5月24日"史学"专栏）中也有明确论述。

据。"支那"一词向来被认为指古代中国，但具体指古代中国哪一地区，则众说纷纭。"支那"（Cina）本是梵文语词，见载最早的文献是公元前4世纪古印度孔雀王朝大臣Kautilya（译考底里亚）的《政事论》。季羡林、方国瑜等先贤认为该书中"cinapattasca cinabhumijah"是"'支那'产丝与纽带（成捆的丝），贾人常贩至印度"。也就是说"支那"的本义是古印度人用于指代产丝之国的专名。段渝先生根据先秦时期古蜀与古印度（身毒国）之间存在着广泛的贸易通道，蜀地所产的丝绸、布匹、织皮都可输入古印度，而《政事论》中记载的"支那"正是形容产丝之国——古蜀。此外，从上古音韵看，无论是梵语Cina或是由此派生的波斯语cin、粟特语Cinastan都可与"成"的古音近同。综合历史和音韵两方面的证据，段渝先生最早指出"支那"乃实指古蜀之成都。①这一十分精辟的论述在学界影响不太广，其中最主要的原因是古蜀成都作为"丝之国"的证说，一直都缺乏直接的物证——战国及以前的丝绸文物。而今，三星堆出土三千年前的丝绸遗物可以很好地补充这一缺憾。还可作附论的是，三、四号坑出土的丝绸遗物并不是孤立存在，早在1986年三星堆遗址一号祭祀坑出土的青铜大立人神像的外身着制作精美的外衣，外衣是雕刻在青铜器器表。从古蜀已有丝绸遗物看，这件贵族用的精美外衣也应当是丝绸制作而成。也就是说，商周时期的古蜀不仅是生产丝绸的中心，而且其丝绸制作工艺也当首屈一指。学者武敏曾指出春秋战国时期蜀地丝绸工艺水平很高，远销长江中下游地区。②现在看来，蜀锦的工艺水平能够冠绝全国也是有其渊源的。

此外，先秦流传下来不同来源的古史系统，如《世本》《大戴礼记·帝系》《史记·五帝本纪》《山海经·海内经》都一致地记载"嫘祖"之子昌意与"蜀山氏"联姻，其后裔颛顼居于若水（今属四川）。这一记载最早明确了古蜀与黄帝的关系，后世史家认为此乃西汉人虚造，不值信从。客观地说，古史系统一定是后人不断加以完善改造而成，但其背后所反映的某些

① 段渝：《"支那"名称起源之再研究——论"支那"名称本源于蜀之成都》，四川大学历史系编《中国西南的古代交通与文化》，四川大学出版社，1994年。
② 武敏：《吐鲁番出土蜀锦的研究》，《文物》1984年第6期。

史实素地仍值得重视。自古相传的黄帝史传能够与巴蜀产生关系的重要纽带是"嫘祖"。嫘祖向来又被认为是中华民族"教民育蚕"的始祖。古蜀之"蜀"按照文字学上的意见乃是"蚕"一类的虫；此外，古蜀的先代蜀王首曰"蚕丛氏"。也就是说，嫘祖、蜀、蚕丛诸多古史记载都显示古蜀文明有着悠久的"养蚕""缫丝"的织丝技艺传统。而今，三星堆三、四号坑出土非常重要的丝绸痕迹遗物，说明古蜀在3200年前就已经有非常发达的丝绸技艺，这与传世文献记载十分相合。由此，丝绸痕迹的新发现可为进一步讨论古蜀与中原的古史系统的分合关系提供一个重要线索。

二、黄金面具与青铜雕像所反映古蜀文明中的域外文化因素

三星堆遗址五号坑出土一面残缺的黄金面具，三星堆文物修复专家已经对这件文物进行初步的测量和恢复，通过其介绍可知，它是该遗址目前所出同类器物（黄金面具）中之最。通过图片辨识可知，这件黄金面具的风格与1986年三星堆一、二号坑所出其他黄金面具差异不大，都属于大嘴巴、高鼻子、三角立眼、双大耳有穿孔。除了黄金面具之外，三号坑可见的还有许多青铜人物雕像，风格有全身、半身人头、圆柱雕刻等形式。虽然三号坑目前还没有完全清理完毕，从目前报道数据来看，大体上与1986年一、二号坑所出青铜雕像风格一致，文化内涵亦近同。这些十分有特色的古蜀青铜雕像群反映了什么样的文化内涵。这里可以参考段渝先生早先的研究论述："这些人物雕像的冠式、发式各异，显然不属同族，反映出古蜀文化广泛的民族构成，它们与大立人雕像，形成了有层次、有等级、有中心的结构。三星堆青铜雕像群展现出的是大型礼仪中心与王权结构相结合的内涵，有着深刻的民族和文化内涵，及深厚的社会背景。"[①]易言之，三星堆遗址所出青铜雕像群是古蜀国土用米区分占蜀国家的社会阶层结构以及权力秩序，这与中原殷、周王朝尚用青铜容礼器的风格不同。那么这种有别于中原地区的古蜀青铜雕像群及其功能的文化受什么影响？西亚、埃及、爱琴海区域以及印度，

---

① 段渝：《商代蜀国青铜雕像文化来源和功能之再探讨》，《四川大学学报》1991年第2期。

都是古文明发源地,都有高度发达的青铜文明。距今7000年开始青铜雕像群已在这些地区普遍传播,成为一种文化传统。如古埃及大型青铜雕像的铸造可追溯到公元前2200年。古代西亚阿卡德王朝统治者有精美的青铜雕像。古代爱琴海文明中出现国王脸上带黄金面罩。古印度摩亨佐达·罗城址也有青铜人像雕像。从西亚到埃及、印度河流域这一地区青铜文明的文化发展呈现出一个发展顺序。至迟在商代中期以前,古蜀地区与古印度之间存在频繁的贸易和文化交流通道——南方丝绸之路。故而三星堆遗址的黄金面具、青铜雕像群文化有外来文化的因素。

三、商周礼器(青铜尊、罍)再证古蜀与中原文化的渊源

李白所作之诗云:"蜀道之难,难于上青天!蚕丛及鱼凫,开国何茫然!尔来四万八千岁,不与秦塞通人烟。"流传甚广,以致造成历史上普遍认为古蜀与中原地区文化交流不深。20世纪40年代初巴蜀文化研究肇兴之时,以顾颉刚为代表的学者主张巴蜀与中原发生关系乃在战国中期秦灭巴蜀时。[①]20世纪50年代以来,自彭县竹瓦街西周青铜器窖藏等重要考古遗址的发现后,学界普遍认同古蜀与中原的文化交流可以追溯到殷末周初。[②]1986年三星堆遗址一、二号坑的发掘,其中自三星堆遗址一期,到三星堆文化二、三期,发现了来自中原的新石器时代文化(陶器、玉器)和商代青铜器(青铜尊和青铜罍)。后来随着在三峡考古、成都平原宝墩遗址的发现与研究,学界越来越认同古蜀与中原地区的文化渊源甚早。[③]以此次三星堆遗址三号坑所见三件青铜圆口尊和方口大尊,器形上观察它们明显属于殷代晚期的风格,这些几件青铜尊在风格上完全属于中原殷文化系统,如大圆口青铜尊上的纹饰除了普遍的饕餮纹外,在方尊的四角都饰有多个鸮的形象。这种

---

① 顾颉刚:《古代巴蜀与中原的关系说及其批判》,《中国文化研究汇刊》1941年第1卷。

② 王家祐:《记四川彭县竹瓦街出土的铜器》,《文物》1961年第11期。

③ 赵殿增:《巴蜀文化几个问题的探讨》,《文物》1987年第10期;赵殿增:《近年巴蜀文化考古综述》,《四川文物》1989年第6期;江章华、尹建华、谢辉:《巴蜀文化区的形成及其进一步趋同发展的历史过程》,《中华文化论坛》2001年第4期。

鸮（猫头鹰）的形象个体青铜器在二号坑中多有出土。此外，二号坑第二层所出几件圆口青铜方尊（K2②：151、K2②：127、K2②：129）①与此件尊形制相近，它们也都有鸮的立体雕饰。这种鸮的形象最早可以追溯到鸟兽尊，日人林巳奈夫在《殷周青铜器综览》中列示的图25·3②就是殷代鸮尊的早期形象。以上表明殷文化与古蜀文化的渊源甚早。

在三号坑中还见到一件青铜人头顶一座青铜尊的器物，这件器物直播时王巍会长和徐斐宏博士都有详细介绍。从这件青铜器可以看出古蜀人将青铜雕像与青铜尊两种完全不同风格的文化因素组合在一起，恰恰反映古蜀自身对中原殷文化和域外青铜文化的共同吸收，而后加以自己的创造。

此外，金乌神鸟、玉琮和大量象牙等，这些重要的文物对于进一步认识古蜀文明有重要意义。金乌神鸟和玉琮的新发现也为进一步研究商周时期古蜀文化演进提供新的方向。学界一般将三星堆文化和金沙遗址为代表的十二桥文化视作商周时期古蜀文明的两种文化演进序列。虽然学界已关注二者之间相近同的文化要素，但是更多强调二者之间的差异。现在看来，三星堆五号坑出土的金乌神鸟、人首鸟身像与金沙出土的四鸟绕日金箔显然存在着密切的联系。原来三星堆一、二号坑并未出土玉琮，而金沙遗址出土多件玉琮，其中一件十节玉琮更是等级极高的贵重文物精品。现在三星堆五号坑也出土了一件玉琮，这不仅将古蜀使用玉琮的历史上溯到商代，也同样证明三星堆文化与金沙—十二桥文化之间的连续性。

四、从三星堆考古发现看中国文明的世界地位

20世纪末著名考古学家苏秉琦先生曾对中国考古学提出"双接轨"的问题，其中最核心的是"中国考古学与世界考古学接轨"问题。③在笔者看来，考古学文化上的"中国与世界接轨"是为了更好认识古代中国文明在世

---

① 四川省文物考古研究所编：《三星堆祭祀坑》，文物出版社，1999年。
② 林巳奈夫：《殷周青铜器综览》，上海古籍出版社，2017年，第81页。
③ 苏秉琦：《中国文明的起源新探》，人民出版社，2013年，第128页。

界中的地位。我们今天热议的三星堆考古遗址新发现，正好属于苏先生所划定的中国面向欧亚大陆的四川盆地古文化范围内。从这个意义上说，三星堆遗址不断出土的诸多文明要素能够集中反映古代中国文明与世界古文明的交流情况，分析三星堆文化也可帮助我们认识中国文明在世界上的地位。为了更好阐述这一重要意义，笔者拟从两个方面细述：一是"从世界的角度看中国"的视野看三星堆古蜀文明，二是以中国文明的总体进程角度审视三星堆古蜀文明的重要地位。

所谓"从世界的角度看中国"是强调中国古代文明与域外古文明之间的文化交流和互动情况。三星堆为代表的古蜀文明至少与南亚古文明、东南亚古文明、近东古文明存在着广泛的联系。段渝先生认为三星堆遗址出土的海贝（产地印度洋）、海洋生物雕像、城市文明、神树崇拜和象牙都证实中国文明与南亚文明的交流关系。[1]童恩正先生较早利用四川地区出土的青铜器物文化区论证古代四川与东南亚文明的文化交流。[2]蒙文通先生在《越史丛考》中揭示古蜀后裔安阳王南迁到越南。[3]以段渝教授为代表的诸多学者认为三星堆出土的金杖、黄金面罩、青铜人物雕像群等有两河流域、古埃及和古印度地区文明的文化因素。[4]张增祺先生还通过四川、云南地区出土先秦时期的琉璃珠与西亚石髓珠有着共同性，表明巴蜀西南夷古文化与西亚文明产生过交流。[5]以上诸家的研究论证说明三星堆为代表的古蜀文明同南亚、东南亚、近东古文明之间必然存在着密切的文化交流，也就是说进入青铜时代后的中国古文明向来不排斥来自域外的诸多文化要素，并以海纳百川的气度将这些重要的文化要素融入中华传统文化之中。

至于说三星堆古蜀文明在中国文明形成过程中的地位，其重要意义在于突破了传统的中原中心论。20世纪80年代，苏秉琦先生提出："中国文明的

① 段渝：《中国西南早期对外交通——先秦两汉的南方丝绸之路》，《历史研究》2009年第1期。
② 童恩正：《古代中国南方与印度交通的考古学研究》，《考古》1999年第4期。
③ 蒙文通：《越史丛稿》，人民出版社，1983年，第63—81页。
④ 段渝：《四川通史》（卷一 先秦），四川人民出版社，2010年。
⑤ 张增祺：《战国至西汉时期滇池区域发现的西亚文物》，《思想战线》1982年第2期。

起源，恰似漫天星斗。虽然各地、各民族跨入文明门槛的步伐有先有后，同步或不同步，但都以自己特有的文明组成，丰富了中华文明。"[1]而后，苏先生还提出："夏商周在中原地区建立王朝之后，周边民族也并不都是落后的。"[2]1986年三星堆遗址一、二号坑发掘以来，直到今天其他六个坑的相继出土，以不容置疑的事实再次验证了苏先生多年前的高明预见。目前，学界对于中国文明起源过程的认识已有一定的共识，即"多元一体"的进程；但是对于中国文明形成之后的总体进程却认识不足，特别是学界习惯从商周时期的中原中心论出发，对广域范围内的其他区域文明估计严重不足。三星堆历次考古发现证明，商周时期的古蜀文明不论是物质文化，还是精神文化层面都显示其独立发展的路径。古蜀文明并行于商文明，二者之间有着深刻的政治、文化、经济方面的交流，共同构成中国古文明的总体内涵。从中国文明的总体进程角度讲，古代巴蜀文化自战国中期至西汉逐渐融入了中国大一统的文化之中，成为中华传统文化的重要组成部分。从这个意义上说，今天对三星堆古蜀文明的关注，恰恰是对中华传统文化认识不断深入的结果。

结　语

三星堆遗址的重要之处，不仅在于出土数以千计的重要文物，展现三千多年前古蜀文明的辉煌，更在于它告诉后人古蜀人如何广泛吸收来自不同地域的文化因素，将其孕于自身，进行改造和创新，从而创造出这样一个令后世瞠目惊叹的辉煌文明。这也证明了人类自文明诞生以来，便有着一种寻找彼此的冲动，哪怕中间远隔草原沙海，江河山峦，文明也会彼此相遇。而今天我们对三星堆遗址出土文物的好奇与关注，或许，正来自创造文明的先民们寻找彼此的那种古老的心灵。

---

[1]　童明康：《进一步探讨中国文明的起源——苏秉琦关于辽西考古新发现的谈话》，《史学情报》1987年第1期。

[2]　苏秉琦：《中国文明的起源新探》，人民出版社，2013年，第121页。

第三节　三星堆青铜神坛与古蜀仙化思想的蠡测

三星堆遗址出土的青铜神坛，被誉为目前为止中国出土单件文物中造型最复杂、包含历史信息最丰富的青铜器。对于青铜神坛的讨论，学术界至今还未有形成定论。青铜神坛的出土、复原的过程都十分复杂，目前所见到的神坛器形主要是依据三星堆祭祀坑的发掘者意见复原后的面貌；而陈列于三星堆博物馆中的神坛是复制品，这些情况为我们深入讨论神坛的功能、性质带来客观存在的利、弊。利的一面在于有了前人复原的基础，对于神坛的整体认识更直观；弊端是陈列文物为复制品，对于仔细辨核原器物细节不利。我们采取两种办法，先是对陈列文物及前贤的整理意见做了解，再后从三星堆遗址报告中查看绘图以仔细辨核神坛的细节。为了行文的论述我们先对三星堆铜神坛做一个观察的描述：

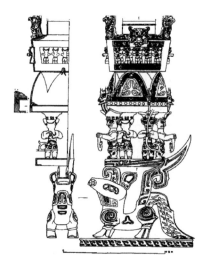

青铜神坛复原图（图片采自于樊一、吴维羲：《三星堆神坛考》，《四川文物》2003年第2期）

神坛第一层有两神兽，首尾反向排列，另有一个牵兽人在旁。神坛的第二层四人朝向和三层形的阁子四面形成八个方位角度，四神鸟朝向和四人朝向相同，底层两神兽前后反向，各自朝向和侧身方向和三层阁子四面一致。第二层中的四人，神态英武严肃，冠饰高大美观和许多青铜人面像上的象首冠一致。两两一对且动作一致，位置居于顶层之下说明他们还不是最高地位的人物。

神坛第三层的阁子四面，每一面

都有五人在高空阁子里。这五人的动作一致，显然是在祭祀，代表着天或者具有通天的功能的人，和我们现在在宗教祭祀活动中的巫师相类似。

神坛第四层是残缺的，据学界复原的研究者结论，大致这一层还有一个大的青铜人。神坛上所有二十四人物都呈现出抱手状，神态严肃。二十四人物和两神兽四神鸟都有冠饰；其中有四人物、两兽都戴象首冠饰加上神鸟冠饰夔角，其余二十人物冠饰较简单。

以上是我们经过仔细观察青铜神坛所陈述的基本面貌，与当前学术界几种观点略存差异。主要是对于铜神坛的分层差异，我们将铜神坛分为四层，而学界有三层说、五层说；主要差异在于第二层四人物头顶的"山形座"是不是单独一层，王仁湘、孙华两先生主张单一层说（五层说）[1]，陈德安先生不主张它是单一层，且对于残缺一层认为会是房屋屋顶（三层说）[2]。除此之外还有主张"地界、人界、天界"三层说[3]，我们结合数家观点主张四层说，即其中"山形座"器应从陈说不宜为单一层；另顶部残缺的一层应从王、孙之说为大青铜人像。我们认为这种划分首先有一个重要的依据就是每层都以人物为代表，且以人物为线索来探寻神坛的祭祀功用更有意义。

一、三星堆青铜神坛复原与功能的讨论

目前学术界对于三星堆铜神坛的复原讨论主要有三种说法。第一种观点代表人物是主持三星堆遗址发掘的四川省考古研究所陈德安研究员，第二种观点的代表是北京大学孙华教授，第三种观点的代表是中国社科院考古所王仁湘研究员。从先后发表论文阐述观点三家之说中，陈德安先生复原方案最早，王仁湘其次，孙华最晚；陈先生是该件文物的最早复原者，王、孙二说都是建立在陈德安基础之上。三家观点的差异主要在于以下几点：第一，

---

① 此说参见王仁湘：《三星堆二号坑296号青铜神坛复原研究》，王仁湘、汤惠生主编《东亚古物A卷》，文物出版社，2004年，第121页；孙华：《三星堆"铜神坛"的复原》，《文物》2010年第1期。
② 参见四川省文物考古研究所编：《三星堆祭祀坑》，文物出版社，1999年，第231—232页。
③ 樊一、吴维羲：《三星堆神坛考》，《四川文物》2003年第2期。

神坛底座双神兽与牵兽人的复原位置差异。王仁湘先生认为双兽的头向是一致的，神兽由驭手牵行，驭手数目只有一位，应当是一人驭双兽。[①]陈德安与孙华则持双兽首尾反向，且孙华认为应当有双人两面各牵一兽态。[②]第二，关于神坛顶层的残缺情况的复原差异，如陈德安先生虽主三层说，但认为两件残件是分别是神殿屋顶和屋盖，似乎有第四层说的倾向[③]。孙华和王仁湘主五层说，但是对于第五层复原情况孙、王之间稍有差异。[④]最终孙华先生论文中指出学界目前对于三星堆铜神坛的复原争议地方达成两处共识："一是铜神坛底层的座子上的两头怪兽应当是一个头朝前、一个头朝后放置，二者首尾相反，旋转布置，而不是头尾方向相同的并列双兽。二是铜神坛的上层主体应当如孙方案那样，为一件铜尊模型，而不应是一座房屋的模型。"[⑤]对于第二点共识，笔者认为稍有可商榷之处；在后文中笔者会结合到古蜀仙化思想及探讨铜神坛的功用来仔细讨论。为了照顾行文，此处应该先来讨论青铜神坛的功用。

学界目前对于神坛功用的讨论主要是集中在祭祀、宗教方面，诚然复原青铜神坛属于祭祀场合器物的可能性非常大。祭祀礼器实际上包含很多具体的祭祀器物如三星堆出土的青铜大立人、青铜大树、金杖、玉琮等，因此铜神坛在古蜀"鱼凫"时代具体的祭祀功用讨论似乎并不多。若从这一点来看，对于三星堆铜神坛的研究目前还远未达到令人满意的地步。如果从现有的研究成果基础上，继续深挖古蜀人的宗教思想，并利用后来的文物及文本来做回溯式的分析，似乎能够对这一问题提供探索路径。

有学者认为："青铜神坛作为三星堆古蜀国的宗庙神器及国之重宝，以

---

① 王仁湘：《三星堆二号坑296号青铜神坛复原研究》，王仁湘、汤惠生主编《东亚古物 A卷》，文物出版社，2004年，第116页。

② 孙华：《三星堆"铜神坛"的复原》，《文物》2010年第1期。

③ 四川省文物考古研究所编：《三星堆祭祀坑》，文物出版社，1999年，第232页。

④ 按，孙华先生在《三星堆"铜神坛"的复原》文中指出"王方案将二号坑铜神殿顶部的构件拆分开来，把上部的跪坐人部分直接插在了铜神坛主体第三层上端，并将二号器物坑内另一件只保存了上半身的'兽首冠人像'（实际上是头戴鸟形冠的人像）拼接在残缺了上半身的跪坐人像上"。

⑤ 孙华：《三星堆"铜神坛"的复原》，《文物》2010年第1期。

立体的实物模型这一物质形态，充分显现了古蜀人的精神实质及神话宇宙观。神坛是古蜀宗教理念、政治原则、宗庙建筑等诸多文化要素的信息集结，反映了古蜀国的政治宗教文化及古蜀人的天文认知、空间意识及数理观念等。"①他们依据于对器物本身的分析，是十分精到的。但是却没有将器物放在相应的历史环境中考察，其结论自然会难以令人信服；尽管如此，我们对青铜神坛的功能性讨论还需对该文进行一定程度上的参照。考虑到三星推青铜铜神坛（296号神坛）在三星堆遗址二号祭祀坑中被发掘时候有一半已被烧熔，剩下一半也变形解体，经过拼对复原，大体可以全器造型原貌②，很明显296号神坛是被重击、灼烧破坏过，这一现象所蕴含的历史信息不应被轻易放过。

结合前文的描述与各家复原的描述，可以总结出以下几条重要的信息：第一，整个神坛复原后每一层都有人：底层有牵兽人；二层有四人物配简约冠饰；三层上共有二十人，每一面都有五人排列；顶层残缺复原后有一人。很显然这里反映出不同的等级观念，居于顶层的人应该是有特殊的身份和权力。这种身份的人在古代酋邦社会就是酋首，如果是在祭祀场合，这种身份的人应该是真实"巫觋"升华后的形象。对于这一点，我们还可以联系在三星堆遗址祭祀坑中出土大量的青铜人面像的功能来附证。如段渝先生就认为："三星堆出土大小数百件的青铜人面像就代表着大小巫师，也是西南民族大小各邦最高权力的象征。"③

段渝先生也指出三星堆遗址第二期所处的鱼凫王朝时期的古蜀正处于酋邦发展水平④。酋邦是文化人类学术语，是用来解释人类文明早期进程中的一个社会组织状态，这一状态是进入国家之前的最后一个时期。中原的龙山文化时期，即相当于文献所在的"五帝"时代，谢维扬先生主张将这一时期称为中原早期国家前的酋邦时代⑤。这一时期的祭祀权力正发生着重大的变

---

① 樊一、吴维羲：《三星堆神坛考》，《四川文物》2003年第2期。
② 四川省文物考古研究所编：《三星堆祭祀坑》，文物出版社，1999年，第231页。
③ 段渝：《商代蜀国青铜雕像文化来源和功能之再探讨》，《四川大学学报》1991年第2期。
④ 段渝：《政治结构与文化模式——巴蜀古代文明研究》，学林出版社，1999年，第20—22页。
⑤ 谢维扬：《中国早期国家》，浙江人民出版社，1995年，第236—276页。

革，如《国语·楚语》载："及少昊之衰也，九黎乱德，民神杂糅，不可方物。夫人作享，家为巫史……颛顼受之，乃命南正重司天以属神，命火正黎司地以属民；使复旧常，无相侵渎，是谓绝地天通。"①由此可见古蜀鱼凫王朝也应该差不多在酋邦时代末期经历过相似的一场"祭祀革命"。从时间上看，林向先生提出三星堆青铜文化时期的年代上限约是公元前1700年②，即是鱼凫王朝鼎盛时期，这一时期也正好是蚕丛、柏灌晚期。由此可以推理，大致三星堆文化时期的古蜀经历过激烈的王朝鼎革。加之新的鱼凫王朝处于酋邦末期，推行一场规模浩大的"祭祀革命"，这个背景似乎才是祭祀坑的遗物被破坏、灼烧、掩埋的历史原因。

以上是仅是我们从青铜神坛被毁坏考察其中蕴含的一些历史信息，尝试性地为三星堆祭祀坑遗物破坏的历史原因，提供一条解释的线索。这种分析其实并非空穴之风，如在文献中也可以看出古蜀王朝鼎革的动乱局面。这种乱局可以看作是在酋邦时代的蜀王鼎革，往往都是出现举族被灭、被徙的情况。如《蜀王本纪》："蚕丛、柏濩、鱼凫，此三代各数百岁，皆神化不死，其民亦随王化去。"对于此，后世典籍也有零星记载，如《史记正义·三代世表》载："周衰，先称王者蚕丛国破，子孙居姚、巂等处。"③对于蜀王鼎革的真实情况，段渝先生经过细致的研究认为，蚕丛遗民中的绝大部分，已成为鱼凫王朝所建的古蜀王国中的治民④。从此可以推断，古蜀的酋邦社会王族与一般宗族一定是有所区分，政治失败仅是王族的失败及其迁徙、化去。关于这一点学术界一直未予以充分重视，下面我们将加以申述。

二、三星堆青铜神坛祭祀功能与古蜀仙化思想关系

有学者将铜神坛的祭祀功用按照"地界、人界、天界"的区分来表达青铜神坛的全方位的立体构造，及古蜀先民"天人感应"及"天人合一"的神

① 徐元诰：《国语集解》，中华书局，2016年，514—515页。
② 林向：《清江深居集》，巴蜀书社，2010年，第314页。
③ 参见：司马迁《史记》，中华书局，1959年，第507页。
④ 段渝：《四川通史》（卷一　先秦），四川人民出版社，2010年，第85页。

话宇宙观。①此说可以算是目前研究铜神坛祭祀功用的代表观点，但是此说在说明这一问题时缺乏严谨的历史时间观念，即便是能够说明一些问题，却仍然有待补充、详证。

　　青铜神坛按照复原的方案，有四层都是有人物形象，每层的人物应该代表着不同的祭祀功能。底层的牵兽人能够牵引神兽，体现出兽应当具备一定的神性而和凡人相异。同时人与兽共同作为神灵与张光直先生提出的"人兽母题"②，进而张先生提出"商周青铜器上的动物纹样，实际上是当时巫觋通天的一项工具"③。我们认为张先生这种意见完全可以用于阐释青铜神坛底层的牵兽人。第二层的四人物呈两对，每人的体格伟岸，面部庄重，且各双手所抱物件体现超常权力，特别是四人头顶冠饰为"四山相连"的建筑让人感受到四人物的强健、尚武，有武士之风，又有特殊神力象征。第三层是有屋阁状的建筑，屋阁四面都排列有五人，一共二十人，此二十人物肖像略小，但风格与下层的四武士相似，似乎也是屋阁的保护神士；他们处在上层，与神秘的屋阁有密切的关系，比下层四武士地位要高。第四层残缺，经王仁湘、孙华等复原方案，指出上层应有一个大青铜人④。孙华认为神坛的真正主体——"扮成兽的跪坐人像"，进而将这一主体人物的解读为铜神殿顶部的跪坐人，其足部与人相同，不作鸟爪形；而兽首冠人像头戴鸟首冠，应当表现的是装扮成鸟的巫师一类神职人员。⑤

　　"巫"在段注《说文解字》中"巫，祝也。女能事无形，以舞降神者

①　樊一、吴维羲：《三星堆神坛考》，《四川文物》2003年第2期。

②　张光直：《濮阳三蹻与中国古代美术上的人兽母题》，收入其著《中国青铜时代》，生活·读书·新知三联书店，2013年，第330页。

③　张光直：《中国古代艺术与政治——续论商周青铜器上的动物纹样》，收入其著《中国青铜时代》，生活·读书·新知三联书店，2013年，第470页。

④　按，王、孙两家对铜神坛的顶层复原方案略有争议：孙华认为，残缺了上半身的跪坐人像的铜插件的上半部分待于将来发现；王仁湘则将只保存了上半身的兽首冠人像接在那残缺了上半身的跪坐人像的铜插件上。两说虽然在复原方案上有异，但是共同之处是神坛顶层有铜人像；笔者以为在目前的资料情况下，选择王仁湘先生复原方案对于理解青铜神坛祭祀功用的分析更有意义。

⑤　孙华：《三星堆"铜神坛"的复原》，《文物》2010年第1期。

也；象人两褎舞形。与工同意，古者巫咸初作巫，凡巫之属皆从巫"。可以
看出"巫"和祭祀的仪式有关，是能跳特殊的舞形并且有通神的能力。那么
"巫"要能"降神"该具备哪些能力呢？《国语·楚语》载："古者民神不
杂。民之精爽不携贰者而又能齐肃衷正，其智能上下比义，其圣能光远宣
朗，其明能光照之，其聪能听彻之，如是则神明降之。"①可见"精爽不携
贰""齐肃衷正"及"智、圣、明、聪"都是"巫"者所必备的能力。

而近现代的人类学领域对于"巫"的解读也是符合中国先秦文献的记
载。如弗雷泽在《金枝》中说："具有最灵敏、最狡猾的头脑，自称能通神
秘之奥者则成为神巫，即运用魔术的人。"②童恩正认为，古代巫师从理论
上大体分为祭司、巫觋、法师三类，在实际生活中三者在职能上可以重叠。
童先生还认为："祭司是指专职的宗教人员，出现于阶级社会之中，往往
与固定的宗教组织、专门的寺庙或神殿相联系，有时还有专门的发式和衣
着。""祭司的职责乃是熟悉经典，精通仪式，伺候神灵，从而充当人神之
间的媒介。""祭司集团内部往往有严格的分工和等级划分，有众多的职别
名称，这可视为世俗社会的一种反映。"③可见祭司从理论上是古代社会发
展到较高水平的巫的代表，按照国家、文明的演进过程，酋邦时代的古蜀最
有可能出现祭司。因此青铜神坛顶层的残缺青铜人有可能就是蚕丛古蜀的大
祭司，他一样具备着联通神、人的职责。由此可见古代的巫与祭祀密切相
连，按照中国古代文献所载"国之大事，在祀与戎"来看，祭祀就是国家权
力的象征，"巫"往往也就是兼备祭祀和行政权力的首领。弗雷泽也说：
"许多国家，在各种时代，都曾存在过集祭司与帝王于一身的人物。他们具
有半人半神，或半神半人的性质。"④

如果能够将青铜神坛的主体部分定为祭祀的巫、祭司的形象，即可看出
铜神坛祭祀中的通天、通神功能。也可以说四层的人物虽各具备一定神性，
但还是存在等级的差别，从牵兽人到四力士到二十神阁护卫士再到最高的神

① 徐元诰：《国语集解》，中华书局，2016年，第512页。
② 弗雷泽著，汪培基、徐育新、张泽石译：《金枝》，商务印书馆，2012年。
③ 童恩正：《中国古代的巫》，《中国社会科学》1995年第5期。
④ 弗雷泽著，汪培基、徐育新、张泽石译：《金枝》，商务印书馆，2012年。

巫，排列的等级森严。这种等级应当是自下往上越来越接近神、天，天、神与人间隔着几层，天意或神意的降临也必定是一个复杂的过程。可以推测这种祭祀的过程一定很复杂，并且规格很高。

前面分析了这件铜神坛很可能是代表蚕丛、柏灌时期的祭祀重器，那么在古蜀酋邦蚕丛、柏灌时期，规格很高的巫、祭司也往往就是酋邦组织内的酋首（首领）。蚕丛等王族首领既是酋邦组织内最高的王权代表，也是祭祀中神权的最高代表。这样，文献所载的"蚕丛、柏濩、鱼凫，此三代各数百岁，皆神化不死，其民亦随王化去"①及"蚕丛国破，子孙居姚、巂等处"②，实际上反映出酋邦战争中失利的蚕丛王族举族迁往姚、巂，"姚、巂"按现在的解释在今川西西昌、云南姚安一带。这种迁徙在古蜀酋邦战争中经常发生，如蚕丛、鱼凫、杜宇都有过这样的经历。蒙文通先生曾指出："巴蜀神仙宗教之说不妨是独立的，别自为系。"③此说后来经段渝先生详证后，提出："巴蜀文化有着方术神仙家传统和巫鬼信仰传统，才使巴蜀成为道教思想及其组织的重要发源地。"④对于古蜀神仙思想与古蜀族迁徙的关系，谭继和先生曾说："仙（僊）字在古文字里与迁徙的'迁'（遷）是同一个字。仙化就是迁化，古蜀人经常迁来迁去，引起羽化飞仙的浪漫想象，就成了仙。"⑤然笔者以为古蜀仙化与迁化虽然有密切的关系，但二者当不能合一而谈。以下通过梳理有关蚕丛王族、鱼凫王族、杜宇王族迁徙的文献，比较其中迁化与仙化的变化，并探索古蜀迁化与仙化思想蕴含的历史信息。

① 旧题扬雄著《蜀王本纪》，收入《太平御览》卷116。
② 参见：司马迁《史记》，中华书局，1959年，第507页。
③ 蒙文通：《巴蜀古史论述》，四川人民出版社，1981年，第100页。
④ 段渝：《巴蜀文化与汉晋学术和宗教》，《中华文化论坛》1999年第1期。
⑤ 谭继和：《仙源故乡》，成都时代出版社，2009年，第17页。

巫 （蜀王）	文献一	文献二	文献三
蚕丛	蚕丛、柏濩、鱼凫，此三代各数百岁，皆神化不死，其民亦随王化去。（《蜀王本纪》）	蚕丛国破，子孙居姚、巂等处。（《史记正义·三代世表》引《谱记》）	
鱼凫	鱼凫王田于湔山，忽得仙道，蜀人思之，为立祠。（《华阳国志·蜀志》）	（鱼凫）①王猎于湔山，便仙去。（《蜀王本纪》）	
杜宇	望帝②治汶山下，邑曰郫，化民往往复出。（《华阳国志·蜀志》）	望帝去时子规鸣，故蜀人悲子规鸣而思望帝。（《蜀王本纪》）	望帝自逃之后，欲复位不得，死化为鹃。每春月间，昼夜悲鸣蜀人闻之曰：我望帝魂也。（《蜀王本纪》）

　　上表的材料主要是来自《蜀王本纪》《华阳国志》及《太平御览》中辑录内容，反映的都是古蜀时期的传说故事。从蚕丛、鱼凫、杜宇三王的仙化的记载来看，三者都是在酋邦战争失败后迁徙，迁徙在古蜀民众中的记忆十分久远，三者都是"各数百岁，皆神化不死"，反映出蜀民对古蜀各王族的迁徙（化）的一种情感。而这些文献所记载中，也反映出古蜀王族的神世、人世界限分明的两种描述。蜀王们往往是能够神化不死、得仙道，但是跟随蜀王的族众们却仍然生活在人间，如"子孙居姚、巂""化民往往复出"。很显然在古蜀民众的心里，蜀王是属于神界的，故能"仙化"；而王族族众虽然跟随蜀王酋首，却只是"迁化"始终在人界。这也是我们适宜地将古蜀王族与一般宗族进行区分的原因所在，在古蜀史传中"仙化"针对的是具备神性的贵族，"迁化"是正对一般世俗贵族，这种认识具有一定的史实背景。

　　对于这一点的讨论，学界涉足甚少，然古蜀王族神、人两界区分体系与

---

① 按，此处是段渝师所加，见《四川通史》（卷一　先秦），四川人民出版社，2010年，第145页。

② 按，望帝即杜宇。

酋邦时代古蜀的祭祀体系是相通的。酋邦时期的祭祀代表着蜀人神、人两界分明，需要通过巫也即酋邦首领来帮助他们沟通神、人两界。因而如前面分析，酋邦时代的古蜀蚕丛氏、鱼凫氏及杜宇氏都是集最高政治权力及祭祀神权威于一身的神化人物。因此酋首在酋邦战争中失败，仅仅是代表他们政治权力的丧失，而神权却依然存在，依然在本族内具有不可亵渎的神圣性。因此他们在政治失败后，往往被属民"神化""仙化"，而王族的举族迁徙也往往被解读为随着酋首"仙化""神化"而得道，进一步说古蜀王族的民众在酋首失去政治势力之后，还追随他们迁徙的真正原因是服从信仰的需求。在酋邦时代的古蜀信仰体系中，只有酋首有神化的资格，普通族众仅仅是围绕酋首周围寻求信仰，而并非真正的是"随王仙化"进入神界。

结　语

就目前学界研究的程度而言，我们倾向于将三星堆青铜神坛作为蚕丛蜀王重要的祭祀礼器来看待。我们从神坛的祭祀功用及与古蜀仙化的思想论述中，不仅能对296号神坛的复原深入认识，如孙华先生所认为的第二点共识，即将神坛上部定为铜尊模型而非房屋模型，我们适宜地认为应该从陈德安先生说是房屋模型，这是对于深入认识青铜神坛无疑有所补益。综合来看，我们以为至少有三点能说明神坛上部为阁屋而非方尊。一、铜尊在中原文化中一般都是作为容器、食器出现在礼器中，如果是尊器，那么这一尊器四面镂空且镂空的尊器中共有二十个护卫士，这样的尊器就失去作为容器或者食器可能，从功能上看很难说是尊器。二、从文化丛来看，三星堆二号坑出土的八件青铜圆尊和一件残方尊无不是单体器，且从规制上看仍是保持着容器的功能。这与神坛上层方体器物体现出的镂空、居住的功能，差异十分明显。三、铜神坛在蚕丛祭祀体系中功用是从下到上的"通神""通天"，所以每一层应该代表一定的等级。从人物群来看，第一层是牵兽人、第二层是四力士、第三层是二十护卫士、第四层是大巫（祭司），按照这样的逻辑二十护卫士应该是守卫庙堂性质的"阁屋"。以上可以判断出将神坛方体器定为屋阁，无论从功能上还是从实际器物类比上都要更合乎实际一些。

另外，我们通过对神坛的复原研究，结合其功能和文献史征，得出神坛应该是蚕丛氏大巫（祭司）祭祀的重器，通过神坛可以传达出蚕丛大巫可以上通神意。而且铜神坛各层巫觋人物也应是等级分明，由下而上逐渐接近神灵的。

最后，我们结合文献分析，认为在古蜀仙化思想中，酋邦时代的神权政治下，蜀王族具备的神灵性与古蜀世俗贵族存在着差距。在古蜀文献中流传的"仙化"与"化民往往复出"是有区别的，"仙化"对应的是蜀王族，"迁化"对应的是世俗贵族。

短长书

三星堆黄金艺术品的精神世界

在中国古代黄金制品一直是价值极高的贵重物品，不过商周时期黄金制品在中国并非单纯是贵重物品，它还有着独特的文化内涵和历史价值。近来在名声大噪的四川三星堆遗址祭祀器物坑中出土了大量商代黄金艺术制品，这些黄金制品因其独特的形制、技术和艺术形式不断拓展着今人有限的认识。无疑这些黄金艺术品又给今人增添了不少三星堆之谜，促使人们去竭力地探幽索微。

从商周时代的历史说，如此大批量出土黄金艺术品，确属罕见。在商周时代北方地区的河南、山东、北京、河北、山西等地众多遗址中虽然也出土了黄金制品，不过多是少量的小件装饰品（金箔、金叶、耳环、耳坠、弓形饰品）。与之不同的是，四川三星堆遗址出土了数量极多内涵丰富的黄金制品，如金杖、金面罩和各类动物、植物形象的金箔片，它们作为商周时代南方系统的黄金制品，在文化内涵和艺术形式上与北方系统黄金制品均存在明显差异。

从古蜀的历史背景看，三星堆黄金制品的文化内涵并非神秘不可测。今天成都平原所在的地区，古来被认为是华山之南的华阳之域，而对古代南方地区舆地知识做系统记载的古书当推《山海经》。《山海经》对于成都平原的记载有两处值得特别注意，一是讲"都广之野"，它极力渲染成都平原所在的都广之野是一个百谷丰盛、神鸟爱居的神圣地域。另一是讲"建木"，它记载的"建木"是天下之中的神树，高百仞、上九欘下九枸，太暤神鸟的爱居处。《淮南子·地形训》也说："建木在都广，众帝所自上下，日中无景，呼而无响，盖天地之中也。""都广之野"及其地神树"建木"都富于成都平原以神圣的历史底蕴，正也反映古蜀国家的神权色彩。三星堆二号坑出土的青铜大神树的形象与"建木"的记载较为契合，略有不同的是大神树分三层的九个枝头上都有站立的神鸟。鸟形象的青铜器在三星堆一、二号坑中曾大量出土，值得注意的是在2021年三星堆五号坑出土一件黄金神鸟，它展开的形象非常近似汉代画像砖上的金乌。在众多三星堆祭祀器物坑中出土的鸟形象中，这件金乌神鸟是唯一一件黄金制作的鸟形象，这无疑显示出它的独特地位。从文化因素集结的角度看，这件金乌神鸟与二号坑大神树上的九只神鸟应有一定的内在关联。我们知道上古中国流传的"金乌负日"神话传说，也出自《山海经》的记载："汤谷上有扶木，一日方至，一日方出，皆载于乌。"与之有密切关联的另一个神话传说"后羿射日"，文献记载"十日"都居于"扶桑"神树之上，《山海经》佚文也记载"后羿射九日"。从神话史传的角度看，古蜀三星堆遗址所出大神树、九鸟与金乌神鸟，正是古代"金乌负日"与"后羿射日"两个神话传说的合体。这一现象表明，商代古蜀已流行十日轮值，其中最高地位的太阳就是金乌的传说。而且三星堆遗址所出金乌神鸟与神树九鸟相区别，也昭示着后来"后羿射九日""金乌负日"的分化。商代古蜀国家对于神树、鸟、金乌的崇仰，本质上属于神圣权力的体现。实际上，"后羿射九日"与"金乌负日"神话传说反映的是古人对太阳恒星历法认识不断成熟的过程，历法的成熟与统一对于古代国家政权的统治基础十分重要，尤其是古蜀是以农耕为基础的文明社会。古蜀王掌握了最为权威的历法，代表了他与上天的神意相通，以显示古蜀王权具有强烈的神权色彩。与此相关的另一件金器——黄金权杖也可以说明这一点。

三星堆黄金权杖出土于一号坑，整体上看这根金杖是由黄金条捶打成宽约7.2厘米的黄金皮，金皮包卷在杖外表。出土时金杖内还残存木质碳化物，表明它原是一枚木芯金皮杖。金杖长142厘米，直径2.3厘米，重463克。特别引人注意的是，金杖的上端有一段长约46厘米的平雕纹饰图案，分为三组：最下一组线刻两个前后对称，头戴五齿高冠，耳垂系三角形耳坠的人头。上面两组图案相同，下方为两背相对的鸟，上方为两背相对的鱼，鸟的颈部和鱼的头部压有一支羽箭。从艺术表现形式上说，金杖上这组平雕图案上的头戴五齿王冠的人头像应是古蜀王的形象，鸟、鱼被一支羽箭穿连与古蜀王形象共同构成"情节式构图"（段渝说）。上文已对鸟的形象在三星堆遗址的青铜器的金器上大量出现做了分析，它代表古蜀王掌握了神圣的历法，是蜀王神权的来源之一。鱼的形象，如学者所分析那样也是蜀王神权的表征，正像鸟能飞天、鱼能入渊，与蜀王构成完整的情节，恰代表古蜀王权的浓厚神权色彩。

我们还知道三星堆遗址出土了数量极多的青铜人面像和部分覆盖在青铜人面像上的黄金面具。特别是新一轮考古发掘的五号坑中出土一件重约500克的黄金大面具，考古工作者推测它原来应该是覆盖在等规模大小的青铜面具表面。这件黄金面具的艺术风格和青铜人面像相一致，与近东古文明的艺术造型存有密切的文化联系。黄金面具与青铜人头雕像作为一个整体是古蜀人吸收近东文明偶像式构图基础上的新创造，它在古蜀神权祭祀礼仪中占有重要地位，是古蜀宗教祭祀的纪念碑性礼器。这无疑也是古蜀王权与宗教神权密切结合的见证物。

总结以上三星堆所出的黄金艺术制品，如金乌神鸟、金杖和黄金面具在艺术表现形式上完整地体现古蜀"情节式构图"与"偶像式构图"并行的态势。虽然这类艺术表现形式与商周时期中国其他地区的青铜艺术形式有别，不过古蜀人借助于这种艺术表现手法，将商周时代所流行的神话传说、天文知识极大程度地加以形象化展示，其内核是以古蜀王权为核心。从这个意义上说，展现在我们面前的三星堆黄金艺术制品的精神世界，既是古蜀王权与神权密切融合的写实场景，也是古代中西文化艺术交流融汇的见证。

常璩与《华阳国志》

一、江阳巨室：常氏与常璩对巴蜀文化的传承

常璩在《华阳国志》的记述："江原县郡西，渡大江，滨文井江，去郡一二十里……东方常氏为大姓。"乃是其对自己家世的简要交代。根据陈寿《三国志》等史书还可知蜀汉时期江原常氏家族人才辈出，代不乏人。如汉中、广汉太守常闳，南广太守常竺，郫令常勗，黄门侍郎常忌，阆中令常伟，武平太守常宽，湘东太守常骞等等都有令闻。常氏人物除了在仕途上功名显赫，在学术上亦是英杰辈出。如常勗、常宽都精通儒家经典，有著述流传当世。《常志》记载：常宽"撰《蜀后志》，及《后贤传》。续陈寿《耆旧》，作《梁益篇》"。可以说，江原常氏厚重的人文底蕴深刻影响了常璩的出仕与学术路途。成汉时期，常氏一族以常宽为首，两度远徙交趾，李势收复蜀地故土重用常璩招揽遗民，时常璩成为常氏新首望。永和三年桓温伐蜀后，成汉归于东晋，常璩以故老入于江左。为了倡明巴蜀故土的人文风物，以与中原、江左名流相抗，常璩著成《华阳国志》，久经流传，名著于世。在社会剧烈变迁之时，不惟常璩，东汉以降的巴蜀名士多重一隅之文化，历来蜀中士流对于巴蜀当地文化的重视渊源有自。如常宽所著《蜀后志》《后贤传》及《梁益篇》即是延续这一传统的例证。然常璩生长于成汉、东晋这一变乱的时期，如其自言："璩晚生，长乱，故老以没，莫所咨质，不详其事，但依《汉书》《国志》，陈君所载。"也就是说常璩时期巴蜀文化的学术传承曾一度衰落，在此背景下著成《华阳国志》更显示其对巴蜀故地的文化保有的浓厚情感。

常璩所撰《华阳国志》卷一至卷四，分别述巴、汉中、蜀、南中四地的

地理、古史，十分详细。任乃强先生曾说，成汉时期的常璩事业方壮，勤奋好学，久任史官，故能遍读先世遗书。这里所说的"先世遗书"应当包括司马相如、严君平、扬雄、阳城子张、郑廑、尹贡诸《蜀本纪》《蜀王本纪》，谯周《蜀本纪》《古史考》《三巴记》《益州记》《巴蜀异物志》，及陈寿《古国志》《蜀志》等古书。也可以说，常璩能融汇巴蜀先贤名作于一书，又特善文辞，从而使得《华阳国志》甫一竣稿便风行当世，在当时此举对弘扬巴蜀文化自然功莫大焉。

回望历史，常璩及其所撰《华阳国志》对于巴蜀地区的历史、文化、人物、风物皆有不可磨灭的价值。其中史学方面突出的贡献是他对巴蜀古史系统的重新梳理。

二、兼采众流：常璩《华阳国志》对巴蜀古史的恢复与整理

汉晋时期的巴蜀学术虽与主流学术风气相别而行，但在儒学、史学和神仙方家等多方面也都取得了新的突破。儒学方面蜀汉时期的学者辈出，如蜀郡广汉县人王长文"治五经，博综群籍"，著《无名子》、《通经》、《春秋三传》十三篇、《约礼记》等书。史学方面除了上所述及巴蜀史乘外，尚有杨终作《春秋外传》《哀牢传》、陈术作《益部耆旧传》、杨戏作《季汉辅臣赞》、王崇作《蜀书》等。在神仙方术家方面，自西汉扬雄所编《蜀王本纪》对古蜀历史文化的记载，便充满了神仙家的气息。比如记述三代蜀王皆"神化不死"。此外，汉晋时期流传的方术传说，如苌弘死后化为碧的传说流行于蜀地。王乔与彭祖皆为神仙见载于《楚辞·远游》《淮南子·齐俗》《庄子·刻意》等文献，但他们都被认为是蜀人。常璩撰《华阳国志》对这些学术观点都有所吸收，特别是将它们综合用于巴蜀古史系统地重新梳理。其中必然涉及对巴蜀古史旧传与神仙方家言说的删繁约定，诚如常璩在《序志》中所说："考诸旧纪先宿所传并南裔志，验以《汉书》，取其近是，及自所闻，以著斯篇。"刘琳先生注解说《汉书》主要指的是《汉书·地理志》。旧纪先宿所传，约指以上所列巴蜀先贤流传下来的古书。《南裔志》，按照任乃强先生的说法，可视为"蜀人流在交趾、南中、荆湘

者……招远流民中又多有识远方地理与乱离故事者"这些人口述史料。自所闻，即是常璩自己的访闻材料。从这里可以看出常璩为了编写好巴蜀古史，不拘泥于一隅，广泛搜罗各方材料，兼收各家有益成说，从而汇聚成一系统的巴蜀古史面貌。

如上所言，常璩对巴蜀古史进行了全新的整理，那么他的具体贡献在哪呢？这就要从《蜀王本纪》说起。

现存残篇的《蜀王本纪》记述："蜀王之先名蚕丛，后代曰柏灌，又次者名曰鱼凫。此三代各数百岁。"这是最早将巴蜀古史予以"三代"的系统化表述。常璩在《蜀王本纪》的基础上进一步予以整理，在《蜀志》中说道："蜀志为国，肇于人皇，与巴同囿。至黄帝，为其子昌意娶蜀山氏之女，生子高阳，是为帝颛顼。封其支庶于蜀，世为侯伯，历夏、商、周。""周失纲纪，蜀先称王。有蜀侯蚕丛，其目纵，始称王……次王曰柏灌，次王曰鱼凫。"很显然，常璩将巴蜀古史进一步系统化，主要体现在两个方面。一是将巴蜀古史渊源上溯到人皇、黄帝一系。根据后来的研究，他应该是参考了《大戴礼记·帝系》这样的知识。二是将巴蜀旧有的"三代"蜀王历史下拉到春秋以降。这可能是为了将三代蜀王的历史与东方六国历史相并齐，其文献上的依据多本于《左传》等书。常璩这种处理方式，有两个特别重要的贡献：一是将巴蜀古史与中原古史统一起来，从而促进中原士流对巴蜀文化的认同。二是进一步将巴蜀古史"三代"系统予以深化，从而丰富巴蜀文化的内涵，为进一步深化巴蜀文化研究提供重要依据。

三、开拓创新：常璩《华阳国志》开创的方志体裁

常璩的《华阳国志》之所以能一隅史事而风行全国并产生久远的历史影响，最重要的原因是《华阳国志》开创了中国方志史书新体例。恰如任乃强先生所言"为千六百年来地方史志所取则"。笔者认为，将《华阳国志》视作方志史书的鼻祖并不为过，但任何新事物的形成都是渐进式的。因此，常璩《华阳国志》作为地方志书的开创者，在体裁上的创新是既有继承也有发展。主要体现在树立将历史、地理与人物三者有机结合的方志史书体例。下

文细述之：

1. 叙史事则博通今古

任乃强曾评价常璩道："其一书而兼备各类，上下古今，纵横边腹，综名物，揆道度，存治要，章法戒，级人事变化，穷天地之所有，汇为一帙，使人览而知其方隅之全貌者，实自常璩此书创始。此其于地方史中开创造之局，亦如正史之有《史记》者。"任先生将《华阳国志》叙述史事方面的特点与《史记》相类比，可谓精准核要。《华阳国志》卷一至卷四所述巴、汉中、蜀、南中四地的历史，极力贯行"通古今之变"的宗旨。如其于《巴志》总叙中远溯唐尧大禹、夏、商、周、秦、汉，近及魏、晋各个时期的概貌，于战国、秦、汉之时巴地与中原及诸侯关系则广引史书之载。此外，在体例上亦借鉴了《史记》本纪、纪传之体，变为志、赞。将巴蜀一隅的人主如公孙述、刘焉、刘璋、刘备、刘禅、李特、李雄一一立传详述。在合理的体裁下，常璩将近世之史事做了有侧重的详述，真正意义上做到了"厚今薄古"的原则。

2. 辨沿革则重地志书

常璩自言作《华阳国志》时"验以《汉书》"，前贤业已指出常璩非常重视并吸收了《汉书·地理志》的编撰体例。在《华阳国志》卷一至卷四中，常璩不仅按照地域区划的原则分巴、蜀、汉中、南中，还在每一《志》的编写中沿用《汉书·地理志》的体例，先述郡况总貌，再一一细述郡治之下各个县治的沿革、舆地、四至、山川。在《常志》前四卷中，可以看到常璩除了沿袭《汉书·地理志》体例之外，还做到了将地理沿革与历史二者相结合，从而创造出新的地理史书体例。后世史家对此，不吝褒词。如明嘉靖蒲州刻本《华阳国志》张四维序云："观其考贯方舆，章显材哲，足以剖析疑诬，翼赞人伦，有味乎其言也。璩本翰墨世家，目睹李氏僭乱之祸，故述方志，于其废兴分合之际，得失之原，每较详焉。"傅振伦在《中国方志学通论》中亦赞其曰："率述一地偏霸历史沿革，及其掌故、风土、人物。自古志逸，而此遂为地方志之所自昉。"

3. 书人物则类以纪传

《华阳国志》书中记载的人物甚多，有学者统计超过四百个，这在方志一类的史书中显得特别珍贵。常璩以极其约美的语言记载这些人物，背后是建立了一个完备的分类系统。如前文所言，常璩仿照《史记》纪传体例，对蜀主一一立传，而且还注意历史阶段的划分，比如分别将公孙述、刘焉、刘璋列为一卷，刘先主一卷，刘后主一卷，自李特到李势列为一卷。此外，将先贤士女贤士作为两类予以集结记载。《华阳国志》中的"士女"并不是正史文献中的上层女性贵族，而是闾里较为普通的妇女。此一创制不仅开创方志为闾里妇女立传的体例，而且发扬刘向编《列女传》的精髓，希图以此宣扬士女道德，改造社会风俗。这显然反映其受封建道德观念的约束，但另一方面此亦为后世保存许多珍贵边缘史料。

总的来说，常璩作为四川历史上重要的史学家和文化名人，他将一生的才学用于搜罗巴蜀旧传、古书、风土人物，并以良史之笔撰成《华阳国志》。《华阳国志》的流传不仅为古代巴蜀文化保存了珍贵的史料，同样在体裁上为后世开创了地方志书的编写体例，是为方志鼻祖。

陈寿与《三国志》

陈寿，字承祚，巴西君安汉（今四川南充）人，生卒年为公元239—297年。他一生历经蜀汉、曹魏、西晋时期。陈寿在蜀汉时期就以才学名著于世，自少年时代起就受学于蜀汉著名学者谯周，对《尚书》、《春秋》三传、《史记》、《汉书》素有精研。因为才华出重而被选拔为卫将军主簿，后来渐渐升为东观秘书郎、散骑黄门侍郎。三国魏晋时期，士人主要有两种入仕的途径：其一是公府辟召，是指那些开府设置官署的高级官员可以自行征召人才以充任属官，其主要参考标准是门阀等第。其二是州郡辟召，是由地方刺史、郡守在本郡通过察举孝廉、秀才等途径征召人才出任属官。汉末三国时，地方刺史郡守又常常加将军号以领兵，所以陈寿初任"卫将军主簿"属于地方郡守的属官，表明他是从"州郡辟召"途径进入仕途。陈寿出任的卫将军主簿又不同于普通的掾吏，一般来说，主簿职位除了得到州郡长官任命外，还会受到来自中央的直接任命，这些都间接表明陈寿的才华十分出众。根据《晋书·陈寿传》"（陈寿）仕蜀为观阁令史"的记载，可知陈寿先是从主簿升任为专门从事文书的令史，再升为东观秘书郎官，最后才升任散骑侍郎、黄门侍郎，出任散黄侍郎表明他已进入蜀汉政权的中枢机构。

陈寿虽然做到了散骑黄门侍郎，但他的仕途却并不顺利，这与他为人刚正不阿很有关系。蜀汉政权延续了东汉的宦官制度，在刘后主时权宦黄皓专权，担任过黄门丞、黄门令、中常侍，并加官奉车都尉。其中"中常侍"的职能是"赞导内众事，顾问应对给事"，占据这样重要的官职可以帮助他牢牢掌控蜀汉朝政。黄皓的专权造成了蜀汉政治极度混乱，史载："宦人黄皓窃弄机柄，咸共将护，无能匡矫。"满朝诸公皆不能对黄皓专权行为加以阻止，而那些不愿攀附黄皓势力的人才的仕途会不顺，也很难得到重用。比如郤正的才华十分出众，能够"当世美书善论"。只因不为黄皓所喜爱，便终身不被重用。陈寿也有同样的际遇，史称："宦人黄皓专弄威权，大臣皆曲意附之，寿独不为之屈，由是屡被谴黜。"魏灭蜀后，进入到西晋时期，陈寿被选拔出任著作郎并兼领巴西郡中正官，他在选拔人才时并不十分看重门胄，反而倡导"唯才是举"，甚至为了保护人才，他提出人才要刚柔并济，不要骄矜孤傲以免引起当权者的妒贤嫉能，造成自身发展的障碍。这些事迹表明陈寿的人品十分正直，自身不依附权贵，还很重视保护庶族出身的人才。

陈寿留给我们后人最重要的文化遗产是《三国志》这部史书。公元265年，晋武帝平定东吴之后，三国统一进入西晋王朝，陈寿就开始着手搜集三国史事，著《魏书》《吴书》和《蜀书》，共计六十五篇，合称《三国志》。这部书完成之后，引起当时史学界极大的关注，比如说夏侯湛看到《三国志》后便将自己已要完成的《魏书》废弃掉。当时的人纷纷称赞陈寿擅长叙事，有良史之才。后来的人，如南朝宋刘勰《文心雕龙·史传篇》记载："唯陈寿三志，文质辨洽，荀、张比之于迁、固，非妄誉也。"北魏时崔浩曾评价道："遂及陈寿《三国志》有古良史之风，其所著述，文义典正，皆扬于王廷之言，微而显，婉而成章，班、史以来无及寿者。"应该说，与陈寿同时的重要人物如荀勖、张华等就对《三国志》大加称赞，将其与《史记》《汉书》相并列。正因为《三国志》在史学上取得如此成就，自然就被后人拿来同《史记》《汉书》这样的经典史著相提并论，等到南朝宋范晔著成《后汉书》，合称为"前四史"。

陈寿为何能取得如此高的史学成就呢？这就不得不从蜀汉时期的史学发展说起。陈寿自少年开始便师从当时著名的硕儒谯周，谯周除了专精经学之外，还特别着意于撰写史学著作。谯周著作的史书就有《古史考》《后汉纪》《蜀本纪》《三巴记》《益州记》《巴蜀异物志》，特别是《古史考》被认为是补《史记》之讹误，素来为人所重。此外，汉末三国时期蜀人多有留心乡邦人物，着意于地方史写作，如郑伯邑、赵彦信、陈申伯、祝元灵、王文表等都作过《巴蜀耆旧传》。还可以留意的是，汉晋时期是传统史学的一个发展期，这一时期的《中经》《中经新簿》等目录之书中开始把史学单独列为一类，不再依附于经学之下。学界向来称这一时期为"文史分途"，在此背景下，史学著作的体例也开始强调文辞质朴、简洁清朗而不重渲染、淫丽，撰写史书的要旨也特别重劝诫和明得失①。陈寿恰好身处于文史分途与史学独立发展的时期，而且他受到了谯周等蜀地史家优秀著作的影响，使得他的《三国志》能迎合当时史学独立发展的各方面需求，赢得了当时史家的普遍赞誉。

唐代著名的史学理论家刘知幾在《史通》中隆重地总结出优秀的史学家应当具备"史学三长"：史才、史学、史识。

陈寿的"史才"主要表现在通过质朴清朗的文笔去阐述历史时势，按照纪传体体裁选择重要人物的历史言论，以简洁凝练的语言向读者传达历史经验。关于陈寿《三国志》文采方面的总结，可以引用当时人范頵的话来佐证，他说："故治书侍御史陈寿作《三国志》，辞多劝诫，明乎得失，有益风化。虽文艳不若相如，而质直过之。"陈寿又是如何史笔来描写劝诫方面内容呢？且看以下一例。

东汉末董卓之乱后，天下诸侯并起，当时袁绍、刘表和曹操都是割据一方的势力。从时势看，袁绍和刘表起初都强过曹操，但渐渐地随着曹操势力的崛起，袁绍和刘表却日渐衰落。这段历史理解是汉末三国时期转变的关键，陈寿等史家都对曹操不拘一格地选用、重用人才的做法十分称道。但是这一做法在西晋时期并没有得到继承和发扬，相较于曹操重用庶族人才，司马家族更倚重大族势力。进入西晋后，陈寿撰写这段历史，难以直抒胸臆地褒扬曹操。为了更客观地描述这段历史，他选择引用当时名士王粲的言论。如《三国志·王粲传》曰：

> 方今袁绍起河北，仗大众，志兼天下，然好贤而不能用，故奇士去之。刘表雍容荆楚，坐观时变，自以为西伯可规。士之避乱荆州者，皆海内之俊杰也；表不知所任，故国危而无辅。明公定冀州之日，下车即缮其甲卒，收

---

① 王俊杰：《魏晋南北朝时期的史学》，《史学史资料》1980年第2期；李银科：《魏晋南北朝历史编纂学简论》，《西北大学学报》1993年第3期

其豪杰而用之，以横行天下；及平江、汉，引其贤俊而置之列位，使海内回心，望风而原治，文武并用，英雄毕力，此三王之举也。

　　陈寿选用王粲的这段文字言简意赅，以是否真正重用贤才为标准，去衡量袁绍、刘表和曹操，从而生动地勾勒出汉末天下时势变动的趋势。同时，也是对司马氏过分倚重贵族门胄的做法进行讽谏。

　　陈寿在史学方面的主要特征是知识积累深厚、视野广阔。不仅兼通经史，而且对乡邦文献也是格外重视[①]。首先，陈寿的学术兼通经史的渊源可以追溯到秦宓和谯周，陈寿师从谯周，谯周又师从秦宓，这种影响是一脉相承的。秦宓与吴国学者张温之间交流时，时常引用《周易》《尚书》《诗经》。谯周在向秦宓求学时，常常将秦宓关于《春秋》经书的解读记载于《春秋然否论》中。秦宓谙熟经学之外，还对古史有精深的理解，如有论五帝并非出于一族等重要认识。秦宓对谯周的影响极深，《华阳国志》说："弟子谯周具传其（秦宓）业。"谯周治学也是重经兼史，如他就对"五经"、《论语》和礼经等书都有独到的认识，著有《五经然否论》《论语注》《丧服集图》。在史学方面，谯周更是精于钻研、勤于搜集史料。著有《古史考》《三巴记》《益州志》《蜀本纪》《后汉记》等。

　　总之，陈寿延续了秦宓和谯周的治学路径，将经学与史学相并重，所著《三国志》即是仿效《春秋》三传，于一字一句处皆有微言大义。诚如清代史评家所言："其体虽袭《史》《汉》之旧，而书法则有合于《春秋》也。"其次，陈寿特别重视对乡邦文献的整理与研究，主要表现在以一己之力完成《蜀书》的工作，以及编著《益部耆旧传》。《三国志》之前，曹魏的王沈勒成《魏书》，史称："其书多为时讳，殊非实录。"东吴的韦昭亦成《吴书》，这些都是陈寿撰史所参考过的官修史书，但是蜀汉并没有设置修史机构，《蜀书》的修撰则完全要依靠陈寿自己去多方采访、殷勤搜集史料。陈寿作为蜀汉故人去撰写《蜀书》无疑是有优势的，这表现在他对于乡

①　缪钺：《陈寿与〈三国志〉》，《历史教学》1962年第1期；金生杨：《陈寿的学术渊源》，《史学史研究》2004年第1期。

邦文献早已了然于胸，如对蜀汉前辈们搜集编撰的《耆旧传》《巴蜀耆旧传》进行扩充补订，于巴蜀之外加入汉中人物，终成《益部耆旧传》。《益部耆旧传》这部书虽然散佚了，但是它作为后来居上的优秀巴蜀地方史著作无疑为《蜀书》编著打下了坚实基础。

　　陈寿具有独断的"史识"，向来为学者所重视[①]。虽然《三国志》中明显地表现出对西晋统治者的回护，但是考虑到陈寿是生活在西晋王朝统治之下，以魏为正统和对西晋的回护，都属于当时史家的照例做法，当不必苛求古人。实际上，尽管陈寿对曹魏和西晋有回护的地方，然而也应注意到他会用自己微妙曲折的笔法来阐述客观的史实。如曹魏末期的重臣何晏，曾被司马氏视为敌党要员，而陈寿以"附传"的形式载于《曹爽传》下，而且在《齐王芳纪》中特别将何晏的谏疏内容记载下来，并评价是"不无诬辞"。这些都是很高的评价，反映出陈寿自己独断的史识。至于《晋书·陈寿志》所载陈寿"乞米作佳传""挟私犯嫌"的说法，经过学界的客观研究，已有正论。首先，丁仪、丁廙相较于入选《魏书》的王粲、卫觊、刘廙、刘劭、傅嘏五人，才德都不相称，自然很难独立立传，故《晋书》之说实属荒芜。其次，陈寿作为蜀汉故人对诸葛亮十分推崇，所编《诸葛亮文集》即受当时名士所重，著名史学家缪钺先生就认为陈寿作《诸葛亮传》在史料取舍上十分精审。清儒钱大昕说："承祚于蜀，所推重者惟诸葛武侯……其称颂盖不遗余力。"这些俱可表明《晋书》所言陈寿对诸葛亮评价上有挟私嫌疑，亦属乌有之论。

　　总之，陈寿作为汉晋时期著名的史学家，他所著成《三国志》足以比拟《史记》《汉书》。作为蜀汉故人，他一生对于蜀汉的情结甚深，对于《蜀书》《巴蜀耆旧传》《诸葛亮文集》等编著十分尽心。陈寿既为后人留下一部三国史，也为蜀地文化的传承留下丰厚的遗产。

---

① 　白寿彝：《陈寿的"史才"》，《史学史资料》1980年第2期；栾继生：《对陈寿及〈三国志〉所遭非议的辨正》，《北方论丛》1995年第6期。

后　记

皎洁的月光照进了深夜的书房，要我伴睡的小女也刚刚熟睡，城市的喧嚣渐趋宁静，而我的内心却了无睡意。想着最近即将完稿的《古代巴蜀文化新研》还有配图的程序尚未完成，便起身趁着这安静的月色来做一点完善的工作。等到打开电脑，却又有意无意地敲上"后记"两个字，似乎这个节点上，心绪更牵引着我去做一番回忆的工作。

2012年秋，我只身一人背负行囊从安徽的小城安庆踏上西行求学的绿皮火车，坐了一天一夜的火车，到达成都火车北站时已极度疲惫，留下至今难忘的记忆是无尽的山洞和嗡嗡的耳鸣声。那年9月，我进入四川省社会科学院历史研究所学习，也是从那一年开始，"巴蜀"才真正意义上进入我的视野，治巴蜀文化的名家段渝教授也才真正映入我的心帘。早在4月份研究生面试时，段渝师曾留给我一句"是个读书的料"，让我有了勇气在9月下旬某天叩开先生办公室的门，自告奋勇地言明"入门"的想法，得到先生"当然可以"的答复。

如果从这个时间点算起，我研习巴蜀文化有十余年，十余年间陆续写成、发表的巴蜀文化学术文章也有十多篇，似乎表明我已跻身巴蜀文化研究队伍当中。但我很早就深知自己研习巴蜀的起点近乎空白，而未来仍是长路漫漫。最初，我读专业文章和著作时常被那些陌生的山川、江河和古今地名搞得晕头转向。为了克服困难，我一度弃书不观，买了一本《四川省地图集》和任乃强先生的《华阳国志校补图注》，专门描摹四川的古今各市地图和山川形势图。将自己描摹的地图一张张贴在书桌前，方便读文时随时参照，甚至加以点墨增记。这样的笨功夫让我逐步读懂了专业的文章。现在，我也常拿这个有点寒碜的经历来激励自己和勉励学生。

跟随段师读书的日子，常常有幸在茶馆聆听先生的课外教诲，给我印象极深的是，他多次以在川大读书时泡在报刊阅览室无数次揣摩徐中舒先生文章的经历来引导我们。在后面学习过程中我渐渐悟出一个道理，青年学子的学术研究基础是建立在深入消化一位大家的知识体系之上，这也可以称之为"亦步亦趋"。摆在面前的《古代巴蜀文化新研》可以算作我十余年"亦步亦趋"的实践成果，而我学习的对象正是业师段渝先生。书中所设置的"巴蜀古史问题""西南夷""南方丝绸之路研究""三星堆文化"几个方面，段师都已有自成体系的著述，我的工作不过是结合新材料或新视野对其中某些具体的细节和问题作补充、扩展论证。这里面写得最早的一篇文章是《汉武帝经略"西南夷"年际考述》，当我将这篇文章的前身——一篇三千余字的小札记打印送给段师请教时，数天后段师发来一则长内容的短信，肯定了我的结论之外还特别勉励我坚持这种在认真读史料中发现问题和细致论证的方法，至今我仍然记得这则短信对我求学路上的指引意义。

当然，天资驽钝的我很难落实段师平时教导要综合历史学、考古学和文化人类学的理论方法去研究巴蜀文化，恐也只能寄望于未来的努力。幸运的是，我在人类学和考古学方面又意外得到两位具有长者风范的老师的熏陶。四川省民族研究所李星星研究员，不仅给我上过数年的文化人类学课，还创造机会让我去凉山州盐源县原羊圈村、雅安市石棉县尔苏蟹螺堡子参与田野调查。我犹记得在尔苏藏族环山鸡节活动期间，我陪星师晚间漫步于山梁丘塈之间的田野，聆听他关于山川、祭祀、神灵、人群、社会、变迁的种种思考，让年轻的学子的思维和眼界为之顿开。尤要说明的是，书中第一篇见刊的小文《战国秦汉时期筰人迁徙与牦牛的关系》（原题《试论战国秦汉时期西南筰人迁徙》）是在星师书房内被一字一句修改数遍而成的文章，那次经历让我少见地感受到星师的"金刚怒目"，同时，星师又毫无保留地分享材料，回想起来那份沉甸甸的青睐实在令人感铭动容。

另一位长者导师是凉山州博物馆刘弘研究员，第一次见刘师时刚报家门，刘师便说"我知道你，星星经常提到你"，如此一下子拉近了我与他的关系。刘师没有严格意义上的给我授考古学课，不过私下我经常向他请教考古学方面的问题，他几乎每次都是知无不言且无私分享材料。后来，有幸随刘师一道去凉山州考察安宁河流域的大石墓，每到一处刘师即现身说法详细介绍墓地的发现情况、资料整理情况、研究观点和可能的不足地方，一路下来受到浓浓的学术史洗礼。特别是在考察期间与刘师同住在他的老房子内，漫无边际地向他请教问题至深夜，那些日子总是令人难以忘怀。书中《战国至汉晋时期西南夷"邛""笮"关系探讨》的不少认识都是得益于刘师的指教。

之所以略有枝蔓地提到我研习巴蜀文化路上的三位老师，主要是想向读者说明我的研究起点太低，若没有这些专业且无私的导师的悉心指导，很难想象我可以汇集成册写出这本《古代巴蜀文化新研》。饮水之恩当涌泉以报，况授业乎！他们是我在这本小书即将出版时最该铭谢的人。

除此之外，巴蜀文化的研究又不能局限于西南巴蜀一隅，在研究生毕业后一年，段师极力向上海大学谢维扬、宁镇疆两位先生推荐我去读先秦史博士，十分幸运的是得到了谢先生的慨允，让我得以顺利入学并跟从宁镇疆师读了三年多的书。博士期间我进一步加强了先秦史、青铜器与金文、考古与古文字等方面的学习，这些训练使我对巴蜀文化的研究有了更为广阔的视野和更深入的认识。

当然，这本小书能够出版还特别仰赖于四川师范大学巴蜀文化研究中心主任王川教授，王先生将小书纳入"四川师范大学巴蜀文化研究中心学术丛书"出版计划，全额资助了小书的出版经费，这对于默默无闻的学术"青椒"而言是一种难得的支持和勉励。

最后，书中不少文章投递给学术期刊，已陆续得到《四川师范大学学报》、《古籍整理研究学刊》、《中华文化论坛》、《中国史研究动态》、《青铜器与金文》（集刊）、《四川文物》等核心期刊的接纳，以及《四川

画报》、《新京报·书评》、《金融文化》等媒体杂志的约稿，在此一并感
谢各位编辑老师的厚爱和审稿专家的赐教。

龚伟

2023年9月2日初记

10月8日定稿

于成都东山寓宅书房